中小企業マーケティングの構図

編著 田中道雄 著 平山 弘　稲田賢次
　　白石善章　　柳 純　　伊部泰弘
　　南方建明　　松田温郎　田村公一
　　廣田章光　　渡邉孝一郎　清水 真
　　　　　　　　田村直樹

The Structure of Marketing for
Small and Medium-sized Enterprises

同文舘出版

は じ め に

　385万社ともいわれる我が国中小企業が抱える諸課題については，日頃から多くの新聞・雑誌・書籍等が取り上げている。このうちの書籍だけを眺めてみても，そこには中小企業研究の長い蓄積を反映した理論的分野の研究書が数多くみられる。それらはまさに我が国中小企業の経営者と研究者が，営々と積み重ねてきた尊い結果でもある。

　他方，産業界で活躍する中小企業の事例を満載した書籍も人気が高い。そこでは個別中小企業の生々しい経営の動きが明らかにされ，同時に，「異質多元」の言葉通り，多種多様な成功・失敗の事例が語られる。それは現実に即した中小企業の経営事例集である。

　しかし，これら数ある書籍を見渡しても，案外と少ないのが，中小企業の理論と現実を程よくバランスした，いわゆる中範囲理論にあたる研究ではなかろうか。簡単に言えば，中小企業の経営に関して，理論として昇華しうると同時に，複雑な現実をもすくい上げることのできる研究である。

　しかも，中小企業に関わる書籍の多さにもかかわらず，分野によってはまだまだ研究の手薄なところがみられる。その１つが中小企業マーケティングの分野といえるのではないか。本書は，これら手薄な側面に光りをあて，その実態への接近を図ろうとする小さな試みである。

　もとより，手薄な分野に迫るといっても，これまでも多くの書籍でみられてきたように，単にその具体的事例を積み重ねるという限界にとどまっていてはならない。なぜなら今こそ，単なる事例の集積だけでなく，理論と実践を兼ね備えた中小企業マーケティングの諸活動を明らかにすることが求められているからである。

　そのためには，現実の中小企業経営を直視しつつ，そこでなされている実際のマーケティングの動きを具体的かつ論理的に展開することが必要である。本

書が明らかにしようとしている中小企業のマーケティング研究は，まさにそうした手薄な分野としての中小企業マーケティングに関する中範囲理論を目指すものといってよかろう。

こうした問題を認識し，その回答を模索する中で，編者の一人である田中道雄は，2014年12月に単著『中小企業マーケティング』（中央経済社刊）を上梓した。それは未だ渾沌とした中小企業マーケティング分野に1つの方向性を提示しようと意図したものであった。ただ，筆者の力不足もあり，現段階では，それは中小企業マーケティングに対する，あくまでも1つの提案にすぎず，それゆえ，提示されたいくつかの仮説は，未だ単に個人的な試行段階に留まっている。

もとより，こうした複雑な事象に対して，一人の著者による個人的取組みの限界は明らかだ。

しかも異質多元といわれる中小企業は，その多様性から考えても，多種多様なマーケティング的課題をもつことが予測できる。単独の研究者がもつ視点の制約，研究情報等の蓄積の限界，あるいは中小企業事例の業種あるいは地理的な制約など，網羅的にその対象を把握するには，単独では乗り越え難い課題が山積している。

それゆえ，中小企業マーケティングの問題をより幅広く捉え，より深く追究しようとすれば，現時点では，まだまだ多数かつ多様な視点からのアプローチを集積していくことが必要ではないかと思われる。その意味で，今，中小企業マーケティング研究に求められることは，各研究者それぞれの立場から抽出された意欲的な仮説を，積極的かつ息長く蓄積していくことではなかろうか。すなわち，中小企業マーケティングについての本質的側面を明らかにしようとする地道な努力と新たな試みが，今後とも継続的になされるべきなのである。

こうした経緯から，現在，マーケティング分野で活躍するベテランから中堅，そして気鋭の若手研究者13名が相集い，それぞれが日頃から進めている研究課題と絡めつつ，研究者それぞれの立場から，独自に中小企業マーケティングの構図を明らかにしようと試みたものが本書となったのである。

詳しくは本文に譲るが，本書全体をより理解しやすくするため，簡単にその

流れを説明しておきたいと思う。

　第1は中小企業への理念的な接近であり，企業家精神（アントレプレヌールシップ）とマーケティングの関係を考察しつつ，中小企業マーケティングの特質にアプローチする。第2は国際的環境への適応行動の考察であり，国際化する市場における製品・サービスなどの適応力を分析し，環境に適応した企業自体の変容について考察する。第3は伝統的なマーケティングの4P（製品・価格・販促・経路）と4パターン（製造業・卸売業・小売業・サービス業）を組み合わせたマトリックスの中から選択された対象について中小企業マーケティングを考察するものであり，第4は中小企業マーケティングの成果として表れてきたブランドやベンチャービジネスとしての中小企業とそれを取り巻く諸環境との相互作用を探究するものである。そして最後に，中小企業マーケティングを考えるうえでの若干のまとめを付している。

　本書は，未だ渾沌として，明確に全体像を把握しきれていない中小企業のマーケティング活動について，様々な視点からアプローチし，その構造を明らかにしようと試みた最初の共同研究といえよう。それゆえ，本書は伝統的なマーケティングで注目されている諸要素が，中小企業マーケティングではどのように機能するかについて，執筆者それぞれが自由に論述したものであり，その自由な視点を確保するために，本書全体を通じた細かい文言の意味や概念に関する摺り合わせを意識的に避けている。

　しかしながら，今後，われわれが追究しようとする中小企業マーケティングとは，どのように定義されるべきなのかという課題が浮上してくるであろう。それは蓋し当然のことである。ただ今のところ，本書においては前述するような事情から，中小企業マーケティングについての明確な定義の設定を意識的に避けていることをお断りしておきたい。なぜなら異質多元と言われてきた中小企業であるからこそ，最初からそれを一定の枠内に無理矢理閉じ込めることで，執筆に対して様々な制約を与え，かえって問題の本質を浮かびあがらせることに失敗するのを恐れたためである。

　確かに，そうした定義構築の試みは，今後の研究推進の中で徐々に進めていかねばならない。しかし現時点は，まさに多様な視点から中小企業マーケティ

ングを把握し，自由な考察を積み重ねることで，より上位次元への発展を目指す初期的段階にあるということではなかろうか。

　いつもながら，厳しい出版事情にもかかわらず，本書出版に際し，御高配を戴いた同文舘出版株式会社社長　中島治久氏と取締役編集局長　市川良之氏に深く感謝申し上げたい。また，本書を出版するにあたって，編集，校正，デザイン，印刷，製本を始めとする関係者の皆様にも篤く御礼申し上げたい。

　本書が中小企業マーケティング研究の基盤構築の一助となることができるならば，著者達の欣快，これに優るものはない。

　2016年初春

田中道雄・白石善章
南方建明・廣田章光

———「中小企業マーケティングの構図」・目次 ———

はじめに ———————————————————————— (1)

序　章　中小企業マーケティングの必要性 ——————— 3

1. 中小企業マーケティングは存在するのか …………………………… 3
   1.1　中小企業経営の変容 ……………………………………………… 3
   1.2　マーケティングへの注目 ………………………………………… 5
2. グローバル化する社会 …………………………………………………… 6
3. 中小企業マーケティングの必要性 ……………………………………… 7
4. 本書の基本的枠組み ……………………………………………………… 8

第1章　中小企業マーケティングの成立とそのフレーム ——— 13

1. はじめに ………………………………………………………………… 13
2. 欧米のSMEのマーケティング研究の展開 …………………………… 15
3. SMEのマーケティングの特性 ………………………………………… 18
   3.1　SMEの特性とマーケティングの意思決定問題 ……………… 18
   3.2　SMEに対するマーケティング一般理論の不適合性 ………… 19
   3.3　SMEマーケティングの方向性 ………………………………… 20
4. SMEマーケティングの一般理論フレーム …………………………… 23

第2章　中小企業マーケティングの特質 ————————— 29

1. 中小企業マーケィングの基本的考察 ………………………………… 29

2. 中小企業者による意思決定プロセス……………………………………31
　2.1　意思決定プロセスの特質………………………………………31
　2.2　意思決定における中小企業の特質……………………………32
　2.3　顧客満足への関心………………………………………………33
　2.4　意思決定における中小企業の可能性…………………………33
3. 「3つのIM」にみるマーケティング関係……………………………35
　3.1　「3つのIM」の関わり…………………………………………35
　3.2　中小企業における「3つのIM」の働き………………………36
　3.3　「3つのIM」と4パターン……………………………………37
4. 中小企業マーケティングの仮説的枠組み……………………………39
　4.1　経営者と製品・サービスへの傾斜……………………………39
　4.2　簡　素　化………………………………………………………40
　4.3　多　義　性………………………………………………………41
　4.4　市場直結による問題発見力……………………………………42
　4.5　仮説としての中小企業マーケティング………………………44
5. 仮説進化のための諸条件………………………………………………45

第3章　中小企業のグローバル・マーケティング ── 49

1. グローバルに市場を捉える……………………………………………50
2. ポーターのグローバル戦略……………………………………………52
3. グローバル・ニッチ戦略………………………………………………53
　　―京和傘「日吉屋」の存在―
4. オープン・イノベーションとローカル・ニッチ戦略………………58
5. 結　　論…………………………………………………………………60

第4章　中小企業マーケティングとしての現地適応 ── 65

1. はじめに…………………………………………………………………65
2. 中小企業における適応化の論理………………………………………66
　2.1　標準化-適応化研究……………………………………………66

2.2　中小企業の適応化研究 …………………………………………… 68
3.　中小企業の現地適応化の必要性 ……………………………………… 69
　　3.1　現地適応化の必要性 ……………………………………………… 69
　　3.2　小売企業の現地適応化論 ………………………………………… 71
　　3.3　現地適応化の重点項目 …………………………………………… 71
4.　中小企業マーケティングの現地適応化への視角 …………………… 72
5.　おわりに ………………………………………………………………… 75

第5章　市場創造型プロトタイプ事業の展開 ── 79
―株式会社クロスエフェクトのプロトタイプ事業―

1.　はじめに ………………………………………………………………… 79
　　―「心臓シミュレータ」―
2.　調査概要 ………………………………………………………………… 80
3.　株式会社クロスエフェクト …………………………………………… 81
4.　試作事業 ………………………………………………………………… 82
　　4.1　試作事業の特性 …………………………………………………… 82
　　4.2　試作のタイプ ……………………………………………………… 82
　　4.3　試作製品開発に必要な技術 ……………………………………… 84
5.　クロスエフェクトのマーケティング ………………………………… 86
　　5.1　顧客との接点開発と顧客開拓 …………………………………… 86
　　5.2　ウェブサイトを使った受注システム …………………………… 86
　　5.3　試作サービスメニューの開発 …………………………………… 87
　　　　―「光造形高速便」と「光造形エコノミー便」―
　　5.4　受注機会を拡大する仕組み ……………………………………… 89
　　5.5　「心臓シミュレータ」の開発と医療分野への進出 …………… 90
　　5.6　医師からの依頼 …………………………………………………… 91
6.　考　　察 ………………………………………………………………… 91
　　6.1　情報の粘着性 ……………………………………………………… 91
　　6.2　試作製品の価値 …………………………………………………… 92
　　6.3　分散受注による技術デザイン能力の向上 ……………………… 93
　　6.4　最速試作による機会拡大効果 …………………………………… 94

7. 結　　論 ……………………………………………………… 95
　　7.1　分散受注の効果 ………………………………………… 95
　　7.2　最速試作の効果 ………………………………………… 96

第6章　中小企業マーケティングとしての価格政策 ──── 99

1. 衰退する業種の中の繁盛店 ………………………………… 99
2. 小売業における価格と品揃え ……………………………… 100
3. ある八百屋の実践 …………………………………………… 101
　　3.1　経営方針 ………………………………………………… 101
　　3.2　品 揃 え ………………………………………………… 102
　　3.3　仲卸売業者の選択および関係性 ……………………… 103
　　3.4　価格政策 ………………………………………………… 106
　　3.5　価格改定 ………………………………………………… 107
　　3.6　追加発送・配送 ………………………………………… 109
　　3.7　売場の再構成 …………………………………………… 110
4. 考　　察 ……………………………………………………… 112

第7章　中小小売業マーケティングとしての販売促進 ──── 115

1. 中小小売業を取り巻く環境 ………………………………… 115
2. 中小小売業に関する見解 …………………………………… 117
3. 中小小売業のマーケティング ……………………………… 119
4. 単独でのマーケティング活動の前提 ……………………… 120
5. 集団的マーケティングの方法 ……………………………… 122
6. 集団的マーケティングの可能性 …………………………… 124
7. 集団的マーケティングの課題 ……………………………… 127
8. おわりに ……………………………………………………… 128

第8章 中小サービス業の販売促進活動 ─── 131

1. 中小サービス業の販売促進の特質 …………………………131
    1.1 対個人中小サービス業の販売促進 ……………………132
    1.2 無形の「サービス」の販売促進 ………………………132
2. 中小サービス業の販売促進手段 ……………………………133
    2.1 プロモーションミックス ………………………………133
    2.2 既存顧客の維持と新規顧客の開拓 ……………………139
3. 顧客との関係性の構築と過剰期待の抑制 …………………140
    3.1 満足・不満足の形成 ……………………………………140
    3.2 関係性の構築 ……………………………………………141
    3.3 顧客の過剰な期待を抑制 ………………………………142

第9章 中小企業の営業 ─── 147

1. はじめに ………………………………………………………147
2. 商材による営業スタンスの違い ……………………………148
    2.1 産 業 材 …………………………………………………149
    2.2 消 費 財 …………………………………………………149
    2.3 モノ（有形財）…………………………………………150
    2.4 サービス（無形財）……………………………………150
3. 営業のサービス化 ……………………………………………150
    3.1 サービスとしての営業とは ……………………………151
    3.2 チーム型営業 ……………………………………………152
4. 営業改革 ………………………………………………………153
    4.1 営業改革の困難さ ………………………………………153
    4.2 管理様式 …………………………………………………154
    4.3 ク ラ ン …………………………………………………154
    4.4 関係性志向の営業 ………………………………………155
    4.5 コンペレーション ………………………………………156
    4.6 テクスト化されるデータ ………………………………156
    4.7 コンペレーションの一例 ………………………………157

5. 営業マンの育成……………………………………………………… 157
   5.1 育成に関する課題……………………………………………… 157
   5.2 キーパーソン…………………………………………………… 160
6. おわりに……………………………………………………………… 161

第10章　中小企業におけるブランド・マーケティングとマネジメントの視点 ── 163

1. ブランド論の対象としての中小企業……………………………… 163
2. ブランド論における概念整理……………………………………… 164
   2.1 ブランドの機能………………………………………………… 164
   2.2 ブランド・エクイティとブランド価値の変遷……………… 166
   2.3 ブランド・アイデンティティ………………………………… 167
3. 中小企業におけるマーケティングの環境と特質………………… 168
   3.1 マーケティング環境の変化と中小企業……………………… 168
   3.2 中小企業の特質に関する内容………………………………… 170
4. 中小企業のブランド・マーケティングの視点…………………… 172
   4.1 ブランド・マーケティング戦略……………………………… 172
   4.2 外部デザイナーとの連携……………………………………… 173
5. 中小企業のブランド・マネジメントの視点……………………… 174
   5.1 トップマネジメントの役割…………………………………… 174
   5.2 インナーブランディング……………………………………… 175
6. 考察と課題…………………………………………………………… 177

第11章　中小企業マーケティングと地域ブランド ── 183

1. 地域を支える中小企業と地域ブランドとの関わり……………… 183
2. 地域ブランドの概念整理と地域ブランド論……………………… 184
   2.1 地域ブランドの概念とその特徴……………………………… 184
   2.2 地域ブランド論の展開………………………………………… 185

- 3. 地域ブランド活用の現状 …………………………………………… 186
   ―地域団体商標制度から考える―
- 4. 中小企業のマーケティングにおける地域ブランド活用事例 ……… 188
   - 4.1 燕三条地域の特徴 ………………………………………………… 189
   - 4.2 燕三条ブランドの地域ブランディングの特徴 ………………… 189
   - 4.3 燕三条ブランドと地域の中小企業との関わり ………………… 193
     ―藤次郎株式会社の事例―
- 5. 中小企業が地域ブランドを活用する際の課題 …………………… 194

第12章　中小企業マーケティングとベンチャービジネスの発展 ―― 199

- 1. ベンチャービジネスとベンチャーキャピタル ……………………… 199
- 2. ベンチャービジネス支援の整備とスピンオフ ……………………… 202
- 3. イノベーションが自生する環境と起業家精神 ……………………… 205
- 4. ストックオプションの導入と創業ハードルの克服 ………………… 209

第13章　中小企業マーケティングと環境・CSR ―― 217

- 1. はじめに ………………………………………………………………… 217
- 2. CSRの概要 …………………………………………………………… 218
   - 2.1 ヨーロッパにおけるCSR ………………………………………… 218
   - 2.2 アメリカにおけるCSR …………………………………………… 219
   - 2.3 我が国におけるCSR ……………………………………………… 219
- 3. CSRの戦略的アプローチ …………………………………………… 221
- 4. 中小企業におけるCRMの取組み事例 ……………………………… 226
- 5. まとめ …………………………………………………………………… 232

結　章　中小企業マーケティングの構図 ── 235

1. はじめに …………………………………………………… 235
2. 枠組み ……………………………………………………… 235
3. 国際適応力 ………………………………………………… 237
4. マーケティング的展開 …………………………………… 238
5. マーケティングの成果と交流 …………………………… 240
6. 研究の将来 ………………………………………………… 241

索　引 ── 245

執筆者紹介 ── 253

中小企業マーケティングの構図

序章

中小企業マーケティングの必要性

田中　道雄

1. 中小企業マーケティングは存在するのか

1.1　中小企業経営の変容

　我が国では，中小企業に焦点を当てて書かれたマーケティング研究書は，これまでも数えるほどしかなかった[*1]。といっても，どうやら中小企業マーケティングそのものへの関心が薄かったということでもなさそうだ。それよりは，まず中小企業マーケティング自体が，存在するのか否かという点で意見が分かれ，存在するという確固たるコンセンサスが弱かったというべきであろうか。当たり前のことだが，中小企業マーケティングが存在することを前提としなければ，その研究が進むはずはない。そしてその背景には，我が国中小企業を代表する製造業の多くが，大企業の下請けとして存立してきたという歴史的な事情があったように思われる。

　長い間，中小企業とりわけ製造業は，大企業の統制のもとにあり，その指揮のもとでその一部を構成する存在として考えられてきた。もとより，現代においても，グローバル化を進める大企業の戦略的方向性のもとで，その役割を着実に果たしている中小企業は数多い。産業ピラミッドのもとでの1次下請け，2次下請けなどの関係は，現在もまだまだ健在である。しかし，かつての高度

成長期から，1990年代に始まる20年間の厳しいデフレ時代を経て，中小企業の中には技術力の向上とともに，大企業の傘下に留まることを「良し」としない企業や，あるいは親企業の海外展開によりそれまでの関係維持が不可能となって，独自の戦略を模索せざるを得ない企業が増えてきた。同じ部品製造の中小企業でも，それまでの下請けとしての上下関係から脱し，イノベーションを通じた独自の技術開発によって，大企業とwin winの立場へと脱皮した中小企業やベンチャー企業も少なくない。いわば旧来型の我が国下請け制度に基づく中小企業経営は，近年，大きく変容を余儀なくされてきたのである。

　すでに，1970年～80年代にも見られたように，我が国経済水準の向上による安定成長への移行と円高による国際競争力の低下は，多くの分野で韓国・台湾等のNIES諸国によるキャッチアップを許してきた。造船業界もその例に洩れない。競争力の低下に悩む大企業はそれまでの中小企業丸抱えの経営から離脱していく。それは下請け中小企業の切り捨てという事態を招き，結果として中小企業に経営面での自立を促すという形となって現れた。

　筆者自身，古いことながら，1970年代後半には，兵庫県相生市の造船業界を中心とした緊急産地診断という形で中小企業の経営改善事業に参画している。そこで問題となったのは，大企業の事業集約による配置転換に伴うリストラであり，結果，下請けへの発注量の減少による旧態的な下請け制度の崩壊であった。そこから生き残りを賭けて，既存技術を活かした中小企業による独自分野への進出支援が大きな課題となる。一方，地域経済の低迷と人口減によって地域商業の疲弊が連鎖的に引き起こされた。

　いわばこの時，相生市では初めて，中小企業が大企業の傘から離れ，独自の道を歩み出さざるを得なかったのである。結果，独自のアイディアによる新製品が続々と生まれた。しかし，アイディアに溢れ，技術的にも高い新製品が生まれたにもかかわらず，市場への浸透は困難を極めた。そこには，これまでの中小企業経営では必要なかったマーケティング機能の欠如があった。それまでの下請け型中小企業には，ハッキリいってマーケティングという考え方は必要なかった。しかし，親会社から離れ，中小企業が自立した道を歩むためには，市場の動向を知り，経営適応を図るための中小企業マーケティングが必然と

なったのである。

1.2　マーケティングへの注目

　近年，中小企業によりマーケティングが注目される背景には，当然，いくつかの動きがみられる。そのうちの1つが独立志向をもった中小企業比率の増加であり，今1つは何といってもITの存在であろう。

　長く続いた円高の状況から，我が国の産業環境は大きく変容してきた。新興国の勃興と国際的サプライチェーンの展開，現地の工場化から市場化への質的転換など，いわゆるグローバル化の諸要因による生産力海外移転に伴い，いわば乱世ともいえる市場状況が出現した。こうした市場環境に直面し，これまでの枠組みのなかで活動する中小企業だけでなく，独自の製品開発により親会社以外にも販売先を多様化しようとする独立志向型の中小企業の意欲は明らかに上昇している。

　また，大企業の海外移転に伴い海外へ進出した企業においても，国内事業を完全に閉鎖するならいざ知らず，国内での自社の陣容をある程度維持しようとすれば，既存製品以外への新たな分野の開拓や独自路線へと歩まざるを得ない。もとより，様々な事情によって，海外移転を断念する企業では，なおさら業態転換は必須のことである。そこでは時代に合わせた新製品の取り扱い戦略が求められている。

　加えて，高度化する産業ピラミッドの中で，win win関係になる中小企業はもとより，実はそのピラミッドから脱落する弱小中小企業においても，廃業を避けるためには，否応なく独自の道を模索せねばならないのである。

　同時に，ITは中小企業の市場アプローチ手段を根本的に変化させた。それはBtoB型，BtoC型の企業に共通する。

　かつてより，BtoB型の中小企業は，親会社の生産動向に大きく左右され，かつその製品の技術内容等から新規取引先拡大に関しては大きな制約を受けてきた。しかし，親会社自体の事情がそうした関係を希薄にさせていく。中小企業はIT化の波に乗ってHPを作成したり，仲間集団による協業化を通し，国内

外の多様な取引先開拓の道へ踏み出した。

　またBtoC型の中小企業でも，市場環境は激変した。それまで地方の中小企業では素晴らしい独自製品を開発しても，都市の消費市場でその商品を広く認知してもらうことは困難であった。たとえば，各地にある個性溢れた食の名産品などがそれにあたる。賞味期限のある食品でかつ単価が低い場合，一定時期に大量の販売が必要だが，そうした販売方法が可能なのは，まさに一部の企業に留まっていたのである。しかし，ITとりわけインターネットの登場は，こうした制約を一気に解き放った。そこでは中小企業といえども個性ある商品をもつ企業は，我が国のみならず広く世界へアクセス出来る機会を得たのである。

　まさにこうした国際的な市場で力を発揮している独立型中小企業が，グローバルニッチ企業といわれる。また地域に立地しながらも，ITにより，全国のみならず海外にまで商圏を広げている消費財製造の中小企業も数多い。もとよりそのためには，かつてのように親会社依存の経営ではなく，自社独自の顧客に支持される製品開発，妥当な価格設定，効果的な販促，適切な販路等を統制するマーケティング力が必要になる。すなわちこれまでとは異なり，IT時代には個々の中小企業においてもマーケティング力をもっているか否かで，その経営成果が大きく左右されるようになったのである。

2. グローバル化する社会

　現代では，一部の傑出した分野や企業を除けば，我が国中小企業の技術水準が絶対的な強みをもつとはいえない。確かに我が国の技術水準は平均をはるかに凌駕しているが，勃興する新興国企業の技術的向上で，技術の平準化が進み，競争力は相対的に低下していると指摘できよう。一般に考えられている以上に，アジアの技術力や人材力は進化してきたのである。今や，圧倒的な強みをもつグローバルニッチといわれる分野を除けば，需要側が求める価格と品質のバランスから見ても，絶対的な競争力があるとはいえなくなってきた。そこ

では，より良い技術を求めて切磋琢磨してきた我が国の製品やサービスが，それ自体は素晴らしいものの，様々な点で市場との乖離をもたらしている点も指摘されている。

たとえばそれは，世界的な技術レベルをもつといわれる我が国の建設業界が，ベトナムにおいては過去6年間の実績で，韓国の総受注額の2%しか受注できていないという現実にもみられる[*2]。その背景には，新興国における価格面での強いニーズにもかかわらず，我が国企業の高度な技術志向や品質への過剰なこだわりが，その単価の高騰を伴うことで，現地のニーズと大きく懸け離れていることが示されている。そこにグローバル市場において，我が国企業のマーケティング志向の弱さが顕著に表れているといってよい。

同時に，今や東アジアや東南アジアにおいては，国境線を越えて国際的なサプライチェーンが構築されており，当然こうした機能を最大限に活かすには，我が国の高い技術水準の多くを現地企業に移転することが欠かせない。国際的サプライチェーンという存在そのものが，関係各国の技術機能の向上と平準化による相互依存によって成立しているからである。そこでは，マザー工場のように，突出した技術が求められているのではない。それどころか，売り方の工夫の中にこそ，新たなイノベーションが求められている。にもかかわらず，我が国中小企業の技術依存は，こうしたグローバル化した環境でのマーケティング対応に遅れを取ってきたのである。

3. 中小企業マーケティングの必要性

今日では，かつてのように中小企業が相対的な弱者として認識されていた頃とは異なり，ある分野では中小企業といえども圧倒的な強みをもつ存在となっている。ただ，まだまだ多くの分野で中小企業が相対的な劣位に置かれているのも事実だ。そこでは，技術力に問題があるというよりも，市場での競争力に多くの課題がみられる。なぜなら，前述するように，我が国中小企業の多くは，製品への技術的注力に全力をあげることで，マーケティング的な志向を欠

いてきたからである。しかし，市場を世界に向けて広げれば広げるほど，異質的な市場に対して適応可能なマーケティング力こそが求められている。

中小企業がその競争力を発揮するには，徹底してセグメントされた標的市場を対象に，他とはひと味違う製品特化を進める必要がある。当然のことながら，取り扱う製品を細かくセグメントすればするほど，我が国市場の需要だけでは規模的な限界がある。すなわち中小企業の競争フロントで優れた製品を擁していても，当該市場でのシェアを高めれば高めるほど，少子高齢化に悩む我が国市場での規模的限界に直面する。まさにそれは伸びる中小企業がもつ宿命である。

となれば，中小企業も否応なくグローバル化の波に割って入り，世界を相手にした市場で活動しなければならない。それはまさにグローバルニッチ企業そのものであり，そこでは正確な海外市場の動向を把握する必要性とともに，その手法についても練達していかねばならない。

中小企業マーケティングという存在は，「有るようでいて姿が見えにくく，無いようでいて多くの中小企業が現実に実践しているもの」[*3]といえる。このように中小企業マーケティングは，中小企業の現場で日夜，実践的に取組まれているにもかかわらず，理論的にはほとんど共通項をもたないものとされてきた。しかし，中小企業マーケティングこそは，385万社といわれる我が国中小企業の今後を大きく左右するものであり，今こそ，中小企業は売る力をもった経営体へ変身することが求められている。本書は，こうした現実には存在しながら，未だ明確な論理的水準に到達していない「中小企業マーケティング」について，様々な側面から規定していこうとする1つの試みに他ならない。

4．本書の基本的枠組み

本書は，中小企業マーケティングの全体像を描こうとする目的から，基本的に5つの部分からなる。

まず最初の2つの章は，中小企業マーケティングの基本的な枠組みについて

概観する。

　第1章では，中小企業マーケティングという言葉の背景にある企業家精神とマーケティング論の関わりについて，広範な文献資料を通して中小企業を対象にその独自性が追究され，そのありようが規定される。ついで第2章では，本書と同じ問題意識をもつ田中道雄著『中小企業マーケティング』（2014年刊）をもとに，中小企業マーケティングを考えるための特質を提示するとともに，さらに問題を深耕する。

　以下の2つの章は，主として戦略的かつ国際的な適応の側面である。

　第3章は，国際的に活躍する中小企業のグローバル・マーケティングである。我が国ではグローバルニッチトップといわれる傑出した中小企業が，多数その存在価値を発揮しており，ここでは中小企業にとってのオープン・イノベーションとローカル・ニッチ戦略の意義が詳細に語られる。第4章は，中小企業の国際的な進出とその現地適応の問題である。外国へ進出した中小企業が現地に適応するために，どのようなマーケティング的問題に直面するのか。グローバル化の進展とともに，求められる中小企業マーケティングの現地適応化の重点項目を明らかにする。

　以下の5つの章は，主としてマーケティングミックスに関わる側面であり，実践的な中小企業マーケティングの中核的部分である。

　第5章は優れた試作技術によりその存在感を発揮する中小企業の製品開発に関し，そのマーケティングの実態とコアコンピタンスの生成そしてそのプロセスを明らかにする。そこには，試作品開発のマーケティングの重要性が明確に示される。第6章は，価格設定と品揃えの適正，ならびに計算された売場と商品管理による低価格・売り切りによる競争力の強化である。ここでは低価格を実現するための様々なマーケティング的仕掛けにより躍進する生鮮小売業の事例を通して，その問題を考察する。第7章は，中小小売業の集団活動によるマーケティングである。地理的あるいは機能的な集団化を通して，単独ではなし得ない組織間組織の可能性と課題を明らかにし，その成果を検証・評価するシステムに触れることで，中小小売業マーケティングの一面を明らかにする。第8章は，形の見えにくい中小サービス業の販促活動を取り上げる。もとより

そこでは，現代社会に必須となったIT活用を絡めつつ，中小サービス業マーケティングの基本的問題が明らかになる。そして第9章は，マーケティング的な側面を受けて中小企業の営業活動に関して考察する。そこでは商材や営業サービスそして営業改革の中小企業特有の手法を述べたのち，最後に中小企業営業マン育成の課題が取り上げられる。

　以下の4つの章は，主としてブランド形成や中小企業を取り巻く環境とのやりとりの側面について触れている。第10章は，中小企業マーケティングの成果あるいは戦略として，競争力を高めるためのブランド創出と形成について追究する。そこでは中小企業ブランドを取り巻く特質や環境を眺めたのち，アウターとインナーの視点からブランドマーケティングとマネジメントについて考察している。第11章は，中小企業と地域ブランドの関係について，地域ブランド論の展開を押さえたのち，その活用の現状を考察し，ついで中小企業マーケティングにおける地域ブランドの活用実践とその課題を眺める。第12章は，ベンチャービジネス発展の前提であるベンチャー支援環境の展開である。起業した多くの中小企業は技術面での優位性をもちながら，その支援環境の拙さにより伸び悩む場合が少なくない。シリコンバレーの事例から，その求められるポイントを明らかにする。そして第13章は，中小企業と地域との関わりを環境・CSRの側面から眺める。かつてとは異なり，中小企業といえども，地域における企業市民としての役割が求められている。こうした側面を意識し，中小企業マーケティングのあるべき姿を明らかにする。

　最後に，結章として，各章で述べられた中小企業マーケティング活動の内容について概略し，中小企業マーケティング研究についての今日的な価値と今後の方向について，若干の議論を行う。

　本書は，流動的な中小企業マーケティングのあるべき姿を模索する試行であり，もとより完成されたものとはいえない。しかしそこで試みられる1つ1つの事象や分析が，これから中小企業マーケティングを研究する基盤となっていくことも事実といえよう。

注

*1　ノウハウ本は無数に存在するものの,研究書は少ない。とりわけその書名に中小企業マーケティングの文言を掲げているものは僅かである。
*2　「ベトナム市場,日本の建設業『品質過剰・不要』国交省調査」日本経済新聞社,2015年8月4日号。
*3　田中道雄［2014］4頁。

参考文献

田中道雄［2014］『中小企業マーケティング』中央経済社。

第1章

中小企業マーケティングの成立とそのフレーム

白石　善章

1. はじめに

　中小企業は，いうまでもなく何らかの財を生産し，それを販売する組織体であり，その点では大企業と異なるものではない。また優れた製品を開発しても，それを潜在需要の消費者，顧客に知らせ，流通して販売する機能をもたなければ企業としての存立・維持が困難であることも大企業と同様である。
　しかし大企業は，約100年前にその流通・販売の重要性を知り，そのための知識と技術の開発に力を注いできた。それが，いうまでもなくマーケティングである。また研究者は，その理論的な整理や体系化に力を注ぎ，それは今ではマーケティング論として1つの科学となってきている。その知識・技術の重要性は，あらゆる組織にも求められてきており，マーケティングのテキスト，関連した解説書などは書店にあふれている。
　中小企業も，直面しているこのマーケティング問題に対しては，それなりに対応してきていることはいうまでもない。しかしながら，そのマーケティングが，中小企業という企業特性に即したものであるかどうかは十分に確認されていないと思われる。
　言い換えると，中小企業は大企業が開発し，発展してきたマーケティングをそのまま適用してきているのにすぎないのでないか。またそれは，中小企業

マーケティングの技術も理論も大企業のものと同じでないのか。しかし，それが異なっているとすれば，その違いは何か。

実は，この問題意識をもとに世に問うたのが田中道雄氏の『中小企業マーケティング』（2014年刊）である。田中氏は本書で，この課題を内外の文献などもレビューし検討して，その多くは安易なマーケティング一般論の中小企業への適用とみて「いやしくも中小企業マーケティングと唱えるからには，大企業ならざるものとしての中小企業の特性を明確にし，かつその特性のもとで利用可能な独自のマーケティングシステムを提示しなければならない」[1]と主張されている。

本章の筆者も，この田中氏の問題意識と同じくしている。田中氏は中小企業についての豊富な実務的経験や実証的な研究の知識をもとに，このような問題提起をされているが，これらの経験・知識をもたない本章の筆者は文献を中心に，この課題に取り組んでいきたいと思っている。しかし，すでに田中氏は，我が国の中小企業特性をもとにしたマーケティングを論じた論文・著書にはみるべきものがないとされている。海外の文献についても田中氏は渉猟されているが，満足の得られた成果は認められていないとしている。確かに欧米でもマーケティングやその研究は，伝統的に企業資源の豊富な大企業を対象としてきており，中小企業とか起業家に対しては無視されてきたといわれている[2]。

このようなマイオピア的な見解は，資源や能力の制約があるのにかかわらず，企業家的な性格としてのビジネス上のスキルがあり，それが競争的優位性となっているという中小企業の特性を見過ごしているのである[3]。

したがって，本章では田中氏とは少し違った視点，すなわち海外で中小企業マーケティングの独自性を追求してきている研究の歴史から検討して，試論的にその基本的なフレームを考えていきたい。

本章では対象とする中小企業を以下のように規定する。中小企業（small and medium-sized enterprise＝以下ではSME）は，大企業と比べてみると資金，従業員数の規模で劣っている。また企業活動する上での様々な専門的な知識・技術などは，一部の領域を除いて限定的である。しかしSMEは，企業としての意思決定が「企業家＝オーナー＝意思決定者」という点に特徴がある。とりわ

け，この「企業家＝オーナー＝意思決定者」というSMEの特徴は，マーケティング活動をはじめとして企業のマネジメント実行の上で最も基本的なものと考えられる[*4]。これらは大企業との従業員数や資本金の額の差異とは違い対照的なSMEの基本的な特徴である。しかし，これは状況によって企業としての長所となっているが，同時に企業の活動を制約する条件ともなっている。ここでは，この「企業家＝オーナー＝意思決定者」をSMEの基本的な特性と捉える。そして，SMEの企業規模を私たちが通念的に描いている「中小規模」として認識して，厳密な数字等によるSMEの定義を避けて，そのマーケティング問題を検討する。

2. 欧米のSMEのマーケティング研究の展開[*5]

　欧米のSMEマーケティングの研究は，まずはアメリカから始まった。そこではSMEを通念的な中小規模性とし，それに「企業家＝オーナー＝意思決定者」を加えたものとして展開されてきている。このSMEの企業特性である「企業家」の実像には，危険を顧みずチャレンジしていくという「危険受容」「先見性」「好機を伺う能力」「イノベーション」「創造性」「適応性」「変化対応性」などの優れた姿勢あるいはパーソナリティが認められている。これは，いうまでもなく企業家精神（entrepreneurship）である。この企業家精神[*6]に注目したのは，まずは経済学であった。1934年にはシュンペーターが，経済システムに創造的破壊をもたらす企業家によるイノベーションの重要性を指摘した。次いでI. M. カーズナー[*7]が，イノベーションだけでなく，先見性や創造性，好機を伺う能力などのパーソナリティをもった企業家の役割を重視した。そして彼らが生み出す新しい製品やシステム，組織がもたらす「市場プロセス」を解明すべきと主張したのであった。この市場プロセスをもたらす企業家の役割は，実はマーケティングへの取組みそのものであるが，カーズナーなどの企業家論は，それをマーケティングとは無関係な抽象的な「市場プロセス」論とした。

企業家とマーケティングとの結びつきの研究は，直接的にはベンチャー論の流れから発展していったということができる。ベンチャー論は，企業家精神に溢れた人達が中心となった知識集約型の革新的企業を起業するための研究であるが，その起業に際して最も重視するものは市場対応のビジネス・モデルである。それはマーケティングと強く結びついている。しかしながら企業家論やベンチャー論でも，それらは明確にマーケティングを意識した研究ではなかったといわれている[*8]。

　企業家論は，マーケティング志向をもった精神やパーソナリティの企業家を取り上げ，ベンチャー論は，機動力をもったダイナミックな組織力をもって，あらゆる産業領域を視野において，それぞれの市場対応のビジネスを目指そうとするものである。いずれもその主役はマーケティング志向の性格を強くもった企業家あるいは企業家精神であるはずである。この認識に基づいて，SMEマーケティング論は，これらの理論を整理して，マーケティングを重要な共通領域の核とした「企業家とマーケティング」（以下はEM）の研究から始めた[*9]。このEMは特定の経営上の意思決定の問題，それが及ぼす直接的な影響だけにとどまらず，経営上の成果とか文化にも大きな意味をもつものとされてきた。ここで対象とされている企業の特徴は，①規模の経済性が発揮できない小規模　②資金力・人材等の企業資源への制約　③市場の地理的な限定　④市場占有率の低さ　⑤ブランド忠誠の低さ　⑥マネジメントの専門的知識が不十分　⑦大企業と比べて不十分な情報のもとでの意思決定　⑧主要なマネジメント課業へ十分な時間を充当できないこと　⑨専門的な管理者がいないこと　⑩ビジネスの仕事と私的な仕事の分離ができず混在していることであった[*10]。これらはSMEがもつ共通の企業特性とみることができる。

　このEMについての最初のコンファレンスが開かれたのは，1982年のアメリカである。その中心となったのは，イリノイ大学のG.E.ヒルズ教授であった。それは，アメリカマーケティング協会（AMA，以下はAMA）と国際小規模ビジネス協議会International Council for Small Businessがスポンサーとなって開催された。また，その学会報告書も発行された。

　次いで1985年には，その実証的な研究会が行われ，翌年には，ヒルズ教授の

いるシカゴのイリノイ大学で第1回の「マーケティングと企業家精神」についてのシンポジウムがAMAとの共催で開催された。Journal of Marketing誌に企業家についての論文が掲載されたのもこの年である[11]。

1990年代になると，この研究はマーケティングをより鮮明にしたSMEへとシフトしていった。それはマーケティング行動が企業家のパーソナリティによって規定されるからである。そして，この関連のジャーナルが次々に刊行されるようになった。たとえば，Journal of Research in Marketing and Entrepreneurship（1999年刊）やJournal of Marketing Theory and Practice（2000年刊）などである。これらにはAMAが大きくかかわっている。

1995年には，第1回のマーケティング・アカデミーのシンポジウムがイギリスで開催された。それを契機にSMEの研究がヨーロッパに拡がっていった。

以上のように，1990年代にSME研究は，企業家精神，ベンチャー論から始まり，次にマーケティングを重要な核として位置づけることへと発展していった。

1995年にはD. カーソンその他によって，本格的な著書『SMEにおけるマーケティングと企業家精神』が発行されている[12]。これは最初のSMEマーケティングについての著書であろう。本書の内容構成をみてみよう。

第1章　マーケティングと企業家精神—オーバービュー
第2章　マネジメントの展開
第3章　マーケティングの進化と発展
第4章　企業家精神のコンセプト
第5章　SMEにおけるマネジメント
第6章　SMEにかかわるマーケティング
第7章　マネジメントとマーケティング・コンピタンス
第8章　マーケティング・マネジメントの意思決定
第9章　マネジメントにかかわる関係性
第10章　マーケティングと企業家精神の共通領域
第11章　ベンチャー企業のマネジメント
第12章　企業家マーケティング展開の一般的フレーム

第13章　企業家のためのマーケティング・コンピタンス
第14章　企業家と企業家マーケターのためのネットワーク
第15章　企業家マーケティング・計画

　この本書の構成をみるとSMEの事業者は企業家としての性質をもっていること，SMEのマーケティングは企業家による意思決定によって行われ，一般的な企業の管理者が行うマーケティング意思決定とは異なることが前提になっていることが明らかである。

　また2000年に，イギリスで発行された『マーケティングのオックスフォードテキスト』[13]は，様々なマーケティング問題を論じているが，その1つの章として「小企業のマーケティング」（marketing in small firms）が設けられている。そこでは，「小企業と大企業の違い」「企業家精神と小企業でのマーケティングの実際」「小企業の基本的な諸側面」「小企業のための代案マーケティング」「小企業におけるマーケティング意思決定の質の評価」などが論じられている。

　2002年には，B. ブジャーク他によって『企業家マーケティング―新経済時代の小企業の成長―』[14]がアメリカで出版されている。さらに2003年には，『マーケティング・ブック』[15]がイギリスで出版され，その1つの章には「SMEのためのマーケティング」が当てられている。このようにSMEの単著や定評のあるマーケティング・テキストに，1つの章としてSMEが当てられるようになってきた。そこにはSMEマーケティングが他のマーケティングとの違いや，その次元が検討されている。

3. SMEのマーケティングの特性

3.1　SMEの特性とマーケティングの意思決定問題

　SMEマーケティングは，大企業と同じか。何が違うのかに関連して，D. カーソンが「SMEにとってマーケティングとはどういうものか。課題として

それを取り扱うべき理由は何か」[*16]という問題提起をして，まずSMEが大企業とか他の企業と異なる特徴を検討している。彼によれば，SMEは企業規模の点で大企業と異なっている。その規模の違いは，第1に従業員数や資本額などで捉えることが多いが，それらは要するに人的・金融的・専門知識といった「資源」の差異である。第2にSMEは，市場の領域に違いがある。SMEは企業数が極めて多く存在しているが，それらは地域的な市場という点では分散しているし，また多様な産業にもわたっている。これらそれぞれはSMEのマーケティングに影響を及ぼしている。

またSMEは，第3に基本的に「企業家＝オーナー＝意思決定者」という特徴をもっている。この企業家は企業家精神に基づいてビジネスを起こし，また企業を発展させるに際しては，危険を顧みずチャレンジしていくという「危険受容」，「先見性」「好機を伺う能力」「イノベーション」「創造性」「適応性」「変化対応性」などのパーソナリティをもっているのである。そして，この企業家の特性は，またその彼／彼女の独立独行性と企業利益志向に置いている。これらがSMEの特性となってマーケティングに大きく影響を及ぼすのである。

ところが，これらの特性はSMEの強さと同時に弱さとなっている。とりわけSMEの「企業家＝オーナー＝意思決定者」という特性は，マーケティングの方向性だけでなく，その他の企業の基本的な意思決定にも影響を及ぼす。しかし，それらは企業家個人の恣意的判断によって行われることが少なくない。言い換えるとSMEの意思決定は，フォーマルな手続というよりも企業家＝オーナーの個人的な見解，また直観的あるいは手引書の類によるものが一般的となっているのである[*17]。したがって，SMEのマーケティングは一様ではなく多様なものとなる。

3.2　SMEに対するマーケティング一般理論の不適合性

上でみたようなSMEの特性がマーケティングに影響するならば，それは一般的にいわれているマーケティングとどのような違いがみられるのであろうか。

SMEは相対的に規模が小さいため市場や産業での支配力が欠如している。そのため市場環境の変化に対して柔軟に対応しなければならない。しかしSMEは大企業のように長期・中期・短期を見据えたマーケティング計画を策定するための専門的能力をもった人材が不足し，また計画策定のためのフォーマルに構造化された手順や組織をもたない。したがってSMEの多くの計画策定のプロセスは単純であり，インフォーマルであって理論的なパラダイムとは無関係で，意思決定は直感的である[*18]。このことは，環境変化にフレキシブルに対応できる長所となっているが，それは必ずしも従来のマーケティング理論が予定しているものではない。

また市場調査は，そのためのコスト負担の問題やその専門的部署をもたず，またその知識が不十分で，マーケティング理論が示すような調査は難しい。もちろんSMEは，何らかの手段によって企業が必要としている情報を入手しているが，それには偏りがあり，情報の評価は恣意的または直感的に判断されることが少なくない。

市場細分化戦略などについては，SMEは企業規模が小さいため，その戦略は，結局はニッチ戦略へと集約されていくのである。

3.3　SMEマーケティングの方向性

私たちに広く知られているマーケティングは，4Pでよく知られているように一般化されたものである。実際には，それを企業規模とか産業や地域特性によって，どのように適用するかが求められている。

これまで展開されてきたマーケティングは，その歴史から明らかのように，主として消費財の大企業を対象としたものであった。しかしその考え方や理論はあらゆる規模・産業・地域の企業に適用されることは明らかである。それは，現代の市場システムの下での企業は，何らかの財を生産（仕入れ）（product）して，それに価格（price）を設定して，それを顧客に知らしめ（promotion），何らかのチャネル（place/channel）を経由して顧客に流通することが共通となっているからである。

この4Pの組み合わせによるマーケティング戦略の策定は，いずれの企業であっても，その発展・維持を左右するのである。よく知られている4Pやその戦略というのは，あらゆる規模・業種・業態・地域を越えた一般化されたマーケティングである。したがって，それらを適用する上では，企業の規模だけでなく産業・地域等々に対応する必要がある。

　たとえば，取扱う商品が物財（tangible goods）とサービス財（intangible goods）では，チャネル，顧客などが異なるし，同じく物財であっても消費財と生産財でも大きな違いがある。国内での販売と海外での販売活動も大きな違いが存在している。これらの財，地域や産業特性によって，それぞれは「サービス・マーケティング論」，「生産財マーケティング論」や「国際マーケティング論」などが登場する。

　このような産業別とか地域別などの企業に適用するためには，それぞれの産業特性とか地域特性を検討して，それに応じた4Pとかマーケティング計画を検討しなければならない。このことと同様に，SMEマーケティングを検討するためには，その企業の共通の特性から一般化されているマーケティングをもとに，さらにそれぞれの企業領域の特性にあわせて補整しなければならない。

　このことからカーソン（D. Carson）は，SMEマーケティングの方向性を図表1-1のように示している[*19]。

　SMEは，製造業・卸売業・小売業・サービス業などの産業，業種，業態また地域などが多岐にわたっている。それらを「SME」というくくりで捉えれば，その基礎となるマーケティングは「SMEマーケティングの一般論」ということになる。それを基にそれぞれの特定化されるSMEマーケティングが設定されることになるであろう。この考え方に基づいて，カーソンは，特定化されるSMEの産業マーケティングの例として，「SMEホテルマーケティング」をあげている（図表1-2）。それは，一般化された「SMEマーケティング」と「サービス・マーケティング」「消費者マーケティング」の交差した領域になる。その論点となるキーを基に「イメージ／評判」「人的サービス」および「立地／情報伝達」というマーケティングが行われるのである。

　ところで，すでに再三強調してきたように，SMEは，「企業家＝オーナー＝

| 図表1-1 | 一般論のマーケティングから特定化マーケティングへ |

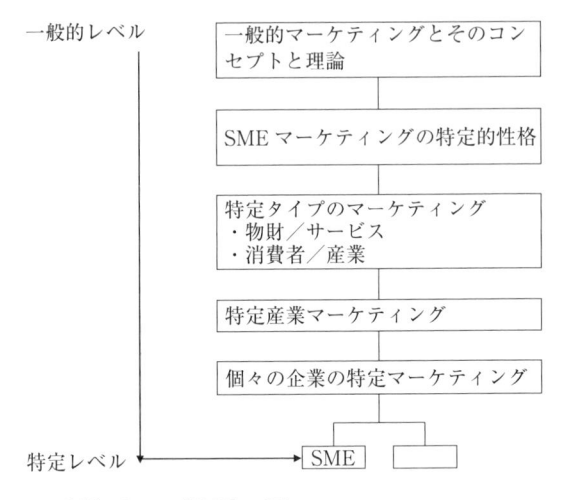

```
一般的レベル ──→ ┌─────────────────────┐
                 │ 一般的マーケティングとそのコン │
                 │ セプトと理論              │
                 └──────────┬──────────┘
                            ↓
                 ┌─────────────────────┐
                 │ SMEマーケティングの特定的性格 │
                 └──────────┬──────────┘
                            ↓
                 ┌─────────────────────┐
                 │ 特定タイプのマーケティング    │
                 │ ・物財／サービス          │
                 │ ・消費者／産業           │
                 └──────────┬──────────┘
                            ↓
                 ┌─────────────────────┐
                 │ 特定産業マーケティング       │
                 └──────────┬──────────┘
                            ↓
                 ┌─────────────────────┐
                 │ 個々の企業の特定マーケティング  │
                 └──────────┬──────────┘
特定レベル ──→         ┌──SME──┐
```

出所：Carson［2003］p. 764.

意思決定者」という共通の基本的特性をもっているが，カーソンは，SMEが年月の経過の過程を通じて，それ自体のマーケティングのスタイルや慣行が形成されていくことに注目している。そして，企業が何らかの新しい市場とか刺激的な変化に直面するまでは，そのスタイルや慣行を変えようとしない。したがって当初，企業家精神により革新的であったマーケティング活動は，企業年月が経つにつれて自己満足的になり，かつての独創性がなくなっていくし，またそのことによって非効率的な行動をとりがちとなるのである。また経営者が二世，三世にもなるとこのことは顕著に出てくるかもしれない。これはSMEの「企業家＝オーナー＝意思決定者」という企業特性のため，フォーマルなチェック機能をもたないためである。構造的あるいは制度的なものとして，これをカーソンは，SMEの「ライフサイクル上の問題」と呼んでいる。

またSMEは概して，ビジネス世界ででき上がった慣行や規範には従順でそれを拒絶するのを好まない。とりわけSMEの市場や産業領域では，商品の流通のやり方，価格・マージン・マークアップなどの慣行を拒絶することは難し

図表1-2　SMEホテルマーケティング

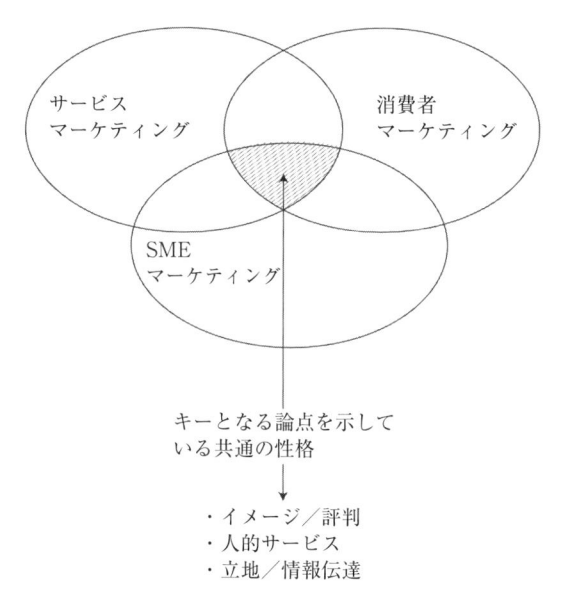

（ベン図：サービスマーケティング、消費者マーケティング、SMEマーケティングの3つの円が重なり、中央の共通部分が示されている）

キーとなる論点を示している共通の性格

・イメージ／評判
・人的サービス
・立地／情報伝達

出所：Carson［2003］p.768.

いという。それは，SMEの市場力が弱小であるためである。これらをカーソンは「産業上の慣習」と呼んでいる。

　SMEの性質は，「企業家＝オーナー＝意思決定者」という固有な特性に加えて，これらの「特定状況モデル」ともいうべき「SMEのライフサイクル上で生じる自己流のスタイルや慣習のパターン形成」と「SMEのもつ市場あるいは産業のもつ慣行」は，SMEのマーケティングを規定しているものと考えられている。

4. SMEマーケティングの一般理論フレーム

　以上の検討をもとに，SMEマーケティングの一般的なフレームは，図表1-3

のように設定できるであろう。

SMEは，人的・物的な資源には制約があり，また資金的な制約があるため，市場調査や販売促進などを取り組む専門部署をもつことには制約があり，また「ライフサイクル上の慣習」「産業上の習慣」などをチェックするための組織的あるいは構造的な制度を欠いている。また再三強調してきたように，「企業家＝オーナー＝意思決定者」であるため，その企業家のパーソナリティがマーケティングに影響する。しかしこの企業家の特性は，イノベーション志向，危険に立ち向かう姿勢，あるいは成長志向という大企業にみられない企業家精神と結び付き，これらがSMEのマーケティングのあり様を規定するのである。

これらのSMEの特性から導かれる一般的マーケティングを基盤として，それぞれの企業活動を行う産業，地域の状況に応じて，図表1-2のような個別的なマーケティングが検討されるものと考えられる。また経営者の姿勢・意識をマーケティング理論志向的に改革しトレーニングすることが必要である[20]。そして，そのこととそれを超えたSME独自のマーケティングとのかかわりの検討などが重要である。SMEマーケティング一般論のフレームにこれらを論

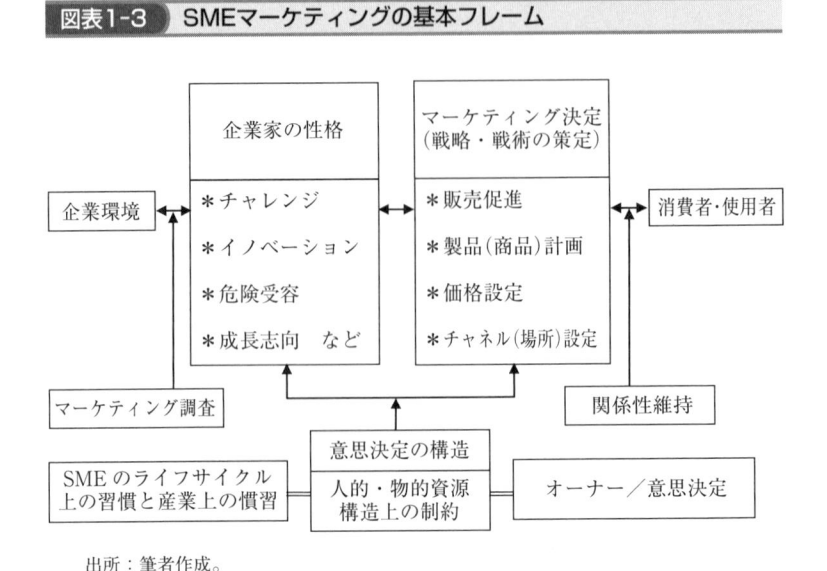

図表1-3　SMEマーケティングの基本フレーム

出所：筆者作成。

理的に結び付けるなどの課題は，今後の研究に残されている。

注

- *1　田中［2014］14頁。
- *2　Hills, et al.［2008］p. 100.
- *3　Miles, et al.［2006］.
- *4　もちろん，大企業であっても，オーナー的な企業家がマネジメントの意思決定に大きな影響力を発揮する状況がみられることがある。しかし，その状況の企業であっても，大企業となればふつう社内には意思決定手順などは社内的に構造化あるいは制度化されている。
- *5　我が国での欧米のSMEのマーケティング研究のレビューは，田中氏以外にもある。たとえば伊藤［1996］である。それは約1980年代までのアメリカとイギリスを中心にしてレビューしている。本章では，それ以降から2010年代初期までのアメリカとイギリスを中心にみていきたい。
- *6　その実体は，商業精神である。企業家＝商業者から農業経営者などへの認識を広めて，その精神を明らかにしたのは，カンテイロンの『商業の一般理論』である（Cantillon［1755］）。
- *7　Kirzner［1973］.
- *8　Hills, et al.［1992］p. 33.
- *9　Hills, et al.［2008］.
- *10　Hills, et al.［2008］.
- *11　論文名は，"Missing the Boat and Sinking the Boat: A Conceptual Model of Entrepreneurial Risk" in *Journal of Marketing*, Vol. 50, pp. 58-70. である。
- *12　Carson, et al.［1995］.
- *13　Blois, ed.［2000］.
- *14　Bjerke, et al.［2002］.
- *15　Baker, ed.［2003］.
- *16　Carson［2003］p. 757.
- *17　Carson, and Gilmore［1993］.
- *18　Carson［2000］.
- *19　Carson［2003］p. 764.
- *20　Carson, and Gilmore［1993］およびAlberto, et al.［2010］。特に後者の文献は，イタリアのSMEのマーケティング姿勢を実態調査して，その多くはマーケティングを「販売と広告」とみており，計画は短期的な戦術に終わっているとしている。ただその例外は，イタリアの伝統的な産業であるブランド衣料品SMEであるとしたことを明らかにしている。それは，グローバル競争の中でのマーケティング意識が高いからだと

している。

参考文献

伊藤公一 [1996]「マーケティングの視点から見た中小企業」小林靖雄・瀧澤菊太郎編 [1996]『中小企業研究50年 中小企業とは何か』有斐閣。167-177頁。

田中道雄 [2014]『中小企業マーケティング』中央経済社。

Baker, Michael (ed.) [2003] *The Marketing Book, Fifth ed.*, Butterworth Heinemann.

Berthon, Piere, Michael T. Ewing and Julie Napoli [2008] "Brand Management in Small to Medium-Sized Enterprises" in *Journal of Small Business Management*, Vol. 46, No. 1, pp 27-45.

Bettiol, M., E. Di Maria and Vladi Finotto [2012] "Marketing in smes: the role of entrepreneurial sensemaking," in *International Entrepreneurship and Management Journal*, Vol. 8. No. 2, pp. 223-248.

Bjerke, B and C. M. Hultman [2002] *Entrepreneurial Marketing: The Growth of Small Firms in the New Economic Era*, Edward Elgar.

Blois, Keith (ed.) [2000] *The Oxford Textbook of Marketing*, Oxford University Press.

Brown, Rick [1987] *Marketing for the Small Firm*, Cassell Educational Ltd., London.

Cantillon, Richard [1755], *Essai sur la Nature du Commerce en General.*

Carson, David [1985] "The Evolution of Marketing in Small Firms," in *European Journal of Marketing*, Vol. 19, No. 5, pp. 5-16.

Carson, David and A. Gilmore, [1993] "Effective marketing training provision for SME executives," in *Marketing Intelligence & Planning*, Vol. 11, No. 6, pp. 5-7.

Carson, David and A. Gilmore, [2000] "Marketing at the Interface: Not what and How," in *Journal of Marketing Theory and Practice*, Vol. 8. No. 2, pp. 1-7.

Carson, David, Stanley Cromie, Pauric McGowan and Jimmy Hill [1995] *Marketing and Entrepreneurship in SMEs: An Innovative Approach*, Prentice Hall.

Carson, David and Nicole Coviello [1996] "Qualitative research issues at the marketing/entrepreneurship interface" in *Marketing Intelligence & Planning*, Vol. 14, No. 6, pp. 51-58.

Carson, David [2000] "Marketing in Small Firms" in Keith Blois (ed.) *The Oxford Textbook of Marketing*, Oxford University Press, pp. 570-589.

Carson, David [2003] "Marketing for small-to-medium enterprises," in Michael J. Baker (ed.) *The Marketing Book*, Fifth ed., Butterworth Heinemann, pp. 757-805.

Chaston, Ian [2009] "Entrepreneurs, Intuition, and Small-Business Performance," in *Journal of Centrum Cathedra*, March, pp. 37-45.

Collinson, E. M. and E. Shaw [2001] Entrepreneurial marketing: a historical perspective on development and practice, *Management Decision*, Vol. 39, No. 2, pp. 761-767.

Fillis, Ian [2002] "Small Firm Marketing Theory and Practice; Insights From the Out-

side," in *Journal of Research in Marketing & Entrepreneurship*, Vol. 4, Issue 2, pp. 134-157.
Gilmore, Audrey, David Carson and Ken Grant [2001] "SME marketing in practice," in *Marketing Intelligence & Planning*, Vol. 19, No. 1, pp. 6-11.
Hills, G. E., Claes M. Hultman and Morgan, P. Miles [2008] "The Evolution and Development of Entrepreneurial Marketing," in *Journal of Small Business Management*, Vol. 46, No. 1, pp. 99-112.
Hills, G. E, and C. M. Hultman, S. Kraus and R. Schulte [2010] "History, Theory and Evidence of Entrepreneurial Marketing : A Overview," in *International Journal of Entrepreneurship and Innovation Management*, Vol. 11, No. 1, pp 3-18.
Hills, G. E. and R. W. LaForge [1992], "Research at the Marketing Interface to Advance Entrepreneurship Theory," in *Entrepreneurship Theory and Practice*, Vol. 16, No. 3, pp. 33-59.
Jones, Rosalind and Jennifer Rowley [2011] "Entrepreneurial marketing in small businesses : A conceptual exploration," in *International Small Business Journal*, Vol. 29, No. 1, Feb., pp. 25-36.
Kirzner, I. M. [1973] *Competition and Entrepreneurship*, University Chicago.
Kraus, Sascha, R. Harms and Matthias Fink [2010] "Entrepreneurial marketing : moving beyond marketing in new ventures," in *International Journal of Entrepreneurship and Innovation Management*, Vol. 11, No. 1, pp. 19-34.
Lam, Wing and M. J. Harker [2015] "Marketing and entrepreneurship : An integrated view from the entrepreneurs' perspective," in *International Small Business Journal*, Vol. 33, No. 3, pp. 321-348.
Maritz, Alex, Anton de Waal and Bert Verhoeven [2011] "Entrepreneurial and innovative marketing : a systematic review of the literature," in *Innovative Marketing*, No. 7 Issue 4, pp. 28-37.
Marcati, Alberto, Gianluigi Guido and Alessandro M. Peluso [2010] "What is Marketing for SME Entrepreneurs? The Need to Market the Marketing Approach," in *Journal of Marketing Trends-Small & Medium Enterprises*, Vol. 1, Apr., pp. 67-74.
McCartan-Quinn, Danielle and David Carson, [2003] "Issues Which Impact upon Marketing in the Small Firm," in *Small Business Economics*, 21, pp. 201-213.
Miles, M. P. and J. Darroch [2006] "Large Firms, Entrepreneurial Marketing and the Cycle of Competitive Advantage," in *European Journal of Marketing*, Vol. 40, No. 5-6, pp. 485-501.
Nystrom, Harry [1998] "The Dynamic Marketing-Entrepreneurship Interface : A Creative Management Approach," in *Creativity and Innovation Management*, Vol. 7, No. 3, pp. 122-125.
O'Donnell, Aodheen, Audrey Gilmore, David Carson and Darryl Cummins [2002] "Com-

petitive advantage in small to medium-sized enterprises," in *Journal of Strategic Marketing, 10*, pp. 205-223.

第2章

中小企業マーケティングの特質[*1]

田中　道雄

1. 中小企業マーケィングの基本的考察

　中小企業にとっての「マーケティング」とは一体何を意味し，その実践はどのようになされているのだろうか。本書が目指す目的あるいはその存在意義は，まさにこの点を明らかにすることである。もとより，後述する各章の内容にも明らかなように，それには様々なアプローチが考えられる。そこで第2章では，これら中小企業マーケティングが基本的に有する「特質」について接近してみよう。

　ただ，その特質に迫る前に，まず中小企業マーケティングのもつ「制約条件」と「研究アプローチ」の課題について，少しだけ眺めてみたい。

　すでに，前著[*2]でも示したように，中小企業マーケティングがもつ「制約条件」は，マーケティング論ならびに中小企業論の研究蓄積が未だ希薄なゆえに，その適用領域や把握の限界が横たわっていたことである[*3]。寡占的製造業の競争から発したマーケティングは，飛躍的な発展を遂げるとともに，大規模小売業に順次その知識を移転し，大規模小売業もまたそのマーケティングを我がものとした。しかし，そのノウハウは，中小製造業にも中小小売業にも，完全な形で移行されることはなかった。こうした限界は，中小企業論にもみられる。中小企業経営は，我が国の技術偏重のあり方から，少なくともマーケ

ティング的あり方を重視してこなかった。それはグローバル化が進むにつれ，徐々にその課題を明らかにしている。

　ついで中小企業マーケティングの「研究アプローチ」を考えると，いくつかのスタイルがアプリオリに導かれる。第1はマーケティング論からの接近であり，第2は中小企業論からの接近である。そして第3は理念型としての中小企業をブレイクダウンした中小製造業，中小卸売業，中小小売業，そして中小サービス業という，より実践的で中範囲的な4パターンによる接近が考えられる。ただ，それぞれの既存研究の限界から，これらどの方向から接近しても多くの困難に直面することが予測される[*4]。

　以上の点を確認したのち，改めて中小企業マーケティングの「特質」について考えてみれば，とりわけ企業者（アントレプレヌール）による意思決定プロセスを眺めることが参考になる。なぜなら中小企業は基本的に企業組織ではあるが，多くの場合，その経営意思決定は経営者あるいは一部の幹部に依存しているからである。それゆえ，大企業のように機能的で組織的な意思決定を追究するのではなく，個別経営者の思考の流れを明確にすることで，中小企業マーケティングの本質的な部分に接近することが可能と考えられる。

　同時に，意思決定過程だけでなく，中小企業が保持する組織的な対応にも注目する必要がある。それは中小企業経営で有用な3つのIMについて眺めることである。

　この3つのIMは，もとより伝統的マーケティングにも存在している。しかしながら，とりわけ中小企業マーケティングで強く意識され，かつまたそれは中小企業らしい働きを示している。ここで3つのIMとは，インタラクティブマーケティング（Interactive Marketing），インターオーガニゼーショナルマーケティング（Inter-organizational Marketing），そしてインターナルマーケティング（Internal Marketing）を指している。ここでは，その独自性を考察しつつ，そこから中小企業マーケティングの枠組みとしての仮説を導き出すよう考えていきたい。

　さて，ここで示す仮説的枠組みは，3つの要素から構築される。第2章では，その枠組みを示すとともに，その要素について1つずつ考察を加える。最

後に，これらの仮説を進化させるための諸条件を示すことで，中小企業マーケティングがもつ特質について考えてみたい。

これらの点を理解し考察を進めることは，中小企業マーケティング問題へ接近するための小さいが着実な一歩となろう。結果として，中小企業が有する経営問題の一端を解明するための欠くべからざる諸課題や事実が，徐々に明らかになってくるであろう。

2. 中小企業者による意思決定プロセス

2.1 意思決定プロセスの特質

中小企業マーケティングの意思決定プロセスの特質について考えるに際し，ここでは，ミオンヌ（A. Mione）の所論[5]に沿って，課題を捉えてみよう。

ミオンヌは中小企業マーケティングを3段階マーケティングモデルとして，

```
マーケティング情報の収集
       ⇩
    戦略の決定
       ⇩
   日常的な運営
```

という流れによって，3つの異なった段階を提示している。

第1段階のマーケティング情報の収集とは，中小企業に関わる消費者，競争者，供給者や潜在的競争者，代替品の情報を把握することである[6]。

後の2つの段階は，戦略の決定により中小企業自らのポジショニングを定めるとともに，市場標的の選択や発展の戦略等を規定している。ついで日常的な運営における意思決定は，ダイレクトマーケティングやマーチャンダイジングなど，販売面での戦略を可能にする製品，価格，流通，コミュニケーション戦略等の4Pの組み合わせ，すなわちマーケティングミックスを明らかにするこ

とである。それは戦略的マーケティングと業務的マーケティングの関係を意味している。

2.2 意思決定における中小企業の特質

　だが，この3段階のうちの事前的段階に位置づけられるマーケティング情報の収集は，多くの中小企業にとってのまさに弱点であるとともに，他方で中小企業ならではの特徴や制約を示す部分として表れる可能性が強い。そこでは，自分達中小企業が生産する商品を購入するであろう消費者の予測や行動を知り，同じジャンルや種類の商品を取り扱う競争者の態度を観察し，そして市場における流通セクターの他のアクター，すなわち製造業にとっては卸売業，小売業，サービス業等に関する情報を調査することなどが要請される。

　たとえば大手消費財企業の市場調査費用は，コスト全体の1%にも達するという。換言すれば，大企業はこのマーケティング調査に，数千万円あるいは数億円という費用を投入しているのである。だが，多くの中小企業では，こうしたマーケティング全般に取組む資金，時間，手段など市場を把握する特別の方法をもっていない。それゆえ，中小企業はこれら市場認識を「軽視する傾向」が強い。それは意識してするというよりも，その資金力や人材の不足から，自然にそういう方向へと流れるのである。中小企業にとって，市場は知るべき対象，調べるべき内容として捉えられるのではなく，その多くが，業界の人間関係やその具体的接触の関数として考えられる[*7]。それは時に，ドラえもんに出てくるような登場人物の力関係を表すように擬人化されることさえある。

　新聞，テレビ，専門誌，ちらしやインターネットまたは商工会議所や同業団体により手に入れた情報は，業界人としての会合やその他の機会，たとえばロータリークラブやライオンズクラブなどの食事会・会議での非公式のコミュニケーションや雑談を通して，論理的かつ機能的にまとめるというよりも，経営者の頭の中で情緒的な資料として作成されることが多い。

　大型店の売場で中小企業の商品が展示販売される時，幹部自身がその大型店に出向き，主要な顧客の動きや売場の責任者の態度を肌で感じ，数値で表され

たものとは別に，自らの商品の評判を実感的に理解する。彼は，多額の費用がかかる市場に関する緻密な調査を実施することは決してない[8]。

彼は，いわゆる人的な接触を図ることで，そこから彼の求める各種資料を得，そして多くの噂，見た目の印象，様々な人々の推奨を組み合わせ，それをもとに消費者と利害関係者の考えを作り上げて，自らの意思決定を行う。

2.3　顧客満足への関心

この経営者あるいは幹部が把握した市場は，どちらかといえば客観的な評価よりも主観的な顧客のプロフィールを通して，プラス面を中心に発展的に描かれる。それは幹部自身が意識的に選択する以前には，めったに明らかになったり，特徴づけされたり，標的化されたりはしないものである[9]。

その意味で，中小企業による市場への反応，環境の小さなシグナルに対する感受性，市場適応への必要な手段の選択などの中小企業がもっている能力は，こうした中小企業経営者あるいは幹部の個人的なマーケティング感覚に大きく左右される[10]。とりわけ，経営者や幹部の性格，その経験から育まれた環境認識や意思決定のスキームの取り扱いは，中小企業がマーケティングを考える上で，決定的な役割を果たすものと思われる。彼の顧客満足に対する関心事が，時に，当該の中小企業全体の意思決定に影響する。その意味で，中小企業のマーケティングは，清水がいみじくも指摘したように経営者に依存する[11]。

2.4　意思決定における中小企業の可能性

現代のように激変する市場においては，単に企業の規模だけでマーケティングの問題を考えることは妥当ではなかろう。実際，マーケティングにおける「情報―戦略―運営」という伝統的な流れは，国際化の進展，技術進化のスピード，そして消費者の気紛れな関心等によって日々問題を新たにかつ複雑化し，それは中小企業にも様々な計画の再検討を余儀なくさせる。

サービスの経済化と成熟化により，顧客は徐々に新たな製品企画に関する事

前の工程に関わる一方で，今やサービスの全活動は，顧客の参加に大きく依存している。とりわけサービスの中核的な要素は，顧客の気持ちの中に存在しているので，それはサービスを中小企業と消費者が協同生産すると言い換えることもできるのである[*12]。これはマーケティングを信頼や契約という用語を使って捉える時，消費者は中小企業における真実の関与者となる[*13]。

このように，中小企業がもつとされる限界は，半面，中小企業の可能性へとつながる。市場を経験的に理解し，市場の異なった関与者，顧客，供給者，流通業者，調査機関などとともに全体の関係を経営する中小企業の能力は，まさに全体的な視座をもつ企業者的なマーケティングと呼ぶことができるであろう[*14]。

もとより，こうした企業者的なマーケティングを行うためには，経営者それ自体の問題発見力の高さとそれを可能にする非公式的な情報のネットワークが求められよう。そしてその問題発見は自らが取り扱う製品・サービスに対する経営者の愛着の強さやこだわりから生まれる可能性が強い。ある経営者は，そうしたことに必要な資質を「向上心・好奇心・考働心」[*15]と規定している。そこには，現状を良しとせず，常に新たな地平を開こうとする企業者像が垣間見える[*16]。

こうした問題発見力は，往々にしてアントレプレヌールとしての経営者の直感や第六感などの勘働きから生まれることも多い。そこでは，我が事業に対する経営者の長い経験や蓄積が，その愛着とあいまって，異次元への飛翔を可能にする。とりわけ，中小企業の場合に多いオーナー経営者は，資本的な「しがらみ」から解放されているだけに，その発想の自由度が高く，優れた問題発見力を保有していることが多い。

3.「3つのIM」によるマーケティング関係

3.1 「3つのIM」の関わり

　次に，伝統的な大企業のマーケティングと中小企業マーケティングを分ける1つのポイントが，中小企業における3つのIM，すなわちインタラクティブマーケティング（Interactive Marketing），インターオーガニゼーショナルマーケティング（Inter-organizational Marketing），インターナルマーケティング（Internal Marketing）の関係といえる。

　この3つのマーケティングは，顧客等外部への働きかけとしてのインタラクティブマーケティング，同業種，異業種による横の連携を強めるものとしてのインターオーガニゼーショナルマーケティング，企業内部の多様な側面の向上としてのインターナルマーケティングに分けられる。もとより3つのIM自体は，大企業マーケティングにおいてもすでに存在している。

　大企業の場合，3つのIMのうちで，最も強力に推進されているのは，当然，インタラクティブマーケティングである。その点については，すでにみたようにマーケティング調査への大量の資金投入を始め，4Pに対する工夫も強力かつ多様である。

　まず製品に関しては，巨額の研究開発費やデザインへの投入，価格に関しても周到な価格戦略が採用される。経路についても，その功罪を明確に判断する事前の検討が十分に行われる。とりわけ，大企業では消費者とのコミュニケーションを意識した販売促進への注力は，中小企業のそれとは比較にならない。こうしたインタラクティブマーケティングこそが，大企業マーケティングの真骨頂である。

　それに比べインターオーガニゼーショナルマーケティングは，これまで大企業ではあまり採用されてこなかった。確かに，ジョイントベンチャーという形での共同受注は，これまでもよくみられた。ただそれは巨大な企業にとっては，例外にすぎなかった。しかし，近年に至り，市場ならびに競争のグローバ

ル化は，大企業にとっても世界の強豪との競争を優位に運ぶために，必要となってきた。日立や三菱の部門同士の合同や水ビジネスに関わる関連企業の異質的なインターオーガニゼーショナルマーケティングは，今や，大企業といえども必須のものとして浮上している。

3つめのインターナルマーケティングは，未だあくまでも企業内従業者の意識改革や組織内市場として意識されているにすぎない。自動車メーカーの社員が他社の車に乗って通勤することが難しいように，大企業は社員割り引き等の誘因でもって，自動的に社員を顧客として囲い込んでいる。これまでも，不況期に当該企業の製品を社員が購入するという動きは，多くの場面でみられた。そこには，企業の従業者は，一定の市場として認識され，最後の購入者としての役割を求められている。

図表2-1　3つのマーケティングの関係

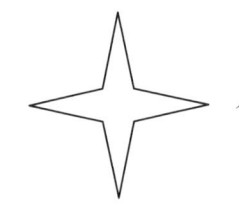

（顧客）
インタラクティブマーケティング

インターオーガニゼーショナルマーケティング（事業者）

インターナルマーケティング
（従業員）

出所：田中［2014］69頁。

3.2　中小企業における「3つのIM」の働き

しかし中小企業の場合は，その働きそのものが大企業とは大きく異なっている。

大企業がもつ特徴とは別に，中小企業のインタラクティブマーケティングは，大企業の公式的な顧客関係とは異なり，顧客に対する密接な接触を保つこ

とで，変化の激しい市場における需要の変化に，迅速かつ弾力的に対応可能な点で比較優位性をもっている[17]。そこでは，製品・商品の小ロットでの即納体制やマニュアルに流されない柔軟な接客対応など中小企業ならではの対応力が成果へとつながる。元来B to Bでは，中小企業経営者と大企業担当者とのコミュニケーションは，コスト面の要求に傾斜しつつも，より情緒的な色彩が強い。そしてB to Cでは，中小企業による卸売業や小売業へのトレードマーケティングに対しても，経営者を筆頭にした中小企業の人的接触が重要となる。そこでは商品の機能性はいうまでもなく，情緒的な色彩を帯びた人間関係が取引継続に対して大きな影響を与える。

　次に，インターオーガニゼーショナルマーケティングは，個としての力に限界をもつ中小企業らしい取組みであり，多くの中小企業の存立条件ともなる。商店街・小売市場やショッピングセンター，卸売市場や卸売団地など地域横断的な相補関係がそれにあたる。また集積することによる集客性の向上，たとえばラーメン博物館やお好み焼きビルなどの同類補完・異類補完[18]の成果は，様々な側面でのマーケティング効果として働く。こうした取組みは，中小企業マーケティングの中でも，とりわけ特徴的なものとなっている。

　3つ目のインターナルマーケティングも，大企業のそれとはかなり性格を異にする。中小企業の多くでは，インターナルマーケティングを大企業のように内なる市場として捉えるのではなく，従業員に対する，より情緒的な人的資源向上の機会として捉えることが多い。たとえば，対外的な製品への高い評価がインターナルな従業者のモチベーションを高めるということなどに表れる。大企業の場合，従業員は1つの顧客集団であり，一定の市場として捉える「クールな関係」をもつのに対し，中小企業では，「ホットな関係」をもつ「家族の一人」として，その存在を指定しているといえよう[19]。

3.3 「3つのIM」と4パターン

　もとより，こうした3つのIMの動きも，ブレイクダウンした中小企業の4パターンでは，やや違いを伴って表れる。

たとえば、中小小売業などでは商店街や小売市場、中小卸売業でも卸売市場や卸売団地という形態をとることで、インターオーガニゼーショナルマーケティングは日常的に行われている。こうした形とはやや異なるものの、大企業のB to B型の下請け企業などでは、それぞれがタテ型の協力企業としてグループ化され、一体となった形での緩やかな集団が形成されている。そして中小サービス業においては、従業者自身が直接的なサービスの担い手として、顧客と共同で新たな価値を創造するという意味からも、インターナルなマーケティングは意識向上に欠かせないものである。

図表2-2　4パターン別にみた3つのIMの動向

	中小製造業	中小卸売業	中小小売業	中小サービス業
インタラクティブマーケティング	主として、B to Bによる業務を通して、技術とコストのバランス	地域小売業や業務販売を通して、迅速対応とコミュニケーションの重要性	消費者との直接対応によるウォンツ・ニーズへの適応力	地域振興によるコミュニケーションと持続性の維持
インターオーガニゼーショナルマーケティング	下請け関係や上位企業とのタテ型協同組織間組織	取引先満足を高めるための業者間商品の融通	商店街等による地縁的集積によるヨコ型協同および仕入れ集中などの機能的協同	地域との協同によるサービスの利活用
インターナルマーケティング	従業員満足の向上による技術等の上昇	卸売業の信用上昇を図る内部的管理体制による機能性向上	家族的経営による意思の統一	従業者自身が直接的サービスの担い手であり、顧客と共同で新たな価値を創造

出所：田中［2014］71頁。

4. 中小企業マーケティングの仮説的枠組み

4.1 経営者と製品・サービスへの傾斜

　中小企業では，経営者の存在と取り扱う製品への傾斜が著しい。それは中小企業マーケティングが，大企業のように戦略的，組織的かつ機能的に推進されるよりも，より経営者のリーダーシップなど，個人的な色彩の影響を強く受けることを意味する。そこでは製品特性や提供するサービスの内容がマーケティングのあり方と大きく絡んでくる。

　中小企業における取引の効率向上を目指しつつ，経営者は機能的な側面はもとより，情緒的な側面を一層重視する。時にはそのほとんどを経営者自身もしくは信頼の深い特定幹部など周辺人材に委ねる。これらは，一見，中小企業のぜい弱な側面を示しているようにみえ，限られた人材による意思決定は，様々な点で限界をもつ。

　しかし，豊富な人材を抱える大企業といえども，アーヴィング・ジャニスのいうグループシンクの罠[20]，すなわち「集団による浅慮」からいつも免れるというわけではない。時に，それは取りかえしのつかない誤った意思決定へと導くこともある。

　また大企業には情報を経営者に上げるにあたって，何段階もの手数を経るために，情報をフィルターにかける仕組みが存在する[21]。その中で本来必要な情報が排除される危険性が生まれる。それゆえ，大企業でさえ経営者は部下から上がってくる報告結果を鵜呑みにするのではなく，個人的に非公式のネットワークを使って，企業の方向性を意思決定する際の参考情報を得るという。複数かつ異質な情報ソースを照合することで，経営者は問題発見力を磨いているといってよい。

　その意味では，かえってオーナー経営による情報の直接的収集，意思決定の迅速さや果敢さが強い結果を生むこともある。ただ，中小企業マーケティングがこうした特性をもっているとしても，当然，そこには中小企業独自のマーケ

ティングが機能していることも事実であろう。言い換えれば，経営者と製品・サービスに大きく影響されるという自体が，中小企業マーケティングの特性の1つとしても捉えられるのである。

4.2 簡素化

　中小企業マーケティングは，その大前提として，伝統的マーケティングを様々な理由で簡素化して適用してきたという側面をもつ。中小企業の有する人的・資金的，かつその他資源の制約は，伝統的マーケティングの完全な実行を担保することはできず，その簡素化された適用や限定的なマーケティングの実施によってのみ，一定の成果を獲得することが可能となってきた。もとより，簡素化とは，ただ単に伝統的マーケティングを縮約するというだけに留まるものではなく，効果や効率を意識しつつ，その本質的側面を引き継ぐものでなくてはならない。

　今，これら中小企業特有のマーケティング的特質として3つの事項を取り上げてみよう。

　第1は前項のごとく中小企業における経営者（Entrepreneur）の重要性と製品（Product）・サービス（Service）への傾斜である。この点は，すでに多くの指摘がある[22]。大企業のように組織的管理の段階に至らない中小企業の場合，必然的にその意思決定の多くは，経営者個人あるいは特定の周辺人材に委ねられる。それゆえ，中小企業マーケティングでは，こうした人治的で個人的な経営者のリーダーシップ（Leadership）の側面を十分に理解し，問題を考えることが求められよう[23]。

　第2が，第2節で述べたように，意思決定プロセス（Process）展開における独自性である。この場合，そのプロセスにおいては，組織的管理ではなく，経営者あるいは特定の周辺人材によるマーケティング担当者にその多くを帰することで，個人的な特質に影響されるという側面を免れ得ない。

　それは経営者として，ひとり何役かの多義的な側面を共有しているゆえに，部門間の不必要な対立や牽制を避けることができるものの，時に片寄った意思

決定につながる恐れもある。ただ，こうした危険性をもちながらも，その全体的な枠組みを十分に理解したマーケティング意思決定の中に，中小企業経営者の企業者的な側面がみられる。

　第3は，同じく第3節で考察した中小企業における対顧客としてのインタラクティブマーケティング，横の連携としてのインターオーガニゼーショナルマーケティング，そして対内部の意識啓発としてのインターナルマーケティングという3つのIMの関係がその特質として浮かび上がる。やや情緒的な色彩の濃いこれら3つのIMの組合わせが，中小企業マーケティングに特有のものとして考えられる。

　以上の点を簡単にまとめれば，経営者（Entrepreneur）中心で，製品（Product）・サービス（Service）に傾斜しつつ，リーダーシップ（Leadership）を発揮し，3つのIM（IM）を活用しつつ独自の意思決定プロセス（Process）をもつという6つのキーワードが導かれる。第2章では，これらのキーワードを組み合わせ，中小企業マーケティングの特質として「簡素化：SIMPLE」を導く。

図表2-3　中小企業マーケティングの特質

・経営者（Entrepreneur）・製品（Product）・サービス（Service）
・リーダーシップ（Leadership）・3つのIM（IM）・プロセス（Process）
⇩
「簡素化：SIMPLE」

出所：筆者作成。

4.3　多　義　性

　中小企業マーケティングのもつ性格は，ヒト・モノ・カネ・情報といわれる経営資源のすべてで，大企業に比べ常に相対的な劣位にある。大企業と同じ資金を投入し，同じ程度の結果を生むのでは，中小企業の側の効率性は高まらず継続もできない。当然，少ない資金の投入ながら，マーケティング成果そのも

のは，大企業にひけをとらない水準を目指す必要がある。常識で考えて，そうしたことにはもともと無理がある。

しかし，こうした中小企業マーケティングを効率的に行うためには，その限られた資金投下が多面的な成果につながったり，将来への布石になったり，また限られた人材で取り組めるような手法をとる必要がある。ここに，中小企業マーケティングにおける簡素化の意味がある。大企業のヒト・モノ・カネの質量共の投入とは異なり，限られた資源の投入は，当初より何重にも効果を意識した先見的取組みを求めているし，状況の変化に即応した適時，適切な意思決定を必要とする。しかも，それを少数の人材で進めねばならない。

そして中小企業マーケティングは，その簡素化とは裏腹に中小企業が本来的にもつ様々な制約から，実施面においては当初からその成果の多義性を意図する一人で何役をも果たす多義的な人材により遂行されている。中小企業にとっては，マーケティングの内容を簡素化することで，多義的な目的が達成されやすく，また実施にあたっても，少数の人員により遂行できるために，マーケティング行為そのものが，本来，多義性そのものを包含している。

そこから，中小企業のマーケティングを実施するにあたっては，限られた人材という実施主体のみならず，そのマーケティングの実施対象もまた単一的な用途や目的に留まるのではなく，多義的な色彩をもつことを余儀なくされる。それは中小企業マーケティングが大企業に比較し，その相対的な弱者としてもつ力から必然的に随伴する問題といって良い。しかし，それは決して弱さだけを示すものではなく，時に，その効果の多義性を有するがゆえの強みとなって表れる。

そしてこの多義性こそ，中小企業マーケティングの第2の特質として指摘することができる。

4.4 市場直結による問題発見力

簡素化されたマーケティング手法と多義的な色彩に次いで，中小企業マーケティングの第3の特質として，大企業とは異なる意思決定システムが考えられ

る。大企業においては，基本的に精密かつ客観的なマーケティングリサーチを通して，戦略的なマーケティングが設定される。その基本はあくまでも種々のデータから意思決定された合理的なシステムである。すでに述べたように，それは大企業の階層的な意思決定システムの中で，情報のフィルタリングやグループシンクの罠などの様々な陥穽をもちながら，しかし，あくまでもその基本は組織的意思決定に基づいている。

　他方，中小企業においては，こうした事前的な情報システムの構築は，ほとんどなされていない。ミオンヌ（A. Mione）が指摘するように，中小企業では市場を把握するにあたって，経営者自身が望む主観的な顧客のプロフィールを通して発展的に描かれる[24]場合が多い。そしてその意思決定を左右するのは，中小企業経営者が個人的にもつ非公式な情報網から集められた断片的情報である。ここで，中小企業経営者は，大企業とは異なり，客観的なデータに立って問題を捉えるよりも，主観的な経営者のフィーリングを優先することが多い。それはまさに環境の小さなシグナルを拾い上げる経営者自身の感受性と大きく関わっている。

　ロベルト（M. A. Roberto）は，大企業におけるリーダーは，周辺人材のフィルターを回避するために，「ときに傘をささずに外へ出て，自分の肌で雨足を感じる必要がある」[25]というが，中小企業経営者は日常的にこうした行為を行っている。

　それはオーナー経営者としての直感的で個人的なマーケティング感覚に多くを負っているからである。こうしたことは業界の中で積み重ねられた経験からくる場合もあるし，消費者のもつ欲求や顧客満足への深い関心が，市場のニーズを嗅ぎ分けることにもつながる。とりわけ，経営者自らが扱う製品・サービスへのこだわりは，時に盲目となって企業を行き詰まらせることもあれば，徹底したこだわりから，全く新たな地平へと広がることもある。

　中小企業経営者は，そのマーケティングの実施にあたって，決定的な役割を果たしているのであり，それは究極的には経営者個人の経営姿勢へと還元される。それゆえ，非合理的な側面をも含め，消費者意識の聴取とそれを補完する非公式的な情報網の存在が，市場に直結した問題発見力を導き，中小企業マー

4.5 仮説としての中小企業マーケティング

　中小企業マーケティングを本質的かつ論理的に考えていくためには，中小企業のマーケティング的特質が，どこで大企業のそれとは異なっているのかを明らかにしなければならない。さもなければ，これまでの伝統的マーケティングの考え方を，単に中小企業に援用したにすぎないという，これまでもなされてきた批判から免れることはできない。

　とりわけ，第2章で導かれてきたのは，中小企業のマーケティングはその頭文字から「簡素化：SIMPLE」という形でまとめることができ，実際「簡素化」されたフレームワークによって操作されていること。またその実施にあたっての特徴としては，取組み，システム，組織，人材などの側面でその本来もつ弱さを補完するために，「多義性」を生かす仕組みが取られていること。そしてこの中小企業マーケティングを遂行するには，まずその主体である経営者それ自体が，消費者を直視し，その動きを理解するために公式的なマーケティング情報に加えて，顧客満足への関心を高めつつ，それを補完する非公式な情報ネットワークをもつことで，直面する課題についての「問題発見力」をもつことである。

　ここでは，これまでに導かれた3つの特質である「簡素化」，「多義性」，「市

図表2-4　中小企業マーケティングの仮説的枠組み

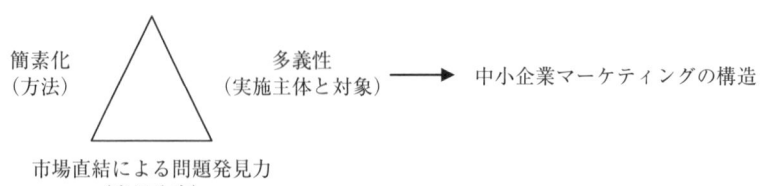

簡素化
（方法）

多義性
（実施主体と対象）　→　中小企業マーケティングの構造

市場直結による問題発見力
（意思決定）

出所：田中［2014］76頁。

場直結による問題発見力」を図表2-4のような形にまとめることで，中小企業マーケティングの仮説的枠組みを提示する。そこでは，簡素化された方法をとり，多義性を有する実施主体が多義性あるマーケティング対象を選定し，そして意思決定にあたっては，市場直結による問題発見力によって適切な選択をなすことが求められているのである。

5. 仮説進化のための諸条件

　第2章の目的は，中小企業マーケティングを考察するにあたっての特質を明らかにし，最終的にその枠組みを浮かび上がらせようとするものであった。これらの内容に関しては，すでに一定程度は明らかになったように思われる。今後はこれら仮説をより進化させるために，どのようなことが必要かについて考えてみたい。

　ここで示した仮説は，あくまでも1研究者の解釈によるものであり，やや経験的に導き出された中小企業の特性把握という限界をもつ。こうした点を十分に理解しつつ，仮説進化のために，ここでは3つの条件について考えてみよう。

　第1の条件は，仮説検証という意味で，仮説の妥当性を実証的に検証する必要がある。その場合，取り上げた簡素化，多義性，市場直結による問題発見力という3つの要素の統計的な可能性検証が必要である。同時に，この3つ以外のさらなる諸条件を新たな仮説として付け加え，多くの条件の中から，書面調査や実地調査等を通じて，3あるいは4点程度に絞り込むという方法も考えられる。いずれにしても，経験的に導かれた中小企業のマーケティング要素は，今後の検証によりその妥当性を一層高める努力が求められる。

　第2の条件は，中小企業の意思決定過程の明瞭化への努力である。ここでも試論的な意味で，少数の詳細なヒアリング調査が必要になる。しかし，最終的には量的な検証を行うことが欠かせぬ条件となろう。この点については，すでに清水[26]の詳細な検討がある。それゆえ，今後必要なことは，意思決定に

とって重要な要素を明確にするだけでなく，その意思決定過程の流れに沿って，ポイントとなる条件を明らかにしつつ，どのような条件が意思決定に影響を与えるかを考察することが必要となろう。

　第3の条件は，やはり中小企業が有する組織的な差異を考察することである。中小企業といっても，そこには様々な規模の企業が存在する。従業者が10〜20人，50〜100人，250人といえば，当然，そこに組織的対応や意思決定過程に差異のあることは明らかであろう。こうした中小企業の規模的な動向について，前出の4パターン，製造業，卸売業，小売業，サービス業ごとに，より詳細に行動形態とのマトリックスを作成することができるならば，より実践的かつ論理的な中小企業マーケティングとしての接近が可能になるものと思われる。

　もとより，これら以外にも，仮説を進化させる条件は存在しよう。その点は，まさに今後の研究蓄積にかかっている。その意味で，中小企業マーケティングの仮説構築は，今まさに始まったばかりといえようか。

注

*1　第2章は，田中［2014］と一体化し，論理的整合を図るため，あえて同書一部を再編集，一部を再録したものに新たな仮説進化の諸条件を付け加えたものであることをお断りしておきたい。本書の意義は田中［2014］で不足している点を含めて，多様な研究者による様々な観点から，より多くの視点を付加し考察するために企画されたものである。ゆえに，両書は一貫した問題意識を有している。

*2　田中［2014］。

*3　なお，これら中小企業マーケティングがもつ「制約条件」の考察については，田中［2014］を参照されたい。

*4　田中［2014］。

*5　Mione［2001］.

*6　Porter［1980］（邦訳［1985］）.

*7　Mione［2001］.

*8　Mione［2001］.

*9　Mione［2001］.

*10　Mione［2001］.

*11　清水［1986］。

*12　Mione［2001］.
*13　この点については，第8章「中小サービス業の販売促進活動」を参照のこと。
*14　Mione［2001］.
*15　『日本経済新聞』2008年3月11日号。
*16　この点について，山本久義氏は，「バイタルスモール」という言葉を使って，こうした活力をもつ中小企業について述べている（山本［2002］）。
*17　Rothwell and Zegveld［1982］（邦訳［1987］）.
*18　松井［1953］。
*19　中里［2013］を参考にした。
*20　伊勢田［2007］。
*21　Roberto［2009］（邦訳［2010］）.
*22　清水［1986］。Borchardt［2008］.
*23　Borchardt［2008］。なおBorchardtは，それをシェフ・マーケティングとしている。
*24　Mione［2001］.
*25　Roberto［2009］（邦訳［2010］）.
*26　清水［1986］。

参考文献

伊勢田哲治［2007］「集団思考と技術のクリティカルシンキング」『技術倫理と社会』VOL. 2. 日本技術士会中部支部ETの会。

清水龍瑩［1986］『中堅・中小企業成長論』千倉書房。

田中道雄［2014］『中小企業マーケティング』中央経済社。

中里皓一［2013］「中小企業マーケティングの序論的考察―3つのIMと経営者満足―」大阪学院大学大学院商学研究科博士前期課程修了論文。

松井辰之助［1953］「小売商の分散原理と集中原理」『中小商業問題』有斐閣。

山本久義［2002］『中堅・中小企業のマーケティング戦略』同文舘出版。

Borchardt, Hans-Jürgen［2008］*Marketing, wie es auch einfach funktioniert-Für Klein, Familienbetriebe und Firmengründer*, GRIN Verlag.

Mione, Anne［2001］"Le Marketing de la PME," Cas de stratégie de P.M.E. "Edition EMS".

Porter, Michael E.［1980］*Competitive Strategy : techniques for analyzing and competitors*, Free Press.（土岐坤・中辻萬治・服部照夫訳［1985］『競争の戦略』ダイヤモンド社。）

Roberto, Michael A.［2009］*Know what you don't know : How great leaders prevent problems before they happen*, Pearson Education, Inc.（飯田恒夫訳［2010］『なぜ危機に気づけなかったのか』英治出版。）

Rothwell, R. and W. Zegveld［1982］, *Innovation and the Small and Medium Sized Firm*, Sussex University.（岩田勲ほか訳［1987］『技術革新と中小企業』有斐閣。）

第3章

中小企業の
グローバル・マーケティング

平山　弘

　近年，経済のグローバル化の進展とともに，日本国内の中小企業といえども，海外市場を好むと好まざるに関わりなく，強烈に意識せざるをえなくなっている。

　その際，大企業のようにその資金・担当部署・人員に恵まれているところとは違い，数多くの中小企業が最も意識する経営における重要な戦略としては，マーケティングがあげられる。

　マーケティングはわかりやすくいえば，「売れるためのしくみづくり」に重点が置かれ，そのために必要な価値創造を行うということであり，常に市場と直結した現在進行形で行われる活動を意味している。

　そうした場合にカギとなることは，やはり市場の策定であり，中小企業にとってはいかにブルー・オーシャン[*1]を探り当てるのかということになり，かつ大企業では市場としてはあまりにも小さすぎてその魅力を感じないか，コスト・パフォーマンスを考えると手が出せない市場にチャンスの芽が横たわっているということになる。

　そこで有効となる戦略がグローバルニッチ戦略という考え方である。グローバルニッチ戦略とは，「グローバルに同質性があり，かつ，巨大ではない市場を主戦場とする企業が，独占的，あるいは圧倒的な市場シェアをレバレッジとしてプル・マーケティングを確立させる戦略」[*2]と定義される。

　第3章ではおもにこのグローバルニッチ戦略の本質について，事例を用いて

明らかにすることになる。ものづくり日本にあって，伝統工芸品のビジネスとしてのブランド化はこれまで生活習慣や文化の違いなどで，ブランド大国である欧州への進出は厳しいものがあった。

しかし，近年アニメやコスプレなどにみられるクールジャパンの台頭により，京和傘から発展させた和照明ランプの製品化により，ビジネスとして欧州でのブランド化に成功し，他の関連業界にもそうしたビジネス上のノウハウを伝授しながら，欧州におけるビジネスの橋頭堡を構築しようと奮闘する企業も出てきている。本報告ではこうした取組みを紹介することで，グローバル化に対応するために必要な中小企業における経営上の重要なヒントとなる本質もあわせて確認することになる。

1．グローバルに市場を捉える

グローバルにものごとをみるためには国内市場と国外市場を分けて考えないということになる。日本のように，2015年8月時点で人口1億2689万人[3]クラスの国内市場があれば，国内企業の多くはいきおいまずは自国市場の開拓に合った商品開発を行うことになる。

一方，北欧諸国[4]には日本でも名の知られている企業が多数あり，近年めざましい勢いで日本市場にも衣料・家具・雑貨を中心に入ってきているが，その国土の面積に比べて人口は少なく，当然のことながら人口密度も低い。H＆M社のあるスウェーデンの人口は約975万人[5]であり，携帯電話機器端末で有名なノキアのあるフィンランドは人口約543万人[6]となっている。

日本国内の各都道府県レベルで単純に比較すると，2015年8月の推計人口は東京都13,480,848人[7]，大阪府8,848,352人[8]，兵庫県5,526,053人，和歌山県963,276人[9]であることから，スウェーデンは大阪府と和歌山県の人口を合計した規模であり，フィンランドは兵庫県の人口規模のスケールということになる。

図表3-1にもある通り，人口密度[10]でいえば，総務省統計局ホームページで

図表3-1　2013年次 日本・スウェーデン・フィンランド各国の面積・人口・人口密度

	面積（km²）	年央推計人口（1,000人）	人口密度（km²/人）
日　本	377,962	127,298	341
スウェーデン	450,295	9,600	21
フィンランド	336,855	5,439	16

出所：〈http://www.stat.go.jp/data/sekai/0116.htm#01〉総務省統計局HPより。

みると，1平方キロメートルあたり，日本341人，スウェーデン21人，フィンランド16人となっている。

こうした客観的な事実からいえることは，その国のもつ人口や面積，人口密度は一国の経済活動や企業活動にも大きな影響を与える重要な指標であり，日本やアメリカのように人口が多いところとは異なり，北欧諸国の場合は，その商品開発や販売経路についても，国内市場だけでは十分ではなく，最初から国外市場を意識した取組みが求められるということは，十分推測できると考えられる。

他方，日本の携帯電話機器メーカーや移動体通信事業者，関連事業者はまずは国内市場を想定した，様々なユニークな機能をもつ携帯電話やアプリサービスを創造してきたが，そのこと自体は非常にすばらしいといえ，近年指摘されているガラパゴス化と揶揄されることについては，市場とは何かという面での判断上の適切さを欠いていると思われる[*11]。

それは日本の国内市場という1億2千万人の人々が暮らす市場性を考えれば，理解できよう。それまでの固定電話機市場の時代から，携帯電話登場による新たなフロンティアの幕開けとなり，成長著しい有望な携帯電話市場において価値創造を図るには，絵文字やおサイフケータイ，着うた着メロ，防水機能など，日本的なかわいいやクールな感覚が必要になったからであり，そのために企業各社が鎬を削り，新たな付随するサービスを呼び起こすことで，携帯電話市場の裾野やフィールド拡大に貢献したことは否めない事実として押さえるべきであろう。

2. ポーターのグローバル戦略

　一般的に企業のマーケティング活動は国内・国外を問わず変わるものではないが，基本的にはマッカーシー（E. J. McCarthy）の4pといわれる，「product（製品）・place（流通・場所）・promotion（販売促進）・price（価格）」[12]から構成され，それらを最適に組み合わせることで成立するマーケティング・ミックスの誕生をみることになる。

　国内企業が好業績を背景に，あるいは国内市場の飽和状態や閉塞感により，国外の有力な市場を求めて，海外に進出を図ろうとするのであるが，グローバル・マーケティングの観点からみると，段階としてはまずは輸出マーケティングから始まり，次に事業そのものを海外で展開することで多国籍化し，さらには地球規模での事業拡大を目指し，グローバル化していくことになる。

　キーガン（W. Keegan）は企業体を5つに分類し，それは，国内→国外→多国籍化→グローバル→トランスナショナルとして捉えている[13]。

　ポーター（M. E. Porter）は『競争の優位』において，企業が事業活動を展開するにあたり，5つの競争要因の影響を受けると指摘している。それは，「①新規参入の脅威，②競争企業間の敵対関係，③代替品の脅威，④買い手の交渉力，⑤売り手の交渉力」[14]からなっている。

　各企業はこの5つの競争要因に基づいて事業活動をしていくのであるが，その投資利益率を意識したポジショニングを行う必要性があるため，ポーターは3つの基本戦略を提案している。それが「①コスト・リーダーシップ戦略，②差別化戦略，③集中戦略」[15]である。

　その後，ポーターは『競争優位の戦略』において，価値連鎖の重要性を指摘し，そうした価値連鎖の基本形のフレームワーク[16]を提示するに至る。

　これは，企業の主活動としての川上から川下へかけて一方向に流れることで価値がつながることを指し示しており，具体的には購買物流→製造→出荷物流→販売・マーケティング→サービスへと連なることになる。一方，こうした主活動を支える支援活動としては，全般管理・人事労務管理・技術開発・調達活

動から成り立っている。

　このようにみてくると，企業活動はいかに自社のポジショニングをはっきりと自覚し，コスト優位を狙うのか，技術やサービスなどで差別化を図るのか，あるいは特定セグメントに経営資源を集中するのか，といった基本戦略を採用する必要があり，同時にそうした基本戦略を忠実に履行していくためには，価値連鎖の基本形のフレームワークに基づく川上から川下に至る相互の価値の連結関係をいかに管理・調整していくのかが問われることになるのである。

　したがって，ヒト・モノ・カネ・情報などの経営資源に余裕のある大企業とは異なり，中小企業にとっては，ポジショニングの問題や価値連鎖活動の管理上の課題に直面することになろう。

　そうした場合に中小企業にとって必要なことは，自らが主戦場として闘うための市場の策定であり，そこで求められるポジショニングは大企業が資本力・販売力を背景にしたコスト・リーダーシップ戦略や技術・サービスでの圧倒的な優勢を確立できる差別化戦略ではなく，大企業が見落としそうな市場や参入してもそれほど投資利益率が期待できない市場，いわゆるすき間市場に集中して企業の事業活動を行うという選択肢である。

　次節では，ローカル・ニッチ市場からグローバル・ニッチ市場へと事業活動を集中し成功を収めてきた企業を事例としてみていくことにする。

3. グローバル・ニッチ戦略
―京和傘「日吉屋」[17]の存在―

　日吉屋は，京都市内で唯一の和傘を生産している江戸時代から続く老舗の伝統工芸店である。和傘は古くからお茶会の席や野点において必要不可欠な道具として，表千家や裏千家などの流派の注文に応じてきた歴史もあり，江戸時代においては武士だけでなく，町民の世界にも次第に雨の日にはこうした和傘が用いられるようになり，時代の変遷とともに発展し技術的にも名作が生まれてきたといえる。

日本国内の生産地としては岐阜県が有名であり，日吉屋も岐阜県から生産に必要な材料を仕入れている。和傘の命である「ろくろ」の部分について日本製と中国製をみさせてもらったが，やはりきめの細かさや技術力などでは日本製が上回っているという印象と，日本と中国の傘の構造自体も多少なりとも違いがあるということがその背景にあるということが理解できたのである。現在の西堀耕太郎社長は旧来の和傘分野の創造だけではなく，和風の照明をヨーロッパに紹介し，非常にコンセプト力の高い商品として次第に現地でもそれらが認知されてきているのである。

和傘の技術をランプシェードに応用した和風照明「古都里 (KOTORI)」は筆者も実際に手に取り，その構造と機能性を観察したが，和傘そのものと同様の構造となっており，コンパクトに折りたためるなど従来の洋風照明とは構造が異なり，非常に軽く扱いやすい印象を受けたのである。

また，西堀社長は「伝統」と「革新」という，相反するテーマをコンセプトに掲げている。それは「伝統とは革新の連続」という切り込みであり，ネーミングも高級感を出すために，「古都里」としたのである。特に重要なことはインターネットでのwebサイトの開設とその充実に努めたことが，それまでの年商100万円から7年間で年商5,000万円の急拡大につながっていったのである。

このような状況を背景に2008年夏以降は，ヨーロッパのドイツ・フランスでも1台150ユーロで販売を開始しており，2009年1月以降は電球部分も現地仕様化するなどのマーケティング戦略を展開している。昨今の「クールジャパン」という日本文化への興味や関心の高さからも伝統工芸美への理解もあるという国柄からみても，ニッチ市場ではあるけれども，今後期待できる市場になるという可能性が認められる市場になっていくと考えられる。

従来から存在する和傘の構造にヒントを得て，コンパクトに折りたたみのできる，かつデザイン性の高いものを創造した日吉屋が，国内市場における閉塞性ゆえに海外へと目を向けたことがきっかけとなり，海外市場での可視化できるプレゼンスの獲得およびその受注の増大により信頼価値あるブランドとしてグローバル化しつつあるとみるべきであろう。

特に，ニッチ企業にとっても流通チャネル拡大の成否は非常に重要な意味を

もつ。その際，従来型の製造―卸関係を見直し，ほぼすべて直接取引にシフトしたことが，逆に自ら市場開拓を行わなければならない必要性に迫られるとともに，現在では通常的な手段となっているeコマースに業界ではいち早く取り組むなど，ニッチ戦略を生かすための手法が数多く盛り込まれ，利益が拡大していくことになったのである。

加えて，新たな試みとして，日吉屋も参加している「"Next market-in"，進化した次世代マーケティング手法海外バイヤー，デザイナー達との強固なネットワーキングによる海外市場情報を元に，現地ライフスタイルに適したデザイン商品の開発」による，made in Japan製品の海外戦略に資する取組みがあげられる（図表3-2，図表3-3参照）。

日吉屋の西堀社長は，CJD（Contemporary Japanese Design）プロジェクトのヘッドクォーターの中心的存在としてその役割をこなし，コーディネーターとしてこれらのチームのまとめ役として活躍している。

以下に，これまでの流れをまとめてみることにする。

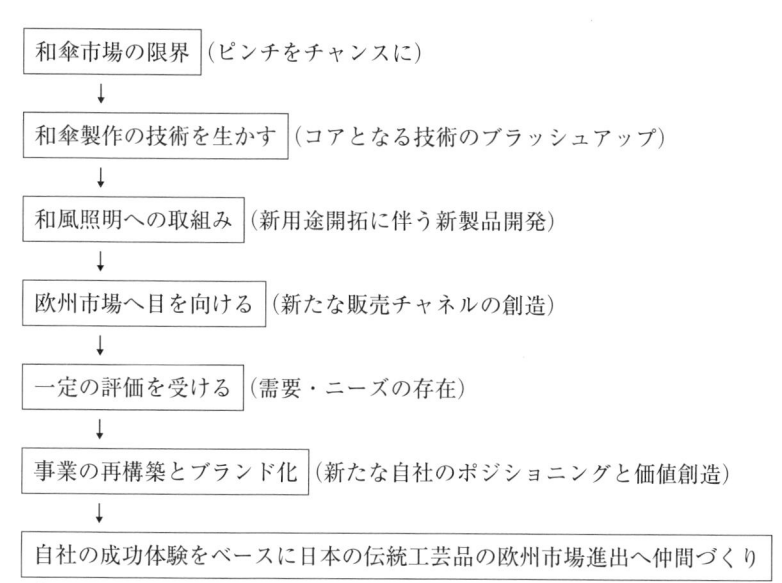

| 和傘市場の限界 |（ピンチをチャンスに）
↓
| 和傘製作の技術を生かす |（コアとなる技術のブラッシュアップ）
↓
| 和風照明への取組み |（新用途開拓に伴う新製品開発）
↓
| 欧州市場へ目を向ける |（新たな販売チャネルの創造）
↓
| 一定の評価を受ける |（需要・ニーズの存在）
↓
| 事業の再構築とブランド化 |（新たな自社のポジショニングと価値創造）
↓
| 自社の成功体験をベースに日本の伝統工芸品の欧州市場進出へ仲間づくり |
（日本の伝統工芸品の再評価および市場創造に向けた場の価値創造）

図表3-2　CJDプロジェクト参画企業一覧

No.	担当チーム	業種	社名	肩書き	代表者	所在地
1	フランス	木製知育玩具	株式会社ニューテックシンセイ	代表取締役社長	桒原晃	山形県米沢市
2	ドイツ	金属雑貨・刃物	プリンス工業株式会社	代表取締役社長	高野信雄	新潟県三条市
3	ドイツ	木製住宅設備品	すがたかたち	代表	高橋牧子	栃木県宇都宮市
★4	ドイツ	木工・銅器	有限会社四津川製作所	代表取締役	四津川元将	富山県高岡市
5	フランス	硝子	木本硝子株式会社	代表取締役	木本誠一	東京都台東区
6	フランス	枡	有限会社大橋量器	代表取締役社長	大橋博行	岐阜県大垣市
★7	フランス	プラスチック成形	有限会社和晃プラスチック	代表取締役社長	村木和好	滋賀県甲賀市
8	フランス	すだれ・スクリーン	大湖産業株式会社	代表取締役社長	小寺敏夫	滋賀県東近江市
9	フランス	京焼・清水焼	株式会社熊谷聡商店	代表取締役社長	熊谷隆慶	京都府京都市
10	フランス	漆器	株式会社井助商店	代表取締役	沖野俊之	京都府京都市
11	フランス	和装・織物	近江屋株式会社	代表取締役社長	房本伸也	京都府京都市
★12	ドイツ	照明器具	クロイ電機株式会社	代表取締役社長	黒井剛	京都府京丹後町
★13	ドイツ	段ボール・紙製品	ペーパーワールド株式会社	代表取締役	岩崎隆	大阪府大阪市
14	ドイツ	注染手ぬぐい	株式会社ナカニ	代表取締役	中尾雄二	大阪府堺市
★15	ドイツ	藍染（革）	株式会社絹や	代表取締役	山田明弘	徳島県徳島市

注：★マークは海外初展開
出所：〈http://www.c-japandesign.net/image/thelaststage.pdf〉

図表3-3　参画企業のデザイン提案例

No.	担当チーム	担当デザイナー	社名	デザイン・アドバイスの概要
1	フランス	Emmanuel Thouan	株式会社ニューテックシンセイ	新たなソーシャルゲーム用玩具
2	ドイツ	Wolf Wagner	プリンス工業株式会社	欧州向けフードサーバーセット
3	ドイツ	Heinrich Fiedeler	すがたかたち	新型のドアノブ等
4	ドイツ	Wolf Wagner	有限会社四津川製作所	メタル＋木を使ったティーセット
5	フランス	Arthur Leitner	木本硝子株式会社	新型の酒器，Sake ceremonyコンセプト
6	フランス	Arthur Leitner	有限会社大橋量器	新型のマルチコンテナ，新型家具
7	フランス	Wiithaa	有限会社和晃プラスチック	屋上緑化コンセプト，遊具
8	フランス	Arthur Leitner	大湖産業株式会社	すだれの効能（光の透過）を利用した時計
9	フランス	Arthur Leitner	株式会社熊谷聡商店	焼物のプロセスを表現したマルチカップセット
10	フランス	Arthur Leitner	株式会社井助商店	新型のマルチユーステーブルウェアセット
11	フランス	Arthur Leitner	近江屋株式会社	光の透過を活かした織物の照明器具
12	ドイツ	Wolf Wagner	クロイ電機株式会社	マトリックス状のLEDパネル使った新型照明
13	ドイツ	Wolf Wagner	ペーパーワールド株式会社	カバンの様に携帯できるステーショナリーセット・オフィス
14	ドイツ	Wolf + Ines Blume	株式会社ナカニ	手拭いを使ったウォールパネルとグラフィックデザイン
15	ドイツ	Wolf Wagner	株式会社絹や	藍染を施した革バッグシリーズ

出所：〈http://www.c-japandesign.net/image/thelaststage.pdf〉

また，この会社のビジネス・モデルをマーケティングの観点からみると，次のようにまとめることができる。

【流通経路の変革】
　従来型店舗販売＜web重点型販売

【ブランド化推進】
　単なる和傘＜「京和傘」

【ブランド戦略の構築】
　1）ブランド・コンセプトの方向性
　2）価格戦略（高価格）
　3）伝統と革新をキャッチフレーズにする
　4）常に何らかの新しい情報発信を行っている
　5）ヨーロッパ市場を意識したブランド化「用の美」（実用性での美しさ追求）

【ニッチ戦略の推進】
　京都茶道関係の需要＜全国の需要
　京都ニッチ戦略＜ナショナルニッチ戦略

【グローバルニッチ戦略の採用】
　ナショナルニッチ＜グローバルニッチ
　（欧州での高い評価）

4．オープン・イノベーションとローカル・ニッチ戦略

　近年，チェスブロー（H. Chesbrough）[18]のいうオープン・イノベーション理論の普及，一般化により大手企業を中心として，自社にはない技術をいかに外部から比較的低いコストで調達するかということが市場命題となり，そのためには自社だけでなく他社の技術や製品そのものを「ブランド」として捉える重要性が増している。加えて，オープン・イノベーションは「知識の流入と流出を自社の目的にかなうように利用して社内イノベーションを加速するととも

に，イノベーションの社外活用を促進する市場を拡大すること[19]」も意味することから，そうしたイノベーションの場ともなる最適なプラットフォームの構築が求められていることになる。

　経営学において，オープン・イノベーション以前のパラダイムはガワー＆クスマノ（A. Gawer and M. A. Cusmano）[20]による「プラットフォーム・リーダーシップ」であり，また国内的にみてニッチであっても世界的には市場の拡大や利益が見込まれる「グローバルニッチ戦略」であり，それにはポーターの基本戦略[21]である「コスト・リーダーシップ」「差別化戦略」「隙間集中戦略」の応用発展形であることから，ここにニッチ戦略とオープン・イノベーション戦略のクロスオーバー的な思考方法も重要となってくると思われる。

　こうしたことを踏まえると，チェスブローも指摘しているように，ローカル・ニッチでありオープン・イノベーションが期待できる業界は今後発展の可能性が高いといえる。これまでの蓄積された基本技術を踏み台にして，新たなオープン・イノベーションを導入できるプラットフォームづくりができる企業はおそらく市場性や販路拡大における協力関係を構築するにあたって十分な目利き力を発揮すると考えられる。

　しかし，一方で，多くの企業が陥りやすい罠の例として，その企業のもつ技術ですばらしいものやサービスを製品化したとしても，それらが市場に受け入れることができないニーズやウォンツの下での価値の構築であれば，早晩その製品は廃盤の運命が待っていることになる。

　ここにものづくりの前段階としての価値づくりの重要性が潜んでいるのであり，特にBtoB企業やBtoBtoC企業においては，そうしたターゲットを意識した，特にコア・ターゲットは誰なのかということを突き詰めていかなければ，本当の意味での市場化からは遠ざかり，単なる製品開発と提携に陥ることになるのである。

　そこにはかつてショー（A. W. Shaw）が指摘した，「ブランドのない製品を製造する業者にとって消費者に対する責任感はなく，むしろ中間業者に販売するために製造している」[22]といった旧来的な関係構築ではバイヤー担当者の支持を得られないことになる。

日本国内でも，特に東北地方は自動車産業やIT産業，食品工場，アパレル・メーカーの縫製産業として，労働集約的なものづくり，多品種少ロット生産，大手企業の下請けとしての部品生産としての位置づけが長くなされてきたが，新たな自社ブランドの創造やオープン・イノベーションにみる価値の創造と高付加価値型製品・サービスの構築に活路を見出そうとしている企業も出てきている。

ここに，大企業同士ではない，中小企業，中小零細企業同士のオープン・イノベーションによる最適なプラットフォームづくりの可能性が存在しているのであり，今後プラットフォームを利用したローカル・ニッチ戦略が功を奏し，さらにはグローバルニッチ戦略へとつながる可能性が示唆されているといえると思われる。

5. 結　　論

最初から海外での販売を想定した地元産業や伝統工芸品のブランド化につながるような，グローバル化を意識したマーケティング戦略への発想の転換が今後カギを握ってくる。

すなわち，日本的なクールな価値観を重視しながらも，その行動においては市場性や販路は海外のある国や地域といったローカル・ニッチ市場を狙う戦略，あるいは世界共通の価値観や認識に基づくような本当の意味でのグローバル市場を目指す戦略の構築を，日頃から戦略的マーケティングの観点から，あらゆる可能性を探り，創意工夫することで，真のグローバルなスタンダードをもつ企業を目指すことが，中小企業の生き残る道であると考えられるのである。

当然そこには，チェスブローのいうオープン・イノベーションによる社外の知識や技術・特許を導入するためには，自社の知識・技術・特許を逆に提供することでもたらされる，様々な恩恵を受ける一方で，コアとなる技術を提供することで脅かされるかもしれないリスクが存在することになる。

図表3-4　プラットフォームを利用した価値創造

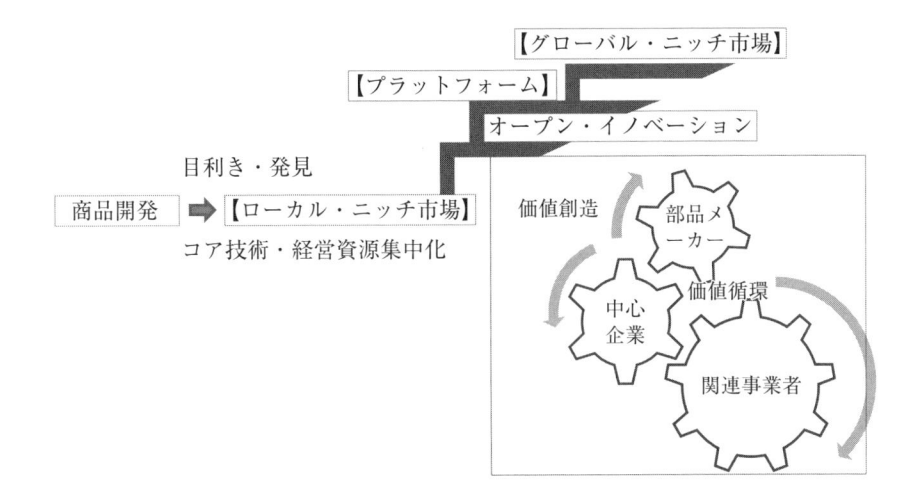

【グローバル・ニッチ市場】
【プラットフォーム】
オープン・イノベーション

目利き・発見
商品開発　→　【ローカル・ニッチ市場】
コア技術・経営資源集中化

価値創造
部品メーカー
中心企業
価値循環
関連事業者

　そのために，そうしたリスクを平準化する意味でも，中小企業においては，まずはローカル・ニッチにおいて他社が真似のできない技術や部品，あるいは製品やビジネス・モデルを創造することで，何らかの橋頭堡を確保し，そこから関連する業界や企業の知識や技術をオープン・イノベーション戦略として取り込みながら，その企業を中心としたプラットフォームを創造し，さらなる高みへと向け価値創造を目指すことになる。結果としての「金のなる木」へと導くことが重要となってくる（図表3-4参照）。

　これは，いわば小林敏男の指摘する「エコロジカルニッチの薦め[23]」であり，コモディティ環境における企業存続のあり方を示す理論として，非常に有益な方向性を示すものである。その際，決め手となるのが，「『産業生態系』という概念で，競合，サプライヤー，補完業者を含めた生態系においていかに地歩を築けるのか[24]」がポイントになってくることを意味するのである。

注

[1]　Kim & Mauborgne ［2005］（邦訳［2005］）を参照のこと。

*2 2007年度科研費研究課題「グローバルニッチ戦略の研究」全体会議補足資料。定義は小林敏男大阪大学大学院経済学研究科教授，同研究科博士後期課程古田武氏（カネカ相談役）による。その構想には古田氏の経営者としての経験則が反映されている。また本研究は，阪南大学産業経済研究所2015年度助成研究の研究成果の一部である。
*3 〈http://www.stat.go.jp/index.htm〉総務省統計局HP。
*4 スニックラン［2012］において北欧の現状が述べられている。
*5 〈http://www.mofa.go.jp/mofaj/area/sweden/data.html#section1〉外務省HP。
*6 〈http://www.mofa.go.jp/mofaj/area/finland/data.html#section1〉外務省HP。
*7 〈http://www.toukei.metro.tokyo.jp/jsuikei/js-index.htm〉東京都HP。
*8 〈http://www.pref.osaka.lg.jp/toukei/jinkou/〉大阪府HP。
*9 〈http://www.pref.wakayama.lg.jp/prefg/020300/suikei/〉和歌山県HP。
*10 〈http://www.stat.go.jp/data/sekai/0116.htm#c02〉総務省統計局HP，第2章人口，2-1世界人口の推移。
*11 平山［2013］を参照のこと。
*12 McCarthy［1960］p. 49.
*13 Keegan［1995］p. 9.
*14 Porter［1980a］邦訳49頁。
*15 Porter［1980a］邦訳61頁。
*16 Porter［1980b］邦訳18頁。
*17 株式会社日吉屋代表取締役社長西堀耕太郎氏に心から感謝申し上げる次第である。平山［2010］に加筆して作成。
*18 Chesbrough［2006］.
*19 Chesbrough［2006］邦訳17頁。
*20 Gawer & Cusmano［2002］.
*21 Porter［1980a］
*22 Shaw［1915］.
*23 小林［2014］第6章「エコロジカルニッチの薦め」を参照のこと。
*24 小林［2014］vi頁。

参考文献・資料

小林敏男・古田武［2007］「科学研究費補助器研究課題（A）研究課題番号19203020」「グローバルニッチ戦略の研究」（全体会議補足資料）」。
小林敏男［2014］『事業創成―イノベーション戦略の彼岸』有斐閣。
城座良之・片山立志・清水敏行［2006］『グローバル・マーケティング』税務経理協会。
スニックラン，ケオラ［2012］「分散力による経済発展の可能性―北欧諸国の経験が示唆すること」『IDE-JETRO』日本貿易振興機構。
平山　弘［2007］『ブランド価値の創造―情報価値と経験価値の観点から―』晃洋書房。
平山　弘［2009］「グローバルニッチ戦略の適用可能性―白鳳堂の事例から考える」『阪南

論集社会科学編』第45巻，第1号．
平山　弘［2010］「グローバルニッチ戦略の時代―日本の和ブランドが世界を駆け巡る―」小西一彦編『新時代マーケティングへの挑戦―理論と実践』六甲出版販売．
平山　弘［2013］「携帯電話とライフスタイル」吉村純一・竹濱朝美『流通動態と消費者の時代』白桃書房．
古田武・寺川眞穂・小林敏男［2007］「コア・コンピタンスに基づく市場の特定：合成繊維カネカロン事業の再建」『大阪大学経済学』第57巻，第1号．
Chesbrough, H. [2006] *Open Innovation : Research a New Paradigm*, Oxford University Press.（長尾高広訳［2008］『オープンイノベーション』栄治出版。）
Gawer, A. and M. A. Cusmano [2002] *Platform Leadership*, Harvard Business Press.（小林敏男監訳［2005］『プラットフォーム・リーダーシップ』有斐閣。）
Keegan, W. [1995] *Global Marketing Management*, fifth ed., Prenrice-Hall.
Kim, W. C. and R. Mauborgne [2005] *Blue Ocean Strategy*, Harvard Business School Press.（有賀裕子訳［2005］『ブルー・オーシャン戦略』日本経済新聞社。）
McCarthy, E. J. [1960] *Basic Marketing : A Managerial Approach*, Richard D. Irwin.
Porter, M. E. [1980a] *CompetitiveAdvantage*, The Free Press.（土岐坤・中辻萬治・小野寺武夫訳［1982］『競争優位の戦略』ダイヤモンド社。）
Porter, M. E. [1980b] *Competitive Strategy*, The Free Press.（土岐坤・中辻萬治・小野寺武夫訳［1982］『競争の戦略』ダイヤモンド社。）
Shaw, A. W. [1915] *Some Problems in Market Distribution*, Harvard University Press.（丹下博文訳［1992］『市場流通に関する諸問題』白桃書房。）
『繊研新聞』平成20年1月7日付．
『日本経済新聞』平成20年3月29日付．
『日経ネットマーケティング』平成20年7月号．
『日本経済新聞』平成20年10月15日付．
『中外日報』平成21年1月1日付．
『読売新聞』平成21年1月6日付．
『信濃毎日新聞』平成21年1月11日付．
『ビジネス　サポート』平成21年4月号．

第4章

中小企業マーケティングとしての現地適応

柳　純

1. はじめに

　近年の日本の中小企業に対する社会的評価が高まりつつある中で，中小企業を取り巻く社会・経済状況の変化は，大企業のそれと比べても非常に速くかつ変化に富んでいる。それは中小企業の競争環境が，常に関連する大企業との取引関係の枠組みの範囲で理解され，また一方で，大多数の同業他社との関係性や文脈（コンテキスト）の中で捉えられてきたからに他ならない。

　大企業を中心としたマクロ競争環境の下で，中小企業を取り巻く様々なミクロ競争環境が相互作用しながら変化しており，中小企業に求められている視点は，標準化か適応化かでいえば，その大半は標準化になるであろう。たとえば，下請け企業が多くを占める自動車産業やIT産業などの分野においては，完成品メーカー仕様の商品（部品）が大量かつ確実に生産されており，生産プロセス上で大きな役割を担う中小企業は，注文通りの大多数の「標準化された商品（部品）」を生産，そして販売することになるからである。

　しかし，中小企業が「標準化された商品（部品）」のみを生産しているケースばかりではない。たとえば，成長段階にある市場への独自開発商品の生産あるいは大企業が取り扱わないようなニッチ商品の生産，さらには中小企業が携わることが多い流通業者企画商品であるPB（プライベートブランド）商品の

生産などである。これらの同業他社に対する生産力の優位性や明確な製品差別化能力あるいは優れた協調・連携性が中小企業において求められており，その場合には，数量が限定的である「適応化された商品（部品）」の生産・販売を行うことになる。

　中小企業におけるマーケティングのダイナミズムは，大企業のマクロ競争環境下にありながら大企業への依存度を低め，ミクロ競争環境下のもとで，常に自らの立ち位置や居場所を確保することである。そしてさらに，上述した「適応化された商品（部品）」の生産・販売面において，中小企業自らが革新的な活動を進めていくことが喫緊の課題となっている。

　さて本章の目的は，企業における適応化について先行研究をレビューし，その論点を整理することで，中小企業が求められている方向性を確認しながら，中小企業のマーケティングの現地適応化がいかに重要であるかを明らかにすることである。そこで，まず第1節では，適応化に関する文献を精査しながら，中小企業に適応化が求められる根拠と論点について取り上げる。第2節では，研究事例・調査より中小企業の現地適応化の必要性について言及する。第3節では，中小企業の現地適応化の視角としての成功ポイントを整理していくことにする。

2．中小企業における適応化の論理

2.1　標準化-適応化研究

　まずは議論を中小企業の適応化に絞る前に，これまでの企業の国際市場を視野に入れた標準化-適応化に関する先行研究について取り上げることで，その論点を整理することにしたい。すなわち，先学の国際マーケティングにおける標準化-適応化問題をレビューすることからアプローチすることにする。

　国際マーケティングにおける標準化-適応化問題は，古くから議論されているが，論点の1つとして何を標準化-適応化の「対象」とするのかがある。そ

の対象は，「マーケティング・プログラム」である製品，価格，チャネル，プロモーションのいわゆる4Pと「マーケティング・プロセス」である企業の計画策定，統制，コミュニケーション[*1]の標準化-適応化である。標準化は製品，価格等を世界各国・地域ともに共通させ適用し，企業計画等において統一されたものを，いわば中央集権的に実施することであり，適応化は製品，価格等を世界各国・地域に応じて変化，適応させた上で，企業計画等は部分的に変更を加え，いわば地方分権的に実施することを意味している。

このマーケティング・プログラムについては，Keegan[1974]によれば，2国以上でのマーケティング・プログラムの同時的管理は，グローバルな市場機会と優位性をもたらす基盤と言及されており，多国籍企業によるマーケティング管理の標準化を意識したものといえる。もう一方のマーケティング・プロセスの標準化に着目している大石[1993]では，マーケティング・プロセスの標準化はマーケティング・プログラムの標準化よりも容易であり，企業がマーケティング・プロセスの標準化から得られるメリットや利益が多い点を指摘している。

もちろん，企業そのものが製造業なのか，あるいはサービス業なのかという業種区分によって，標準化-適応化問題の質的内容は大きく異なるということは理解しておくべき点である。国際マーケティングにおける研究では，製造業をベースとした理論構築が先行してきており，近年小売業等の分野においてもその理論を援用できるのか否か，あるいはまったく異なったセオリーを必要とするのかは，研究者の間でも若干の差異がみられるところである。

とりわけ，製造業と小売業との国際化で大きく異なる点は，岩永[2014]が主張するように，小売業の国際化では国境を越えた商品の調達・供給，小売経営に関する情報・物流技術の国際移転などが含まれ，空間的・地域的に存在している消費者を対象として商品の売買活動を固有の業務としていることから，①主体である資本をベースに業態・立地を決定し，②客体である商品の内外からの調達・品揃えした上で，③小売経営技術を駆使しながら商品販売を行う点であろう。

さらに，小売業の国際展開における標準化-適応化問題を意識したSalmon

and Tordjman [1989] では，小売営業形態，すなわち小売業態を母国での運営方式と同様の方式で世界的に採用する標準化戦略と，参入国別に運営方式を変える適応化戦略について論じており，前者をグローバル戦略，後者をマルチナショナル戦略としている。

実のところ，小売業においては「マーケティング・プログラム」や「マーケティング・プロセス」はもとより，「何を＝対象物」や「どのように＝方法」などの部分に関してすら，標準化-適応化することが企業の経営成果に直結するのかを明らかにした研究は少ない。たとえば，向山［1996］は，商品品揃えの標準化-適応化を詳細に分析しており，Goldman［2001］では，小売フォーマット（主にオファリングとノウハウ）に着目，矢作［2007］では，小売技術全般（小売業務システム，商品調達システム，商品供給システム）を取り上げ，標準化-適応化がなぜ必要とされるかに関しては，向山［1996］は進出先の国・地域の経済発展状況，Goldman［2001］は進出先国の状況ないし本国の発展レベル，矢作［2007］，川端［2009］などは参入市場特性に重きを置いている。

2.2 中小企業の適応化研究

次に，これまでの中小企業に関する標準化-適応化の先行研究について取り上げることで，その論点を整理することにする。

早くから中小企業の適応問題を取り上げた研究がある。たとえば，清成［1980］によれば，高度経済成長期以降の社会経済の構造変動に対して中小企業が適応上の問題を抱えていると指摘している。それは需要動向の変化，競争関係の変化，労働・技術の変化，立地の変化，環境問題の変化であり，その中でも中小企業が直面しているのは，産業構造の変化に対する適応困難性，人材蓄積の適応困難性，立地の変化に係る適応困難性であるとされる。

中小企業研究における適応化の視点は，大林［1984］も言及しており，それは知識集約化プロセス，すなわち中小企業が国際化の進展，エネルギー・資源の高騰化，消費市場の多様化というような日々変化している環境条件の変化の

下で，企業経営活動において研究開発，デザイン開発，高度組み立てなどで適応することで，その存立を維持するものと理解することができる。

マクロデータを用いながら数量ベースでの中小企業研究を行っている後藤［2014］では，中堅企業，ベンチャー企業，オンリーワン企業，ニッチトップ企業，下請企業，産地産業，商店街などの中小企業の周辺概念を整理しながら中小企業を客観的に捉えようとしている。中小企業を分析する上で，中小企業が経済の重要な役割を担うが，歴史，社会，文化等の要素もからむことから経済効率性だけでは分析できるものではないことを指摘している。

また，田中［2014］は，中小企業におけるマーケティング行動を市場規模の大小と技術・マーケティング適応力の較差によって分析している。そこでは，まず市場規模が大きく，技術・マーケティング力が高ければ，ブルーオーシャン戦略や市場細分化戦略を駆使することで知名度を高めたり独自性を強調したりすることが可能であり，他方で市場規模が小さくても，技術・マーケティング力が高ければ，大企業の参入不可領域として中小企業ニッチ分野の確立や場合によってはグローバル市場が拓かれると主張している。このことは，市場規模の大小にかかわらず，既存の中小企業における技術・マーケティングの適応力の重要性および可能性を示唆するものである。

3. 中小企業の現地適応化の必要性

3.1 現地適応化の必要性

進出先国・地域への進出動機（投資決定のポイント）から現地適応化の必要性を垣間見ることができる。日本企業の海外事業活動を進出状況，売上高・雇用・設備投資状況などから多角的に調査している経済産業省大臣官房調査統計グループ・経済産業省貿易経済協力局編［2012］では，日本企業の投資決定ポイントとして，「現地の製品需要が旺盛又は今後の需要が見込まれる」（73.2%）が群を抜いて高く，続いて「納入先を含む，他の日系企業の進出実績がある」

(28.9％），「進出先近隣三国で製品需要が旺盛又は今後の拡大が見込まれる」(25.2％) となっており，進出先国・地域での製品需要にいかに応えるかが課題として浮き彫りになっている。

　進出先国・地域における現地適応化の必要性は，外資系企業の動向調査からもうかがうことができる。経済産業省貿易経済協力局編［2013］の調査[*2]によれば，海外企業が日本で事業展開する際に阻害要因となっているのが，「ビジネスコストの高さ」(70.5％），「日本市場の閉鎖性，特殊性」(46.4％），「人材確保の難しさ」(39.7％），「製品・サービスに対するユーザーの要求水準の高さ」(38.6％），「行政手続きの複雑さ」(32.8％) である。そのうち筆頭に挙げられるビジネスコストの主な要因は，「人件費」(67.4％），「税負担」(62.3％），「事務所賃料」(40.6％) であり，さらに人材確保上の阻害要因としては，「給与等報酬水準の高さ」(56.2％），「英語でのビジネスコミュニケーションの困難性」(53.3％），「労働市場の流動性不足」(30.2％) の項目が上位にランク付けされる。この調査は，とりわけ以前から多くの研究者が指摘するように，外資系企業が日本市場の閉鎖性・特殊性に苦慮しながら，人件費や様々な税法上のコスト負担が利益を圧縮させている実態を明らかにすると同時に，日本現地ならではの市場参入の困難性および現地適応マーケティングの必要性を端的に示している。

　また，近年の様々な調査結果から中小企業の海外展開における問題点として，現地適応化を必要とする声も多くなってきている。たとえば，日本政策金融公庫総合研究所［2012］の調査[*3]では，海外展開する中小企業のうち製造業で「外国人従業員の教育や労務管理が難しい」(37.0％) や「現地の経営管理者の不足」(28.9％），非製造業で「現地の規制や会計制度への対応が難しい」(34.5％），「現地での営業販売活動がうまくいかない」(18.2％) などが挙げられており，その論点は，人的資源に関する問題と現地でのマネジメントに関する問題に大別される。

　さらには，中小企業の海外事業再編について分析している丹下・金子［2015］では，海外拠点からの撤退理由として上位に挙がる「製品需要の不振」(11.8％），「現地パートナーとの不調和」および「管理人材の確保困難」

(10.6%),「販売先の確保困難」(9.4%) に着目しながら，海外直接投資を成功に導く重要項目である「フィージビリティ・スタディの実施[*4]」(21.0%),「現地での販売先確保」(20.2%),「現地パートナーの選定」(12.4%) を明らかにし，今後海外展開を行う中小企業にとっての貴重な示唆を与えている。

3.2　小売企業の現地適応化論

　少なくとも小売企業の現地適応化は，矢作［2007］の小売国際化プロセスにおいて，「初期参入段階」，「現地化段階」，「グローバル統合段階」のうちの2番目の段階に相当し最も重要な段階とされている[*5]。海外出店できたとしても，現地適応化できなければ，その後のグローバル化は達成できない。とりわけ，中小小売企業の海外出店行動では，安易な出店計画による現地での商品調達やメーカーとの取引関係の構築において苦慮する側面が多く，多店舗展開するに至らず撤退するケースが非常に多いのである。

　川端［2006］の分析では，1990年代後半に多くの地方中小小売チェーン店が台湾へ出店したが，数年後には閉店もしくは台湾市場から撤退していることが明らかとなっている。この頃の台湾市場は，外国人投資条例の規制緩和や優遇税制により，大企業のみならず中小企業の外資が積極的に市場参入を試みているものの，経営現地化を進めて長続きしている中小企業は決して多いとはいえない。

3.3　現地適応化の重点項目

　さて，上述してきた点をまとめると，中小企業にとっての現地適応化の重点項目は，進出先国・地域における①人的資源のマッチング，②マネジメントの柔軟性，③税法上および会計基準への準拠に集約される（図表4-1）。これらすべてが進出先国・地域において中小企業のコスト増の要因となることは明らかである。

　具体的な内容は，①については現地の人材雇用，マネージャー（現地幹部）

の育成に加えて人的ノウハウの移転、②については現地に見合った経営組織の確立とその管理・運営体制の徹底、生産・販売システムの構築、③については十分な情報入手と法令遵守に関してであり、それらへの初期投資は不可欠である。

図表4-1　中小企業の現地適応化の重点項目

現地適応化の重点項目	具体的な内容
人的資源のマッチング	▶現地の人材雇用 ▶マネージャー（現地幹部）の育成 ▶人的ノウハウの移転
マネジメントの柔軟性	▶現地に見合った経営組織の確立 ▶その管理・運営体制の徹底 ▶生産・販売システムの構築
税法上および会計基準への準拠	▶十分な情報の入手 ▶法令遵守

出所：筆者作成。

4．中小企業マーケティングの現地適応化への視角

　国際市場を視野に入れた企業の「商品販売」を中心とした現地適応化は、①政治・法律的現地適応化、②経済的現地適応化、③地理・歴史・文化的現地適応化に分類することができる。

　まず政治・法律的現地適応化は、当該進出先国・地域における政治および法律に係る企業の現地適応化である。たとえば、進出先国・地域では外資に対して出資比率、出店区域、取扱商品等の制限を設けている場合があり、進出を意図する企業においては分野ごとの関係法規（薬事法や食品法など）、商品別に課されていることも多い関税等の貿易（輸出入）に係る法律や制度への理解と同時に、現地適応化へのシフトは必須事項である。

　次に、経済的現地適応化は、先進国、新興国を問わず企業がマーケティング

を駆使する際に中心となる現地適応化である。Kim & Mauborgne［2005］にならえば，現地において余分なものを取り除いたり減らしたり，あるいは増加させたり付け加えたりすることで現地顧客のニーズに応じた高付加価値商品・サービスを提供し，競争のない市場創造を行うことになる。また，ここでは差別化と低コスト化[*6]を意識したマーケティングが求められる。

　最後の地理・歴史・文化的現地適応化は非経済的現地適応化であり，当該進出先国・地域における空間的な立地（場所），歴史に加えて，人口動態的な分散状況，社会風土・慣習，宗教観などを考慮したマーケティングの現地適応化が重要になる。企業にとって進出先国・地域でのこの非経済的現地適応化が最も困難であると考えられる。その理由は進出先国・地域の地理・歴史・文化的要素が，現地に不慣れな企業のマーケティング行動を規定する基盤となっており，最終販売先である消費者行動と密接な関係をもっているからである。

　近年では，上述したような各国・地域における経済的，地理的，文化的な差異を重視しつつ，コストを最小限にして現地最適化を推し進めることを提唱する研究者も存在する。中小企業に限定こそしていないが，Ghemawat［2011］は，グローバル市場を視野に入れながら本国でのマーケティング活動を現地市場に適応させる「スマートな適応化戦略」を主張する。そして，より重要な点は，市場適応化には様々なコスト負担を要するが，そのコストを最小限にとどめながら，その成果としての現地適応化を最大限にする点である。

　これまでの日本企業の国際競争力は，大きく価格競争力と非価格競争力の両側面において優位性を構築してきたとされる。それは田口［1991］によれば，生産技術，労働生産性，為替相場等に基づく価格競争力と，市場開拓力，質的競争力などに基づく非価格競争力であり，とりわけ後者の非価格競争に影響力をもつものとして，現地市場への精通の程度，チャネル交渉力とリスク負担力等の人材・情報・資金力に関するものと，品質，性能，耐久性，デザイン，納期，付帯サービス，使い勝手の良さなどのニーズへの適応力とそれを支える技術に関するものに分けられる。

　そもそも大企業と中小企業との市場観は異なっている。もちろん，各企業が保有する資源も異なっている。その点を考慮して，先学の「資源ベース論」に

基づけば，各企業が各々で保有する有形無形の資源が競争優位性をもつことには異論はない。しかしながら，「差別化」のキーワードにもなる競争要因は，前者と後者，すなわち大企業と中小企業とではパフォーマンスレベルに差異があると考えられる。

図表4-2は，上述した田口 [1991] の研究成果と先のKim & Mauborgne [2005] の分析手法である縦軸に対象企業のパフォーマンスレベルを取り，横軸に競争要因を列挙する「戦略キャンバス」をベースとしたものである。

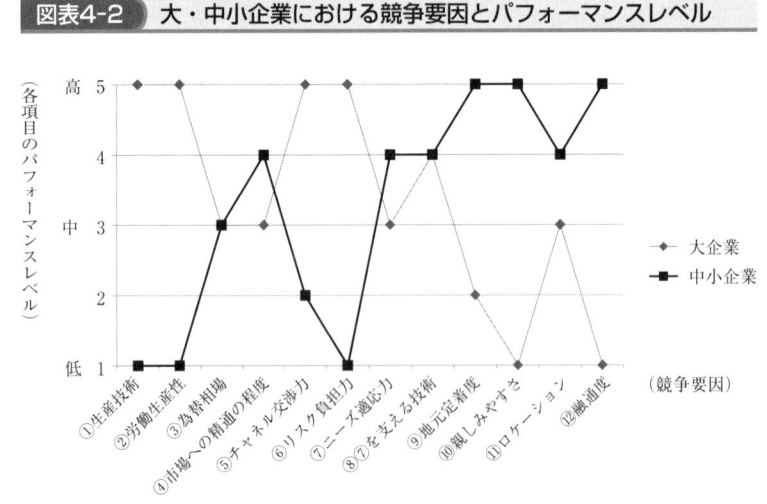

図表4-2　大・中小企業における競争要因とパフォーマンスレベル

出所：田口 [1991] およびKim & Mauborgne [2005] より筆者作成。

これは大企業と中小企業とで差別化する，あるいは差別化できる競争要因を示しているが，大企業よりも中小企業の方が高いパフォーマンスレベルであると考えられるのは，「市場への精通の程度」，「ニーズ適応力」，「地元定着度」，「親しみやすさ」，「ロケーション」，「融通度」である。とりわけ，中小企業にとって大企業とのパフォーマンスレベルの差異が明確である競争要因は，「地元定着度」，「親しみやすさ」，「融通度」と思われる。これらの競争要因は中小企業固有のものであり，中小企業の性質を端的に表現している項目である。

大企業と比べて中小企業の「市場への精通の程度」や「ニーズ適応力」が秀でていることを証明した研究は，今現在では見当たらないが，経営資源の制約がある点では決定的であろう。この点に関して土屋［2015］は，中小企業は経営資源の制約もあり，一部の企業を除けば大企業のように欧米やアジアの多極分散型のグローバル化を志向する企業は少なく，とりわけ中小メーカーの多くは，ものづくり能力の強みを国内に構え，能力構築活動も地域社会の中で循環させて，生産・開発のものづくり機能を本格的に海外に移転している企業は少数であると分析している。もしそうであれば，中小メーカーのほとんどは，「国内拠点」におけるマーケティングの標準化か適応化かの道を歩むことでしか生存できないことになるのではないかと危惧される。

その一方で中小商業においては，たとえば他の市や県への地方中小スーパーの出店ケースとして，地域特性やその地域の顧客ニーズに応じた商品の品揃え，サービス提供を行うことは一般的である。また海外出店においてもそうであるが，現地適応化が必須である商品の品揃えだけでなく，仕入から販売に至るまでの計画やその方法，すなわちマーチャンダイジングの現地適応化が強く求められる。したがって，中小メーカーとは異なる中小商業においては，国内・国外を問わず進出先における現地適応化が，その存立に大きな影響を及ぼすことになるであろう。

5. おわりに

本章では，多面的なアプローチから中小企業のマーケティングの現地適応について論じてきた。中小企業の国内外におけるマーケティングの現地適応化は必要であり，かつ企業経営において非常に重要な課題となりつつある点を再確認することができたと同時に，あらためて中小企業におけるマーケティングの重要性も言及することができた。

ところで，簗場［2013］によれば，海外に設けた事業拠点において幹部に現地人を登用するなど，現地人材を中心とした構成により，現地に根差した企業

文化を育むことを意味するのが現地化である。

　しかし，中小企業のマーケティングの現地適応化に関しては，いつ，どこで，誰が，何を，どのようにしてなどの組織上における明確な基準があるわけではない。ここで最も重要な要素は，「何を」現地適応化するかである。マーケティングの4Psで考えれば，自社商品の製品，価格，チャネル，プロモーションの「どの部分を」現地適応化するかということであるが，製品部分でも現地で適応化させるのはどのようなブランドにするのか，また同じ商品でも地域によって価格差をつけるのか否か，販売店を限定するのか，広告等の方法でどのような媒体を選択するのかなど非常に多岐にわたっている。

　今日の中小企業が抱える従来からの構造的な問題が払拭されているわけではないが，今後ますます激化する競争環境において，以下の点がポイントとなるであろう。第1に，顧客ニーズへの対応という意味で中小企業のマーケティングは現地適応化を含め，より繊細さが求められるであろう。第2に，「ボーングローバル企業[7]」と呼ばれるような，企業設立後の早い段階（3年程度）から国際展開を志向する中小企業の出現にみられるように，国際市場における中小企業のマーケティング活動の迅速化は必要不可欠である。第3に，成熟化した市場における非価格競争は，中小企業にとってのマーケティング機会をよりいっそう厳しくするが，一方法として商品・サービスのネット販売，SNS（ソーシャル・ネットワーキング・サービス）を通じたプロモーション等の販売手段の多様化への対応次第では，独自の地位を築くことも十分に可能である。

注

[1]　大石［1993］を参照。

[2]　なおこの調査では，対象企業が中小の外資系企業に絞られているわけではないが，資本金規模別データで5千万円以下の企業が全3,142社中で1,602社（約51.0%），従業者規模別データでは9人以下の企業が同じく全3,142社中1,111社（約35.4%）であることから，中小の外資系企業が日本市場に参入する際のポイントとして非常に参考になる。

[3]　この調査の分析対象は，海外直接投資を行っている（現地法人の設立または既存の

外国企業への出資のいずれも出資比率10%以上）中小企業324社（調査対象としている4,607社中の7%に該当）である。
*4 　フィージビリティ・スタディとは，企業等のプロジェクトや事業計画が事前に実行可能であるか否かを調査することである。市場調査や財務分析など多岐にわたる項目から判断される。
*5 　小売国際化プロセスの「現地化段階」における基本的な戦略となる標準化-適応化行動として，①「完全なる標準化」，②「標準のなかの部分適応」，③「創造的な連続適応」，④「新規業態開発」の4つに類型化している。
*6 　Porter［1980］を参照。
*7 　Oviatt & McDougall［1994］によれば，創業時より複数の国で資源を利用し製品を販売することで相当な競争優位を発揮しようとする企業とされる。

参考文献

岩永忠康［2014］『現代の商業論』五絃舎。
大石芳裕［1993］「国際マーケティング標準化論争の教訓」『佐賀大学経済論集』第26巻第1号。
大林弘道［1984］「産業構造の変化と中小企業の存立条件」渡辺睦・前川恭一編『現代中小企業研究　上巻』大月書店。
川端基夫［2006］『アジア市場のコンテキスト［東アジア編］』新評論。
川端基夫［2009］「小売国際化とアジア市場の特性」向山雅夫・崔相鐵編『小売企業の国際展開』中央経済社。
清成忠男［1980］『中小企業読本』東洋経済新報社。
経済産業省大臣官房調査統計グループ・経済産業省貿易経済協力局編［2012］『第41回我が国企業の海外事業活動―平成23年海外事業活動基本調査（平成22年度実績）―』経済産業統計協会。
経済産業省貿易経済協力局編［2013］『第45回外資系企業の動向―平成23年外資系企業動向調査（平成22年度実績）―』経済産業統計協会。
後藤康雄［2014］『中小企業のマクロ・パフォーマンス』日本経済新聞出版社。
田口冬樹［1991］「日米企業のマーケティング比較：日本企業の強さの源泉」田口冬樹・坪井順一『消費者のための経営学』新評論。
田中道雄［2014］『中小企業マーケティング』中央経済社。
丹下英明・金子昌弘［2015］「中小企業による海外撤退の実態―戦略的撤退と撤退経験の活用―」『日本政策金融公庫論集』第26号。
土屋勉男［2015］「本研究の狙いと分析の方法」土屋勉男・金山権・原田節雄・高橋義郎『革新的中小企業のグローバル経営』同文舘出版。
日本政策金融公庫総合研究所［2012］「中小企業の海外進出に関する調査結果」『中小企業動向トピックス』No.47。
向山雅夫［1996］『ピュア・グローバルへの着地』千倉書房。

簗場保行［2013］『企業の国際化，情報化と日本企業革新のトレンド』文眞堂。

矢作敏行［2007］『小売国際化プロセス』有斐閣。

Cavusgil, S. T. and Knight, G. A. [2009] *Born Global Firms: A New International Enterprise*, Business Expert Press, LLC. (中村久人監訳，村瀬慶紀・萩原道雄訳［2013］『ボーングローバル企業論』八千代出版。)

Ghemawat, P. [2011] *World 3.0: Global Prosperity and How to Achieve It*, Harvard Business Review Press.

Goldman, A. [2001] "The Transfer of Retail Formats into Developing Economies: The Example of China", *Journal of Retailing*, Vol. 77, No. 2.

Keegan, W. J. [1974] *Multinational Marketing Management*, Prentice-Hall Inc.

Kim, W. C. & Mauborgne, R. A. [2005] *Blue Ocean Strategy: How to Create Uncontested Market Space and Make the Competition Irrelevant*, Harvard Business School Press. (有賀裕子訳［2013］『ブルーオーシャン戦略』ダイヤモンド社。)

Oviatt, B. & McDougall, P. [1994] "Toward a Theory of International New Ventures," *Journal of International Business Studies*, Vol. 25, No. 1.

Porter, M. E. [1980] *Competitive Strategy*, Free Press. (土岐坤ほか訳［1982］『競争の戦略』ダイヤモンド社。)

Salmon, W. J. and Tordjman, A. [1989] "The Internationalization of Retailing", *International Journal of Retailing*, Vol. 4, No. 2.

第5章

市場創造型プロトタイプ事業の展開
―株式会社クロスエフェクトのプロトタイプ事業―

廣田　章光

1. はじめに
―「心臓シミュレータ」―

　自分の「心臓」が再現され手に取ることができる。しかも実際とほぼ同じ柔らかさをもつ「心臓」だ。再現は外観だけではない。心臓内部の状態も，心室，弁，血管の細部まで再現されている。疾患があれば，その患部も再現されている。

　このような誰もが驚く製品を開発している企業が，京都に本社を置く，株式会社クロスエフェクト（以下，クロスエフェクト）である。この「製品」は国内外の心臓外科医，学会から注目を集めている。この製品に共感した医師，研究機関からの協力によってすでに数十におよぶ臨床データを蓄積しつつある。

　しかし，クロスエフェクトは，もともと医療産業で事業を展開していた企業ではない。異分野からの参入である。そのため，成長産業の1つと目されている医療産業に対して，我が国製造企業が有する高い技術を活用するための手がかりを提供する事例として期待されている。このような事業活動が評価され，クロスエフェクトは，2013年　経済産業省，国土交通省，厚生労働省，文部科学省が連携して実施する「ものづくり日本大賞」第5回内閣総理大臣賞を受賞している[*1]。

心臓は1人ひとり異なる大きさや形状をもっている。疾患も同様である。手術が必要な疾患をもつ患者の心臓モデルとして再現できる。心臓シミュレータモデルのユーザーは心臓手術を行う医師である。手術の担当医師は患者の心臓モデルを使って本番の手術前に実際にメスを入れ，思い描いた通りに手術を進めることが可能かを確認することができる。この製品は「手術前に現物に近いモデルを使用し手術のシミュレーションを行う」という新たな市場を生み出したのである。

　この製品が医師に提供する価値を，クロスエフェクト代表取締役の竹田正俊氏は次のように表現する。「心臓シミュレータは大学入試で前の日に答えをもらっているようなもの。90分のテストでも，前の日にその答えを知り，覚えていれば，10分で終えることができるだろう。しかも100点取れるだろう」

　クロスエフェクトは，このような現物によって現実に試行できる価値を，顧客に提供している。

　本章では，「プロトタイプ」（以下，試作）を通じて，医療産業，それも最も高度な要求が存在する心臓外科医療の分野に，新たな市場を創造できた理由を考察することにしよう。

2. 調査概要

　調査は，2011年12月，2015年9月の2回，実施した株式会社クロスエフェクト代表取締役社長の竹田正俊氏インタビュー，クロスエフェクト提供資料，公開資料に基づき実施した。インタビューは公開情報をもとに，設立から現在まで時系列に事業展開リストを作成，それに沿ってニーズ獲得，技術とニーズの組合せにおける能力の観点から質問リストを作成した。リストに従って質問を行い，回答に従って新たな設問を追加する半構造型のインタビュー方法を採用した。

　インタビューにおいて記録した音声データは，テキストデータ化した。インタビューのテキストデータ，公開資料，クロスエフェクト提供資料から事業展

開に関するキーワードを抜き出し，個々のキーワードを1枚のポストイットに記載し一覧できるようにボードに貼り付けた。その上で，KJ法のA法に基づきグループにタイトルを設定し，さらにグループ間の関連付けを行った。その上で，KJ法のB法に基づき書類作成を行いグループの検証と修正，グループ間の関連について修正を行った。

3. 株式会社クロスエフェクト

　株式会社クロスエフェクト（クロスエフェクト）は，京都市伏見区に，2001年に創業した，精密部品試作製品を開発する企業である。2015年現在，資本金1,000万円，売上高約3億円（『日本経済新聞』2015年5月25日），従業員数約20名である。

　代表取締役の竹田正俊氏は，大学卒業後，米国西海岸の大学に留学。そこで「大企業の末端で働くより，小さな花屋を経営する方が尊敬される」（『日本経済新聞』2014年4月2日）社会に触れる。このことがクロスエフェクト設立の原点になった。竹田氏の父親は携帯電話のプラスチック製品の量産を行う製造企業の経営者である。量産では，顧客から指示されたスペック（仕様）を安定した品質で，できるだけ安価に決められた期限内で生産することが求められる。さらに，量産製品はコスト低減圧力が強く，常に人件費の安価な地域を世界中から探し出し，そこに生産拠点を移動させることになる。試作を事業として選択した理由の1つは，このような量産事業が抱える特性との相性にあった。

　製造企業の業務は，製品の流れに沿って確認すると，大きく，開発，生産，販売の業務に分類できる。量産は生産業務に位置づけられる。クロスエフェクトは，生産業務ではなく，開発業務を事業対象に定める。そして開発業務において必要となる試作製品に注目した。試作製品は製造企業が製品のスペックを決定するプロセスにおいて使用される。製造企業はそのプロセスにおいて試作製品の開発を内製するか，外部企業に発注（外注）する。この外注する試作製品を，クロスエフェクトは請け負うのである。

どのような製品の試作を受注するかといえば，テレビ，ゲーム機器などのリモコン，プロジェクター，パソコン，家電製品の筐体や携帯電話などの外装部品に使われる樹脂製部品である。近年はこれらの分野に加え，医療機器分野も加わっている。顧客はこのような製品を開発，生産する製造企業や大学をはじめとする研究機関となる。

4. 試作事業

4.1 試作事業の特性

試作の受注は最小では一個，多くても数十個である。一方で受注ごとにスペックは異なる。顧客企業のスペックが決まってない段階で試作の依頼が発生する場合もある。そのような場合，会議で発言された情報をもとに試作を製造しなければならない。しかし量産と異なりこのような受注形態は，経営上大きな問題を抱える。受注の予測が立ちにくいこと，さらに継続した生産が難しいため効率が著しく低いことである。

試作を受注するためには設備投資が必要となる。たとえば，クロスエフェクトは創業時に，光造形装置，真空注型装置を導入している。光造形装置，真空注型装置は高額な装置ではあるものの手に入れることは資金さえあれば可能である。顧客から加工データを受け取り，単に装置を稼働するだけであれば装置運用の知識が必要ではあるものの試作市場への参入に大きな障壁はない[*2]。

個別対応，単品を基本とした受注，大きなくくりでの試作市場への参入障壁は低いことが，試作事業の特徴である。

4.2 試作のタイプ

クロスエフェクトの事業の仕組みを確認する前に，まずは，一般的な試作の実態について確認しておこう。試作には，大きく2つの種類がある。

第 1 に，製造企業が製品開発の過程で必要となる構想やアイディア，図面を，現物として形にする試作である。第 2 に，製造企業が量産を行う前に，生産工程設計やコスト算出のために行う試作である。前者は，構想を現物にすることで開発仮説を検証，発展させるものである。後者は，生産上の課題を事前に検証するものである。ここでは前者を「デザイン試作[*3]」，後者を「量産化試作[*4]」と呼ぶ。

デザイン試作は，さらに 3 つに分類される。第 1 は，開発の構想段階において開発者の構想やイメージあるいは意見交換から生まれたアイディアを現物にする試作である。ここではこの試作を「構想試作」と呼ぶ。構想試作は，開発者の発言やイメージイラストなど曖昧な情報を現物に変換することが求められる。複数の開発者との対話を通じて新たな着想が生まれる場合もある。その着想を言葉，イラストなど徐々に可視化しながら情報を共有し，現物にするプロセスをたどる。試作として形になることによって新たなアイディアが生まれる場合もある。そのようなやり取りを繰り返しながら試作が繰り返される。試作は開発者の頭の中にある情報を形にするとともに，その試作が新たなアイディアを生み出す役割を担う。構想試作開発の手がかりとなる情報はスケッチやイラストである場合が多く，補足的に言葉の情報が含まれる。このような数値化されていない情報をもとに，現物へ展開することが求められる。

第 2 は，構想試作から絞り込まれた製品候補が，思い描く動作や強度を実現できるかを確認するため，あるいは製品の動作デモを行い，開発者以外の人びとに理解してもらうための試作である。この試作をここでは「検証試作（デモ試作）」と呼ぶ。

第 3 は，ほぼ最終製品に近い現物を展示会などの場で社外などに提示し，受注あるいは改善要求などのフィードバックを得るための試作である。量産化を前提とし，顧客の受注という事業に直結する試作であるため，動作，強度などの要件とともに，最終製品と同等の質感も含めた完成度が求められる試作である。ここではこの試作を「展示会試作」と呼ぶ。

「頭を使ったものづくり」を目指すクロスエフェクトが内外に向けて使用するメッセージの 1 つに，「図面レスからのものづくり」がある。これはクロス

エフェクトが「構想試作」から「量産化試作」までを受注できる企業を志向し，そして実現していることを示すものである。

クロスエフェクトでは量産化試作の受注を獲得しつつ，デザイン試作市場を開拓する展開を志向してきた。この展開は，製造企業の製品開発工程の上流工程にあるデザイン試作の受注を獲得することによって，顧客企業の発注のワンストップ化をはかり，量産化試作の受注拡大にもつなげている。

図表5-1　顧客企業の製品開発プロセスにおける試作タイプ

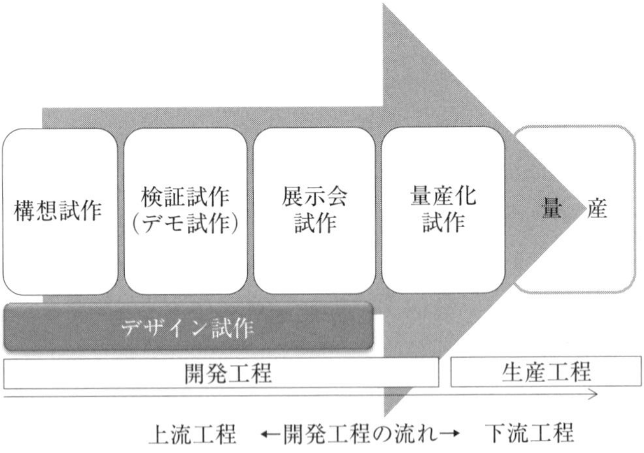

構想試作 → 検証試作（デモ試作）→ 展示会試作 → 量産化試作 → 量産

デザイン試作

開発工程　　　　　　　　　　生産工程

上流工程　←開発工程の流れ→　下流工程

出所：クロスエフェクトホームページ，インタビュー，『日経エレクトロニクス』2015年8月をもとに筆者作成。

4.3　試作製品開発に必要な技術

ここでは試作製品の開発に必要な3つの代表的技術を確認する。

(1) 光造形技術

光造形装置は，液体槽に紫外線によって硬化する液体化された樹脂（紫外線硬化樹脂）を入れ，そこにデータ制御された紫外線レーザー光を照射する。照射した部分が硬化し，硬化した層を重ねることによって立体形状をつくり出

す。これを硬化樹脂積層法という。制御データをつくり込めば，多様な形状の立体物を短時間で製作することが可能である[*5]。

(2) 真空注型技術

真空注型とは，真空に近い槽の中で，注型用の型に樹脂を流し込むことによって樹脂製品を複製する方法である。光造形との違いは，光造形がデータから積層による成型を行う試作に対して，真空注型は，現物をもとに型をつくり，その型に樹脂を流し込むことによって成型を行う。光造形装置で作成した試作（現物）を型として，そのコピー（複製）をつくると使い方ができる。また，真空注型技術は，多様な樹脂素材を取り扱うことができることも特徴である。型の形状と樹脂素材の粘度特性に対する温度をはじめとする各種の設定が大きなノウハウとなる。

(3) 3Dデータ作成技術

光造形装置の制御には，デジタル化された3次元データが必要となる。3次元データは顧客が作成し受注時に手に入る場合もあれば，そうでない場合もある。たとえば，2次元データあるいは図面だけ提示される場合である。3次元データは，開発の上流工程になるほど手に入れることが難しい。時にはスケッチ，ハンドメイドの現物をもとに3次元データをつくる必要が発生する。そのような場合には，スケッチをもとにCG（Computer Graphics）を使ってイメージを確認し，その上でCAD（Computer Aided Design）を使い3次元データを作成する。あるいは3次元デジタイザーを使って現物を基に3次元データを作成する[*6]。

5. クロスエフェクトのマーケティング

5.1 顧客との接点開発と顧客開拓

　試作の受注をするためには，試作を依頼したいと考えている顧客がどこに存在しているかを知らなければならない。新規に参入した企業には顧客のリストは存在しない。そのためまずは顧客の開拓が必要となる。

5.2 ウェブサイトを使った受注システム

　試作の課題を抱える顧客は，企業の開発部門，研究部門あるいは行政研究部門，大学などに所属している場合が多い。しかも年齢が比較的若い。そのため当時，業務で使われ始めたインターネットを日常的に使用していた。そこで，従来のような営業担当が企業や研究機関を訪問して受注を得る方式ではなく，ウェブを使った受注方式を積極的に取り入れることにした。ウェブ受注の仕組みは戦略的に採用された側面もあるが，従業員の人数が限られた状況においては，営業担当を数多く配置することは難しかったこと，先に触れたように試作に関する課題を抱える顧客の探索が難しかったことから，ウェブを使った受注システムに頼らざるを得なかった側面もある。

　ウェブサイト立ち上げ，専門家によるSEO（Search Engine Optimization）対策をすると多くの依頼があった。開発部門，研究部門の担当者はインターネットを業務に積極的に活用し，インターネットを使用し試作の依頼先を検索することが日常的になっていたのである。

　ウェブサイトにも工夫をした。試作をはじめて発注する担当者でも，発注がしやすくなるような工夫である。たとえば，入力項目にはプルダウン式を採用し，条件を選択することで発注に必要な情報を入力できる仕組みとした。ガイドを設計し，そのガイドに従うことで，試作を発注するための必要情報をユーザー側から引き出していく。顧客の負担が少なくなる仕組みである。創業当初

は，新規の顧客ばかりである。クロスエフェクトも顧客のことがよくわからない。またはじめて試作を依頼する担当者は，どのような情報を伝えなければ，見積もりや発注ができないかがわからない。プルダウン式のメニューを用意したことは，そのような問題を解決することにつながった。

5.3 試作サービスメニューの開発
―「光造形高速便」と「光造形エコノミー便」―

クロスエフェクトでは，試作の発注を2つのタイプに分類している。時間重視型発注（以下，時間重視型）と，コスト重視型発注（以下，コスト重視型）である。顧客の側からみて，発注時点でどのような制約下におかれているかによって分類したものである。前者は，開発資金に余裕はあるが，時間には余裕がないタイプ。後者は，開発資金に余裕はないが時間は余裕があるタイプ。2つのタイプは業界の事業環境，企業業績に影響を受ける。たとえば，顧客企業の業績が向上すれば，時間重視型が増加する。逆に業績が低迷すれば，コスト重視型が増加する。

そこで，クロスエフェクトは光造形試作において，2つの開発特性に対応するサービスメニューを用意している。それが，時間を重視する「光造形高速便」とコストを重要する「光造形エコノミー便」である。

「光造形高速便」とは，3Dデータ受信後24時間以内に発送準備を完了することを保障するサービスである。24時間を1秒でも超えた場合は，料金を支払わなくてもかまわない。サイズは150ミリ×150ミリ×75ミリまで，肉厚は2ミリ程度までに設定している。開発競争の重要工程である試作は，できるだけ速く現物にして検証したい，あるいは顧客や社内に説明したい。このようなニーズが存在する。顧客と協働して行う構想試作は，あいまいなニーズを現物にするサービスである。他社の試作サービスの納期が平均3日～5日（『日経トップリーダー』2012年7月）であることを考えると，短納期を望む顧客には大きな価値となっている。

一方，「光造形エコノミー便」は，3Dデータ受信後10日以内に発送準備を完

了するサービスである。こちらは時間に余裕がある案件を低料金によって提供するサービスである。こちらのサイズは，50ミリ×50ミリ×25ミリ，肉厚は2ミリ程度と，高速便に比べるとサイズは小さい。このメニューは，「エコノミー」と呼ぶように，価格の安さが価値になる。

　このように，通常便と併せて納品スピードの異なる3種類のメニューを用意することによって，顧客は状況に応じてメニューを選択できる。メニューを使い分けすることによって時間とコストを効率的に活用することができる。一方，クロスエフェクトは高速便によって価格が上昇するため離れてしまう顧客を，通常便，エコノミー便を加えることによって維持できる。

図表5-2　光造形試作の3つのメニュー

光造形試作 サービスメニュー	納　期 （データ受信から発送準備 完了までの時間）	価　格 （通常便を1とした場合）
高速便	24時間	1.2
通常便	3日～5日	1
エコノミー便	最大10日	1/5～1/7

　さらに複数のメニューを用意することによって，設備の稼働率を引き上げる効果が生まれる。

　製造業にとって生産設備は，投資額も大きく早期の回収が求められる。設備稼働率が高いほどその回収期間は短くなる傾向にある。

　光造形装置は大きさ（容量）が決まっている。試作可能な大きさはこの容量に制約される。装置の稼働率は，容量限界に対しどの程度使用しているかの容量稼働率と，装置が総時間のうちどの程度，稼働しているかの時間稼働率の2つで捉える。

　設備稼働率は容量限界に近い大きさの試作案件を受注することでも高めることができる。しかし発注は内容，タイミングともに顧客が決めるため，都合の良いタイミングでは発生しない。そこで，クロスエフェクトでは，設備稼働率

を上げるために，複数の受注を組み合わせて，設備稼働率を引き上げる。ここで先の3種類のメニューが生きてくる。価格が高く利益が確保しやすい「高速便」をベースに「通常便」，「エコノミー便」を組み合わせることによって容量稼働率を引き上げることができる。「エコノミー便」は納期に余裕があるため空いている容量に応じた割り振りが容易な案件を確保する役割ももっている。そのため多少価格を下げても利益確保が可能となっている。

5.4 受注機会を拡大する仕組み

　試作製品は製造業であれば多様な産業分野からの受注の可能性がある。自動車関連部品，医療機器，家電，アミューズメント関連部品，産業機器，大学・研究機関が得意先の産業分野である。その中でも特に自動車は部品点数も多く市場規模も大きい。また近年は医療機器の試作受注が増加している。そして試作業界は，発注量の多い，自動車産業への依存度が一般的に高い。たとえば，自動車業界が90％以上の受注を占めている企業もあるという。

　どの業界もそうだが，需要に変動がある。特定の業界に受注が偏ることは，その業界の需要に収益の影響を大きく受ける。クロスエフェクトでは，それを避けるため，受注分野が分散するように管理してきた。自動車産業が好調だったリーマンショック前でも総受注数の30％程度に抑え，医療，家電，玩具などの業界からも意識的に受注を獲得していった。2014年現在，クロスエフェクトの受注上位2つの分野は，医療機器，自動車となっている。その受注構成比率は，医療機器がトップで24％，自動車関連部品は，13％（いずれも2014年）の構成となっている。この狙いは，産業分野の景気変動，企業の業績変動の影響を少なくし，受注の安定化，業績の安定化を図ることである。特定業界，特定企業に取引を集中すれば，関係も深くなり，マーケティング活動，生産活動の効率も高くなると思われがちである。しかしどの業界，企業も常に好景気，好業績とは限らない。特定企業との取引に絞り込めばその時点は効率が仮に良くなったとしても，景気，業績が悪化した場合に補う受注をすぐに見つけることは難しい。そのような状況がどの業界，どの企業にも存在することを見越して

の対応である。

5.5 「心臓シミュレータ」の開発と医療分野への進出

「オーダーメイドによる精密心臓シミュレータ」（以下，心臓シミュレータ）とは，心臓に疾病を抱える患者の個々の心臓を，CT，MRIの画像データをもとに，軟質ウレタン樹脂素材製の「心臓」として忠実に再現するサービスである。心臓の外観だけでなく，心室，心房の内部形状に加え，大動脈，冠状動脈も中空で再現される特徴がある。軟質ウレタン樹脂素材を使用しているのには理由がある。医師が再現された心臓にメスを入れた時の質感が本物に近いからである。

心臓は人間にとって最重要の臓器の1つである。そのため海外も含めこの分野の医療関連市場はトップクラスの規模がある。重要な臓器のため心臓シミュレータ製品においても再現間違いは許されず，高い再現精度が要求される。心臓の内部まで忠実に再現することは，加工技術的にも容易なことではない。またCT画像データから加工データを作成するためには医師とのコミュニケーションがとれる医療知識が求められる。

心臓に重い疾患を抱える患者や，心臓疾患をもつ乳児や幼児の手術は，医師にとって難度の高い手術となる。特に6歳児でミカンほどの大きさ（『日本経済新聞』2014年4月2日）しかない乳幼児の心臓手術は，患者の負担とともに，医師への負担も大きくなる。心臓手術は拍動を止めて実施する場合が多く，手術時間は短いほど患者のリスクは軽減する。たとえば，新生児の100人に1人は先天性の心臓疾患を抱えて生まれてくるという。そして新生児の小さな心臓には，多数の血管が入り交じっている。CT画像を撮影してもそれだけでは実態を事前に掴むことは難しい。多くの場合は手術を開始し患部を確認しながら手術を進めることになる。

医師が事前に心臓の状態をできるだけ正確に把握することができれば，手術中にはじめてわかることを減らし，試行錯誤や判断ミスを軽減することができる。

CT，MRIによる断面画像撮影技術の発展によって，その負担はある程度，

軽減したとはいえ，充分な情報を提供できているわけではない。これらの技術が提供する情報は患者の心臓の一部の情報であり不明な情報が多くある。医師は限られた情報から事前予測を繰り返し，その上で手術に臨むことが求められていた。

5.6 医師からの依頼

心臓シミュレータの取組みは，国立循環器病研究センターの小児科を担当する医師からの依頼がきっかけになる。2005年のことである。その医師がクロスエフェクトに依頼した理由は，試作製品を短時間で開発する評判を知ったからである。数多くの試作事業を行う企業の中から異なる業界，しかも群を抜いて要求水準が高い医療分野にその名が知れるほど，短時間で要求に応え現物（試作）を開発できる能力が評価されていることを示すものだった。ただ，当時はこの依頼を一度，断っている。理由は当時，主に受注していた，自動車，家電などの業界の要求水準よりも高い精度が必要なため，技術的に難しいことが理由だった。

患者の現物の心臓モデルによって手術方法が変わることを創造したのは1人の医師である。その動機は1人でも多くの小さな命を救いたいことにあった。クロスエフェクトにはそのニーズを解決するため，どのような技術を開発し，どのように組み合わせるかの答えが求められた。そして，データ作成の壁，医学用語の壁，倫理要件の壁を乗り越え「心臓シミュレータ」を完成させた。

6. 考　察

6.1 情報の粘着性

「情報粘着性」とは[*7]，情報を移転する難易度の観点から捉えた概念である。移転の観点で情報を捉えてみると，個々の情報のそれは一定ではなく，移

転の容易な情報と移転の困難な情報が存在する。移転が困難な情報とは，たとえば，鉄棒の逆上がりや蹴上がりができる人が，できない人に対してその方法を伝えるような場合が挙げられる。自分でやってみればできるのだが，他人にその方法を伝えるとなると，自分が思っている以上に困難である。

　情報粘着性は，ある所与の単位の情報をその情報の受け手に利用可能な形で移転する上で必要となるコストを指す[8]。そして製品開発を顧客の抱える問題を解決する行動[9]と捉えると，問題解決は，機能デザインと技術デザインの2つの問題解決の結合[7]によって成立する[11]。機能デザインとは，ユーザーが抱える問題を発見し，発見から解決に至る機能要件に翻訳する問題解決をいう[12]。一方，技術デザインは，その機能要件を解決する要素技術の組合せによる問題解決をいう[13]。

　2つの情報を，同一の組織や人物がもてばイノベーションは，その場所（組織あるいは人物）で生まれる。多くの場合，ニーズと解決能力（技術）は異なる場所に存在する。そのために，情報の移転が必要となる。しかし情報は先に述べたように粘着性が一定ではない。移転の容易な情報と困難な情報が存在する。ある情報の粘着性が高ければ移転コストは高くなり，低ければ移転コストは低くなる。そのため，イノベーションは粘着性の高い側で発生する可能性が高くなる。メーカーとユーザーとの関係で考えた場合，イノベーションは必ずメーカーで発生するのではなく，ニーズ情報の粘着性が技術情報のそれよりも高い場合はユーザー側で発生しやすくなる。

6.2　試作製品の価値

　試作とは「試しに作る」ための製品である。言葉の通り，開発者が考えていること，つまり頭の中にあることを現物として実現することにある。開発のプロセスは，顧客のニーズとその解決案を，頭に描く段階から量産製品に至る段階へ進めていくことにある。そのプロセスは，製品という現物を確定するための行動といえる。

　試作事業の価値とは，顧客が「現物」を使い開発する製品の見通しを得るこ

とであり，後工程の課題を早期発見しやすくすることである。そして製品開発という問題解決の手がかりを提供することに貢献すると考えられる。開発する製品の見通しを得ることや課題発見は，開発初期段階であるほど顧客の損失は少なくなる。そのため試作は開発スピードが速いほど，顧客は速く検証が可能となり修正のための時間が確保される。そして顧客にとっては，開発工程の上流であるほど，さらに発注から納品までのスピードが短いほど試作が提供する価値が高いと考えられる。

クロスエフェクトは試作が顧客に提供する価値を，どのように事業に組み込んでいるのだろうか。クロスエフェクトの特徴である，分散受注，最速試作に注目してみよう。

6.3 分散受注による技術デザイン能力の向上

分散受注とは，多様な業界，企業から受注を確保することである。先に述べたようにクロスエフェクトでは，6つの業界・分野の受注状況を管理し，それぞれが一定の比率の受注が確保できているかを確認している。そして目標に設定している比率が維持できていない場合，その要因を確認し対策をたてている。さらに業界だけでなく，受注先企業の分散化も図っている。

分散受注には経営（受注）の安定化とは別にもう1つの効果があると考えられる。それは分散受注によって，多様な業界，多様な企業の受注経験を得ることになる。この多様な経験は，多様な問題（ニーズ）に対する解決案（試作開発）を提示することを繰り返すことによって得ることができる。そして多様な解決案を蓄積することができる。先の機能デザインと技術デザインの分類でいえば，多様な機能デザインへの要求（受注）に対応することによって，多様な技術デザインのパターンが蓄積されていったと考えられる。クロスエフェクトではこのことを，「技術の引き出しを増やすこと」と述べている。

業界，企業によって試作に求める内容，水準は様々である。また使用する用語，要求の背景も様々である。そのような状況において，多様な受注に対応する試作製品を繰り返し開発することになる。これらの経験が，技術デザインを

多様に生み出せる能力（技術デザイン多様性）の獲得につながったと考えられる。そして，技術デザインの多様性は，さらに対応できる業界，企業を拡張することにつながっていると考えられる。

分散受注においては，顧客が提示する多様な機能デザインを理解することが必要となる。このことは，機能デザインに対する情報の粘着性を低下させる効果につながった可能性がある。そして機能デザインを生み出す，すなわちニーズ情報を機能要素に翻訳する[*14]能力につながり，構想試作などの開発上流工程への展開が可能となったと考えられる。

以上のように，分散受注は，①技術デザインの多様性能力の獲得，②機能デザインに対する情報粘着性低下，に貢献し試作に対する問題解決能力を高めたと考えられる。

ここでいう，①技術デザインの多様性能力の獲得とは，機能デザインに適合した技術デザインを創造する精度，スピードの向上をいう。そして，②機能デザインに対する情報粘着性低下とは，顧客から提示される，機能デザインを理解し，その要件にあった技術デザインを創造することを通じて，機能デザインと技術デザインを「結合」する精度とスピードが向上することをいう。

6.4 最速試作による機会拡大効果

「光造形高速便」はデータ受注後，24時間以内に行う試作製品を出荷するサービスである。このサービスの存在は，機能デザイン要求に対する解決能力，すなわち技術デザイン能力の高さとして市場に認識される可能性がある。そのため速さ以外の課題を抱えた顧客が依頼を持ち込む可能性が高くなると考えられる。事実，心臓シミュレータ開発を依頼した医師は，最速試作の情報からクロスエフェクトの存在を知ることになる。

このように，開発スピードを高めることは，技術デザイン能力の高さを市場や社会に伝えることになり，その期待から難度の高い多様な依頼や発注が行われる可能性が高まるのである。その中には，心臓シミュレータの依頼のように，機能デザインが決定された発注ばかりでなく，機能デザインが曖昧な状態

で，機能デザイン解決に対する期待による依頼や発注が行われる可能性が生まれる。このことが機会拡大につながると考えられる。

7. 結　論

　クロスエフェクトの試作事業の展開を確認してきた。他社と同じ加工装置，計測装置を有しながら心臓シミュレータに代表される新たな市場を創造している。このことを理解するため，2つの行動特性に注目した。第1に「分散受注」，第2に「最速試作」である。この2つの行動特性に対し，「情報の粘着性」概念による考察を行った。分散受注が機能デザイン，技術デザインの能力を高め，最速試作が機会を拡大する。そのことを通じて，開発上流工程への試作事業の獲得につながる枠組みを提示した。導き出された結論は，以下の2点である。

7.1　分散受注の効果

（1）　技術デザイン能力向上効果
　分散受注によって業界，企業からの要求は多様となる。そのため技術的課題解決要求が多様化され，多様な技術デザインの創造が必要となる。このような経験が，技術デザイン能力を高める効果があると考えられる。

（2）　機能デザイン能力向上効果
　ここでの機能デザイン能力向上とは，顧客が提示する機能デザインの粘着性を低下させ移転（理解）を容易にする効果をいう。分散受注による顧客の多様化は，発注において提示される機能デザインの多様化につながる。多様な機能デザインへの対応は，その粘着性を低下させることに貢献し，機能デザインの移転（理解）を容易にする効果があると考えられる。

7.2 最速試作の効果

　最速試作は，技術デザイン能力の高さと同時に，その能力を広く社会や市場に広める効果がある。そのことを通じて多様な顧客との接点を生み出す可能性を高め機会拡大につながると考えられる。結果として技術デザインという技術による課題解決能力に期待して，何をつくるべきかが明確に決定されていない，すなわち情報の粘着性が高い段階での試作や，つくりたい対象が明確であるが，技術デザインの粘着性の高い試作が依頼される可能性が高まるのである。

　株式会社クロスエフェクト，代表取締役　竹田正俊氏にご多忙にも関わらずインタビューに丁寧にお応え頂いた。この場をお借りしてお礼申し上げます。
　また，本章の執筆の機会を頂き，すばらしい執筆メンバーの末席に加えて頂いた，大阪学院大学　田中道雄先生にお礼申し上げます。本章の執筆にあたり有限会社エヌエフェクト代表　名渕浩史氏から有益なコメントを頂きました。この場を借りてお礼申し上げます。

注

*1　「ものづくり日本大賞」は，製造・生産現場の中核を担っている中堅人材や伝統的・文化的な「技」を支えてきた熟練人材，今後を担う若手人材など，ものづくりに携わっている各世代の人材のうち特に優秀と認められる人材を表彰する（経済産業省HP〈http://www.meti.go.jp/〉）制度。
*2　誰から受注を獲得し維持し，装置をどのように稼働させるのかといったマネジメントの差が収益差に表れる。
*3　デザイン試作は，研究，開発の段階において構想，イメージや構造を確認するため現物として実現する試作であり，構想段階，コンセプト段階での試作である。開発メンバーの頭にあるイメージや，イメージイラスト，あるいは構想会議で飛び交った発言などを手がかりに現物にするものである。
*4　量産化試作は，販売のための一定以上の数量を生産するため生産ライン設計，工程設計，コスト算出，品質改善の可能性を試作によって探る。
*5　光造形には，硬化樹脂積層法以外にも粉末焼結法，シート積層法，インクジェット法，熱溶解積層法がある。インクジェット法は，3Dプリンターとも呼ばれる。

*6　3次元情報技術は，3次元の機械系CAD（Computer Aided Design）および，それと連動したものづくりのシステム（CAE, CAM, RPなど）を指す。そして，この技術は，何が描かれているかを設計者以外の担当が理解できるようにするとともに，設計データを前後工程と連動できることに貢献した（竹田［2000］［2001］）。
　　3次元情報技術の詳細は，竹田［2000］［2001］を参照のこと。
*7　Von Hippel［1994］．
*8　Von Hippel［1994］，小川［2000］。
*9　Clark and Fujimoto［1999］，小川［2000］。
*10　Schumpeter［1926］［1934］は，経済活動として生み出されるものを「生産物」，生産物を生み出す活動を「生産活動」と定義している。そして生産活動を新たな結合（新結合）と捉えている。
*11　小川［2000］107頁。
*12　小川［2000］107頁。
*13　小川［2000］108頁。
*14　小川［2000］108頁。

参考文献

石井淳蔵［1993］『マーケティングの神話』日本経済新聞社。
石井淳蔵［2009］『ビジネスインサイト―創造の知とは何か』岩波新書。
石井淳蔵［2010］「市場で創発する価値のマネジメント」『一橋ビジネスレビュー』第57巻第4号，東洋経済新報社。
小川　進［2000］『イノベーションの発生論理』千倉書房。
小川　進［2006］『競争的共創論』白桃書房。
武石彰・青島矢一・軽部大［2012］『イノベーションの理由　資源動員の創造的正当化』有斐閣。
竹田陽子［2000］『プロダクト・リアライゼーション戦略』白桃書房。
竹田陽子［2001］「3次元情報技術による製品開発の革新―分化と統合のマネジメント―」2002年度組織学会年次大会報告要旨集（115-122頁）。
田中道雄［2014］『中小企業マーケティング』中央経済社。
延岡健太郎［2010］「価値づくりの技術経営」『一橋ビジネスレビュー』第57巻第4号，東洋経済新報社。
廣田章光［2011］「「エクストリーム・ユーザー」発見枠組みとリードユーザー」日本商業学会2011年度全国研究大会報告論集，日本商業学会。
廣田章光［2013］「価値創造型イノベーションと顧客ニーズ制約―価値創発促進における「対話」のマネジメント―」日本商業学会2013年度全国研究大会報告論集，日本商業学会。
水野　学［2002］神戸大学大学院　経営学研究科　ケース「京都試作ネット―京都らしさにこだわる試作加工のプロ集団―」神戸大学大学院経営学研究科。

Brown, Tim [2009] *Change by Design*, HarperBusiness.(千葉敏生訳[2010]『デザイン思考が世界を変える』ハヤカワ新書。)

Christensen, C. M. and Michael E. Rayner [2003] *The Innovation's Solution*, President and Fellows of Harvard College.(玉田俊平太監訳, 櫻井祐子訳[2003]『イノベーションの解』, 翔泳社。)

Clark, Kim B. and T. Fujimoto [1992] *Product Development Performance*, Harvard Business School Press.(田村明比古訳[1993]『製品開発力』ダイヤモンド社。)

Von Hippel, E. [1994] ""Sticky information" and the locus of problem solving : Implications for Innovation," *Management Science*, 40.

Von Hippel, E [2001], "Perspective : User toolkits for innovation," *Journal of Product Innovation Management*, 18(4), pp. 247-257.

Von Hippel, E. [2005] *Democratizing Innovation*, MIT Press.(サイコムインターナショナル訳[2005]『民主化するイノベーションの時代』ファーストプレス。)

Hirota, A., M. Mizuno, M. Kanai and M. Takemura [2014] "User Innovation and Product Standardization : Japanese Experience," European International Business Conference Digital Edition, 177-1-23.

Prahalad, C. K. and M. S. Krishnan [2008] *The New Age of Innovation : Driving Cocreated Value Through Global Networks*, McGraw-Hill.(有賀祐子訳[2009]『イノベーションの新時代』日本経済新聞社。)

Schumpeter, Joseph A. [1926, 1934] *The Theory of Economic Development*, Cambridge, MA Harvard University Press.(塩野谷祐一・中山伊知郎・東畑精一訳[1977]『経済発展の論理』岩波文庫。)

Utterback, James M. [1996], *Mastering the Dynamics of Innovation*, Harvard Business School Press.(大津正和・小川進監訳『イノベーション・ダイナミクス─事例から学ぶ技術戦略』有斐閣。)

『日経エレクトロニクス』2015年8月。

『日経トップリーダー』2012年7月。

『日経ものづくり』2014年6月。

『日本経済新聞』2014年7月12日, 2014年4月2日, 2011年6月4日。

〈http://www.xeffect.com/business/vacuum.html〉クロスエフェクトHP。

第6章

中小企業マーケティングとしての価格政策

松田　温郎

1. 衰退する業種の中の繁盛店

　かつて，生活者の日常的な買い物の場は商店街であった。その中でも，八百屋・魚屋・肉屋の生鮮3品を扱う業種店は，商店街の顔として中核的な位置付けにあった。しかし，スーパーやコンビニなどのより利便性が高い業態が人びとの支持を集めていく中で，商店街やその中で経営を行ってきた業種は衰退傾向を強めていった。

　商業統計を参照すれば，1972年に65,293店舗あった八百屋は2014年には15,263店舗にまで減少している。同様に，魚屋は56,165店舗から11,155店舗，肉屋は39,366店舗から9,487店舗となっている[1]。言うまでもなく，これらの業種店のほとんどは中小企業である。

　このように，かつて日常的な買い物を支えていた業種の多くは衰退傾向にある。しかし，それはその業種のすべての企業が衰退していることを意味する訳ではない。なかには，競争力のある価格や品揃え，販売方法，接客などを通じて，顧客から高い支持を得ている中小小売業者は存在する。このような企業には，逆風の中でも独自の価値を生み出すための様々な工夫がみられ，そこから得られる知見は示唆に富む。

　本章では，小規模青果店であるA商店の実践を考察することで，小売業にお

ける価格政策を検討する。

2. 小売業における価格と品揃え

　小売業の価格政策は企業または消費者の2つの視点から研究されている。前者の代表的な研究は上田［2012］および高嶋［2012］であり，後者の代表的な研究は上田［1999］および清水［2004］である。本章は前者である企業視点の研究に位置付けられる。

　企業視点で価格政策を検討する場合，価格政策は企業の戦略を実現する上で適したものが選択される。一般的には，価格政策は利益またはマーケット・シェアを得ることを目的とすることが多い。具体的には，前者ではスキミング価格[*2]，後者では浸透価格[*3]や経験曲線プライシング[*4]，さらに両者を同時に達成するプレミアム・プライシング[*5]等が代表的な価格政策の方法である（上田［1999］）。

　小売市場では価格競争と差別化競争が主要な競争の軸となる。前者はEDLP（Every Day Low Price）が基本的な方針となり，規模の経済[*6]やバイイング・パワー[*7]，ローコスト・オペレーション[*8]，リテール・リンク[*9]などを基盤としたコスト・リーダーシップが基本的な戦略となる。後者はEDHQ（Every Day High Quality）が基本的な方針となり，高付加価値の品揃えや接客，地域への関係強化を基盤とした差別化集中が基本的な戦略となる。

　一般的に，EDLP型の戦略はその戦略を採用できる企業数が限られることから少数となり，多くの小売業者はEDHQ型の戦略を採用する[*10]（上田［2012］）。しかし，このことは中小小売業者がEDLP型の戦略を採用できないことを意味するのではない。EDLPを可能とするリソースは規模の経済やバイイング・パワーといった，大規模小売業者に親和的なものだけではない。中小小売業者の場合，それらとは異なるリソースでEDLPを可能にすることができる。

　たとえば，供給過剰に陥った商品や小規模な生産者が低コストで生産する商

品などは，安定して十分な供給量が必要となる大規模小売業では調達が難しい商品であり，これらの商品は中小小売業にとって重要な商品調達経路となる（高嶋［2012］）。このように，商品の標準化あるいは工業化が困難な業種では，中小小売業がEDLP型の戦略を採用しうる可能性が広がる。そして，八百屋や魚屋，肉屋が扱う商品はこのような特性が強いと考えられる。

しかし，偶然供給される供給過剰に陥った商品や小規模な生産者が低コストで生産する商品などを用いて品揃えを形成したとしても，十分な品揃えは形成できない。小売業にとって重要な経営活動は品揃えの形成を通じた市場創造である。生活者は日々の買い物においてそれほど需要を明確にしていないことが多い。そのため，店頭で商品と出会うことによって自身の需要を明確化していく。このとき小売業者にとって重要なことは，品揃えが消費者の需要を喚起するために意味のあるまとまりとして形成されていなければならないということである（石原［2000］）。

たとえば，じゃがいもとにんじん，玉ねぎが並んでいるのをみると「今日のおかずは肉じゃがにしよう」と思いつくかもしれない。しかし，みかんとれんこん，トマトが並んでいるのをみて，その日のおかずを考えることは難しい。

したがって，小売業の価格政策を検討する際には，その小売業者が形成する品揃えと併せて検討しなければならない。どのような価格政策をすればどのような品揃えが形成できるのか。あるいは，どのような品揃えを形成すればどのような価格政策が可能になるのか。次節では，このような価格政策と品揃えの相互構成的な関係について，A商店の実践を基に考察する。

3. ある八百屋の実践

3.1 経営方針

A商店はA氏が経営する八百屋である。A商店はEDLP型の戦略によって地域からの絶大な集客を誇る繁盛店である。A商店の基本方針は，薄利多売と売

り切りである。A氏は価格を決定する際，その時々の相場の中で可能な限りの低価格を設定している。それを実現する第1の方法が薄利である。しかし，利益率の設定だけで可能になる低価格の水準は限られている。そのため，第2の方法として多売が必要になる。販売量が増加することで仲卸売業者に対するバイイング・パワーを発揮できるだけでなく，粗利ミックスによって個々の商品の赤字を全体での利益で吸収することが可能となり，単純な薄利以上の低価格を実現できるのである。

次に，A氏は八百屋が扱う商品は生鮮食品である以上，鮮度が競争優位の源泉だと考えており，商品は提供できる範囲内で最も新鮮な状態で販売すべきだと考えている。そのため，その日に仕入れたものをその日のうちにすべて販売する売り切り型の経営を実践することで，常に新鮮な商品を提供できるようにしている。

3.2 品揃え

品揃えは野菜を中心に約80品目を扱っている。A商店は基本的にすべての仕入れを地元の中央卸売市場で行っている。

A氏が品揃えを考える上で考慮することは，第1に一般家庭で日常的に使用

図表6-1　売場の様子

出所：筆者撮影。

される食材であること，第2にA氏が顧客の立場で考えて妥当な価格かどうかの2点である。品揃えを限定する理由は，一般的な商品の方が商品の回転が速いからである。また，基本的に取り扱う商品であっても高騰して納得できない価格であれば取り扱わない。

具体的にA氏が品揃えを形成する場合の基本的な方針は，まずその時々の相場の中で，顧客からみて「これは安い」と思える価格を商品ごとに想定する。次に，その価格に収まる商品群の中で最も品質が高い商品を選択する。このときA氏が考慮する品質とは，味と見た目である。それらが想定する価格の範囲内で納得できるものであれば，商品規格やブランド，産地などにはこだわらずに仕入れを行う。

商品規格やブランド，産地などにこだわらない仕入れをすることは次のような意図もある。それは，スーパーが積極的に扱うことで高価格となっているMサイズ・秀等級の商品ではなく，スーパーがそれほど扱わないことから価格の安いS・Lサイズや優または良等級を扱うことで仕入れ価格を抑えるためである。しかし，それは仕入れ価格を低下させる反面，A商店で扱う商品の産地，等級，サイズ，価格にばらつきが出てしまうこととなる。

A氏は規格やブランド，産地にこだわらないことは，商品品質が同業他社に比べて劣ることを必ずしも意味しないと考えている。同じ商品の規格でも産地が異なれば，同じ産地の商品でも生産者が異なれば，同じ生産者でも収穫時期が異なれば，それぞれの品質は異なる。ある産地の秀等級の商品と，別の産地の優等級の商品のどちらが高品質かは一概にはいえない。味は同程度であるが形状の差によって等級が異なる場合もある。そのため，A氏は目と舌で商品を見極め，納得できる水準の商品を決定する。実際，従業者同士で商品の品質について検討するときは，生産者番号単位で議論している。

3.3　仲卸売業者の選択および関係性

創業当初は，A氏が下積み時代に取引のあった仲卸売業者との取引を継続したが，A商店の成長とともに，その仕入れ量に対応できる仲卸売業者を探し，

適宜変更をしてきた。仲卸売業者に求める条件は，第1に十分な商品量を安定的に確保できること，第2に仕入れ量の増大によって価格の引き下げができること，第3に誠実な取引ができることである。

　A商店の場合，ある単品の仕入れ量が小規模仲卸売業者の取扱量よりも多いことがあり，一定規模以下の仲卸売業者からは継続的に仕入れを行うことが難しい。また，商品取扱量の少ない店では，価格の引き下げに限界がある。経営規模が大きい仲卸売業者の場合，単品の商品では利益を取らなくても複数の商品で利益を出す，あるいはA商店との取引で利益が出なくても他社との取引で利益を出すという選択ができるが，小規模仲卸売業者では難しい。

　また，A氏は誠実な取引ができるかどうかということも仲卸売業者を選択する上での重要な条件だと考えている。その理由は仲卸売業者の経営意欲の低さに由来する。たとえば，購入商品の中に不良品があり返品を要求しても，「そのぐらい別に」とか「今度なんかするわ」などと当初は相手にされなかったという。

　しかし，A氏は，不良商品が流通した場合に卸売業者は当該商品を検査した後，出荷段階で問題があったと考えられる場合には，卸売業者は出荷団体に対して注意を行うという卸売市場流通制度を根拠として仲卸売業者に返品の必要性を主張することで，仲卸売業者に対して誠実な取引を要求し実現してきた。

　さらに，仲卸売業者に誠実さを求める以上，A氏も仲卸売業者に対して誠実に対応する。仲卸売業者との取引は基本的に長期取引を前提としている。多くの小売業者が行うような，複数の仲卸売業者を競争させてその都度自社に有利な取引先を選択するということはしない。

　A氏が仲卸売業者との取引で心がけていることは信頼関係の構築である。そのため基本的には長期取引を前提とし，仲卸売業者とよりよい関係性を築くことで双方にとって有益な取引を継続させようとしている。

　A氏にとって仲卸売業者と小売業者との関係は売手と買手といった単純なものではなく，取引は常に利益を優先して行われるものでもない。A氏は取引で大事なことは人と人の付き合い方だと考えている。そのため，時には互いに損をしながら取引を行うこともある。

たとえば，仲卸売業者が商品を仕入れすぎてしまった場合，助けを求める電話がA氏に入り，A氏が一手に買い取ることがある。そのお返しとして，A商店が安売りをする場合，仲卸売業者が彼らの仕入れ価格より安くA商店に商品を販売してくれることがある。または，不作や気象の影響などによって商品の流通量が少ない時でも，A商店が必要とする量は優先的に用意してくれる。

仲卸売業者にとってA商店は顧客であるが，A氏は自分の方が立場は上だという態度はとらず，日々の取引への感謝は忘れない。年末年始にはすべての取引先に従業員全員であいさつに伺い，お礼をする。

A氏によれば，信頼するということと，仲良くなるということは別であり，どれほど信頼しても適度な距離感を忘れてはならないという。どれほど信頼していても，情報の裏を取り，他の仲卸売業者の動向に気を配るということをしなければ，仕入れに必要な相場観が養われないのだという。また，仲卸売業者も人間である以上，目先の利益に目がくらんでしまうこともあるという。

信頼関係を基盤とした日々の取引の積み重ねの結果，A商店の仕入れに対する仲卸売業者の理解も深まる。そのことによって，A商店と取引のある仲卸売業者は他の小売業者よりも優先的に商品を確保するとともに，価格も格段に安く提供してくれる。

A氏の仕入れは毎朝6時30分頃に行われるのだが，仕入れにかかる総時間は15分ほどである。時間の内訳の多くは，前日の仕入れ分の支払いに関わる時間であり，当日仕入れ分の取引時間はほんの数分である。A氏が仕入れ先の仲卸売業者を訪れると同時に，仲卸売業者はその日のA商店への販売商品をA氏に提案し，多くの場合A氏はそのままその提案を受け入れ，そのまま仕入れは終了する。取引時の会話もほんの一言二言程度交わすだけである。仲卸売業者は彼らの仕入れ段階でA氏の求める基準を満たす仕入れができなかったと判断すれば，仲卸売業者側からA氏に代替提案を行う。

仲卸売業者との信頼関係構築のためには，A商店との取引で仲卸売業者に十分な利益を出してもらうことが重要だという。そうでないと長期的な取引関係の継続が困難になり，他の小売業者に優先して商品を供給してもらうことができなくなる。

そのためにA氏が気をつけていることは，必要以上に値下げを要求しないことだという。相場から推測して，仲卸売業者が提示する価格に引き下げの余地があったとしても，提示価格がA氏の満足する水準に達していれば，それ以上の交渉は行わないという。時に儲け，時に損をする，そのような持ちつ持たれつの関係が仲卸売業者との関係性を深める重要な点だとA氏は考えている。

3.4 価格政策

　A商店では目標純利益額と経費の2点から価格を設定している。まず，A商店ではその日の仕入れ価格の相場に応じて，その日に目標とする具体的な純利益額を設定する。そして，その金額を達成するための価格設定を商品ごとに行う。個々の商品の価格設定では，顧客がつい手を出してしまうような価格帯に揃える工夫をし，特に100円を単価とする商品を多く構成している。そのため，全商品に一定のマージンを乗せて価格を決めるという方法ではなく，単品ごとに利益率を変更する粗利ミックスを採用している。基本的に地域固有の人気商品や定番商品，相場が高騰している商品などが他の商品よりも利益率が低く設

図表6-2　価格設定の様子

出所：筆者撮影。

定される。

　次に経費である。A商店では当日の仕入れ量の約8割を販売した時点で，商品の支払い，人件費，その他経費のすべてを賄えるように価格政策を行う。つまり，当日仕入れ量の残り2割分で目標とする純利益額を達成できるように設計する。

　具体的にはまず，仕入れ時に商品ごとにどのぐらいの値段をつけ，それぞれどの程度の粗利益を出せるかを算出する。そしてその日の取扱商品が大まかに決まれば，品揃えとして集積された時の各商品の売れ方を想定する。その結果，単品ごとにどれだけの数量を仕入れればバランスよく販売できるかを導き出す。

　さらに，価格設定では販売ロットを大きくする工夫もされている。たとえば，きのこ類は3パック100円で販売することが多いが，単品3パック以下での販売や異なるきのこ類の組み合わせ販売は認めていない。

　仮に，ホウレンソウを2束150円として同業他社と同じ値段で販売するとする。同業他社では1束80円，2束150円などに価格を設定することが多いが，A商店では1束のみの販売はできるだけ行わず，1束100円，2束150円と設定することで大ロットでの販売を促進している。

3.5　価格改定

　A商店では開店時に設定された価格が閉店まで維持されず，その日の仕入れ状況や販売状況によって変更される場合がある。たとえば，仕入れ時に同種の商品の中でも，産地や等級によって仕入れ価格に差がある場合がある。同じ商品内に複数の産地や等級がある場合，仕入れ価格や品質の差が小さければ同じ価格で販売する。仕入れ価格や品質の差が大きければ，それぞれ異なる価格を設定して販売する。その場合，集客力が高く販売しやすい営業序盤に相対的に商品力の弱い商品から販売を開始する。その商品が完売すれば，集客力の弱まる営業時間中盤以降ではあるが相対的に商品力の強い商品の販売を始め，売り切りを目指す。

A商店では在庫管理上の理由から同一商品内でも価格が変更されることがある。売り切りを達成するためには，個々の商品をどの順序で，どの時点で欠品させていくかが重要となる。売れ行きの良い商品から無計画に販売しただけでは，閉店前の品揃えはその日に売れ行きの悪かった商品が無秩序な品揃えを形成することで，売り切ることが非常に困難となる。そのため，たとえば生姜やオクラなどの需要量の小さい商品から完売させ，閉店時にはキャベツやニンジンなどの需要量の大きい商品を残すことで，数少ない商品数でも秩序だった品揃えを維持することで販売しやすい状況を作り出し，売り切りを目指す。

　そのために，A商店では価格の上げ下げによって販売速度を操作し在庫管理を行っている。閉店間際まで売場に残っていて欲しい商品の売れ行きが想定より早い場合，価格を高く引き上げることで商品の回転を抑える工夫をしている。価格を引き上げたとしても，売れ行きが鈍りすぎれば元の価格に戻す。

　欠品をしても品揃えにそれほど影響を及ぼさない商品や，想定より販売状況が悪く他の商品と比べて過剰在庫気味の商品などには値引きの指示が出される。値引きによってその商品の在庫量を他の商品と同程度に揃え，売れ過ぎれば元の価格に戻す。どの程度値引きするかは時間帯によって異なる。集客数の多い時間帯であればそれほど値引きをしなくても一定の販売促進効果が得られるが，集客数の少ない時間帯はより多くの値引きをしなければ同程度の販売促進効果が得られない。つまり，値引きの巧拙によって，利益損失の程度が異なるのである。さらに，値引きをすることは利益を減少させてしまい経営を圧迫する危険性がある。無謀な値引きを回避するために，値引きの判断は必ず1日の必要経費を捻出する売上を達成する目処が立ち，残りの販売額はすべて利益となる状態が見通せないと積極的には行わない。

　価格改定は販売ロットの変更によっても行われる。たとえば，人参3本100円を4本100円に変更する場合がある。販売数量の変更が選ばれる理由は，第1に調整したい在庫量が少なく販売価格の変更では非効率な場合，第2に販売価格を改定しにくい商品の場合である。

　第1の場合，調整したい商品の在庫量が少量の場合，短時間の価格改定は従業員の混乱を招く可能性があることや新たな値札作成の手間がかかってしま

う。第2の場合，たとえば100円の商品を90円に改定することは，暗算による会計時の計算を複雑にすること，従業者が用意するおつりの量が増えることなどから，価格改定が従業者の負担となり仕事の効率を低下させてしまう。これらの理由から販売ロットの変更が選ばれる場合がある。

閉店前には，在庫品を組み合わせた野菜セットが販売される場合がある。この方法が行われるのは，ある程度品揃えの品目がある時点で一気に商品を売り切ろうとするときである。

図表6-3　野菜セットの例

出所：筆者作成。

3.6　追加発注・配送

A商店では売れ行きの良い商品は正午過ぎには売り切れてしまう。この状態を放置していると集客力が低減してしまい，他の商品の売れ行きも鈍化する。そこで，A商店ではその日に売れ行きの良い商品，売れる時間帯，顧客の反応などから判断し，売り切れてはならない商品の追加発注を仲卸売業者に行っている。

基本的には毎日3便の追加発注が制度化されており，それ以外にも仲卸売業者が営業を行っている15時ごろまでは柔軟に対応してくれる。ある仲卸売業者

はA商店からの追加発注商品の配送時に，他の仲卸売業者への注文分もまとめた共同配送を行ってくれる。この追加発注・配送によって，開店から閉店までできる限り売場に残したい商品の欠品を防ぎつつ，売れ行きの良い商品の販売量をできるだけ増やすことができる。

さらに，追加発注によって1日の営業に必要な商品の仕入れを一定量延期化することができ，売れ残りや欠品リスクを低減できる。たとえば，降水確率が50％の日や連休の前後などのその日の来客数の見通しを立てにくい時には，追加発注のタイミングごとに営業計画を修正できることから，見込み発注の誤差による売れ残りや欠品のリスクを低減することができる。

具体的な追加発注の方法としては，A氏が「追加！」と声を上げると，各従業者が適当な用紙や段ボールなどに追加発注商品を書き出し，数分以内にA氏に提出する。A氏はそれぞれの従業者の追加発注案を集計し，若干修正をした後に追加発注を実行する。

3.7　売場の再構成

A商店では品揃え上欠品させても販売に影響の少ない商品から，適宜閉店に向けて売り切り始める。たとえば，営業時間中に一度も追加発注がされず，朝の仕入れ分だけの仕入れとなる商品は，もやしやカイワレ，生姜，ニンニク，ベビーリーフなどである。

商品が売り切れれば，それらの商品が陳列されていた売場は空き売場となる。空き売場をそのまま放置すれば見栄えが悪く集客力の低下につながることから，空き売場が発生次第他の商品の売場として再構成される。売場の再構成方法には3種類の方法がある。

第1の方法は売場の拡張である。空き売場が発生した場合，まずはその売場の担当従業者が空き売場を再構成する。基本的には売場で在庫量が多い商品の売場を拡張する。たとえば，2列しか陳列していなかった商品を4列に拡張することで，商品が顧客の目に触れる機会を増加させ販売につなげることを狙う。

第2の方法は売場の増加である。空き売場が出たもののその売場で特別に売場を拡張してまで販売促進をする商品がない場合，他の売場を参照して相対的に在庫量が多い商品の売場を空き売場に新設することで，その商品の売場を増加させる。ある商品を2つの売場で商品陳列することを，A商店では「ふたて出し」と呼んでいる。この方法も，商品が顧客の目に触れる機会を増加させることで販売につなげることを狙っている。

　第3の方法は売場の集約である。A商店の取扱品目は営業開始直後では80〜100品目ほどあるが，営業の終盤の夕方16時頃になると30品目ほどに減少している。16時頃であれば，売場拡張および売場増加によってすべての売場を使用しているが，17時頃になり10〜20品目ほどになれば，在庫量をすべて店頭陳列してもすべての売場を使用する必要がないどころか，少品種少量の商品が売場全体にまばらに陳列されている状態となり営業上好ましくない。

　そこで，少品種少量の商品でもできるだけ見栄えの良い売場を作るために，売場の集約が行われる。具体的には，人通りの少ない売場を少しずつ閉鎖し，最終的には1つの売場だけで商品陳列が行われる。売場の閉鎖は，その時の在庫量を参照しながら山盛りの商品陳列を維持できる状態に合わせて実施され

図表6-4　陳列の様子

出所：筆者撮影。

る。売場が集約されることで顧客はA商店の品揃えを一目で確認することができる。

4. 考　察

　本章では，A商店を例に中小小売業のEDLP型実践についてみてきた。A商店においてEDLPの起点となっているのは，先行研究の指摘と同様である大規模小売業者では調達が難しい商品であった。しかし，このような商品を中心としては，市場創造機能をもつ効果的な品揃えを形成することができない。そこで，A商店は薄利と多売を高水準で連動させる独特の価格政策を実施することでこの問題を克服していた。それは，営業時間中に絶え間なく価格と売場を相互に修正し続けることで効果的な品揃えを形成する実践である。

　この実践の核となる販売技術は価格改定である。A商店ではその時々の品揃えと在庫量，顧客の反応を手がかりに，営業時間中はその都度最適な売場を再構成し続けている。A商店では日々の目標純利益額と必要経費が明確に設定され，さらに精緻な販売計画が立てられていることで，複雑な価格改定が経営を圧迫しないように工夫されている。

　価格という観点からみれば，A商店の手法はその都度個々の商品の利益率を変更する粗利ミックスの一種と捉えることも可能である。しかし，既存の粗利ミックスの考え方は，第1に価格は営業時間中に固定的に設定されるもの，第2にその目的は売上や利益，集客の増加などである。一方，A商店の手法は，第1に価格は営業時間中に柔軟に改定されるもの，第2にその目的は在庫調整を通じた品揃えの修正である。これらの相違点を考慮すれば，A商店の手法は既存の粗利ミックスの概念には含みきれないものである。

　また，この手法の実施には価格だけではなく，関連する他の経営活動との連動を伴った状況適応的な実践が必要である。ここに，小回りの利く中小企業ならではの活路を見出すことができる。このように，中小企業マーケティングとしての価格政策は，単なる価格設定として捉えるべきではない。価格政策はそ

れぞれの業界や業種で核となる経営活動と相乗効果を発揮するように検討すべきである。

注

- *1 経済産業省『商業統計：時系列データ』⟨http://www.meti.go.jp/statistics/tyo/syougyo/result-2/jikei.html⟩および『平成26年商業統計（速報値）』⟨http://www.meti.go.jp/statistics/tyo/syougyo/result-2.html⟩を参照。
- *2 スキミング価格とは，最初の段階では高価格を設定し，状況に応じて徐々に価格を下げていく手法である（上田［1999］）。
- *3 浸透価格とは，競争を先取りし最初から低価格で販売する手法である（上田［1999］）。
- *4 経験曲線プライシングとは，当初生産コスト以下の価格で販売し，経験効果によるコスト低下後に利益を得る手法である（上田［1999］）。
- *5 プレミアム・プライシングとは，ベーシック・バージョンとプレミアム・バージョンの最低2種類の商品を生産し，前者を価格に敏感な消費者層に低価格で販売し，後者を価格に敏感でない消費者層に高価格で販売し，両バージョンで規模の経済を享受することで生産コストを下げ利益を出す手法である（上田［1999］）。
- *6 規模の経済とは，同種商品の取扱量の増加に伴って平均コストが低下することである（田村［2001］）。
- *7 バイイング・パワーとは，企業が購買者として有利な立場にあることに基づいて，他の購買者よりも有利な取引条件を売手から得ることである（高嶋［1994］）。
- *8 ローコスト・オペレーションとは，流通や販売など店舗運営に関わる各種の業務を効率化することでコストを低下させることである（清水・坂田［2012］）。
- *9 リテール・リンクとは，POS情報の公開を通じた小売業者とメーカーにおける販売情報の共有である（清水・坂田［2012］）。
- *10 上田［2012］によれば，ファミリービジネス型企業は地域への関係強化や貢献を意識することが多く，EDHQ型の方向性をとる場合が多いと説明されている。

参考文献

石原武政［2000］『商業組織の内部編成』千倉書房。
上田隆穂［1999］『マーケティング価格戦略：価格決定と消費者心理』有斐閣。
上田隆穂［2012］「新時代の本質と小売業におけるプライシングの考え方」『マーケティングジャーナル』第32巻，第2号，50-63頁。
清水　聰［2004］『消費者視点の小売戦略』千倉書房。
清水信年・坂田隆文［2012］『1からのリテール・マネジメント』碩学舎。
田村正紀［2001］『流通原理』千倉書房。

高嶋克義［1994］『マーケティング・チャネル組織論』千倉書房。
高嶋克義［2012］「小売市場における価格競争と差別化戦略」『国民経済雑誌』第205巻，第3号，1-13頁。
松田温郎［2012］「青果物流通における小規模小売業の衰退論理」『大阪経大論集』第63巻，第4号，189-201頁。

第7章

中小小売業マーケティングとしての販売促進

渡邉　孝一郎

　前章においては，主に中小小売業の価格に関するマーケティング的仕掛けをみてきたわけだが，本章では視点を少し変え，中小小売業の集団活動によるマーケティングについて考察していくこととする。

1. 中小小売業を取り巻く環境

　中小小売業を取り巻く環境は前章でも先述した通り，厳しい現状が続いている。近年では，独自のプライベートブランドや新サービスを常に模索する大規模流通企業の攻勢や，新業態としてのインターネット販売の拡大などによって，中小小売業はかつての競争環境とは異なる状況の中でより苦戦を強いられている。

　商業統計[*1]によると，小売事業所数は1982年の調査以降，減少の一途をたどっている。その中でも特に中小規模の小売商の減少が激しい。ピークであった1982年と比べると，4人以下の従業員規模の事業所は減少傾向が続いており，特に1～2人の従業員規模では約半数まで減少している。つまり小規模であればあるほど，その数を減らしているのである。一方で10人以上の従業員規模の事業所数は1982年に比べ2倍以上に増加しており，規模の違いにより増減数の明暗が分かれている。

図表7-1　従業者規模別の小売事業所数推移

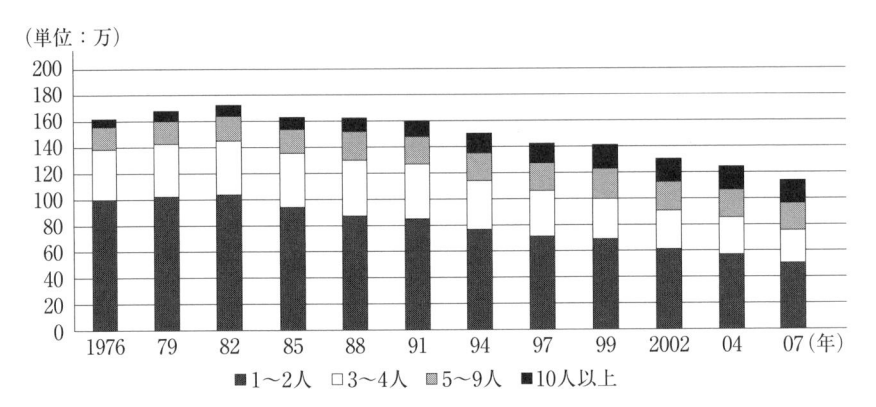

(単位：万)

■ 1〜2人　□ 3〜4人　■ 5〜9人　■ 10人以上

出所：商業統計をもとに筆者作成。

　さらに，中小小売業が多く集まる商店街も厳しい状況が続いている。商店街実態調査[*2]によると商店街の最近の景況に対して「繁栄している」と答えた商店街はたった1%であり，逆に「衰退している」が43.2%，「衰退の恐れがある」が33.0%となっている。そして中小小売業の占有率が高くなる小規模の商店街ほど，この衰退傾向は強くなっている。本来は商店街という商業集積を構成することで品揃え等を補完しあい，大規模小売店と対等に競争しようとするはずであるが，それもままならない状況が近年続いているのである。商店街の抱える問題としても「経営者の高齢化による後継問題」が63.3%，「集客力が高い・話題性のある店舗／業種が少ない又は無い」が37.8%と上位に挙がっており，商店街内部，つまり小売商自身にも多くの課題が山積していることも読み取れる。

　このように，中小小売業は鳥瞰的に分析すると，非常に厳しい環境に置かれていることがわかる。一般的に中小小売業は昔から大規模小売業に比べると，規模，人的資源，資金面など，様々な側面で不利な立場にあるとされてきた。さらに独自の技術力や加工力など中小規模ではあるけれども他社と差別化がある程度明確にできる要素がある製造業に比べて，模倣が比較的しやすく差別化の要素が少ない小売業にとっては，規模の違いが経営力の違いとして大きく影

響してくる傾向がある。

　ただこういった状況の中でも，中小小売業は依然として日本の流通においてその存在感が大きいことも否めない。先述した通り，その数自体は減少させながらも，依然として全小売事業所数の約9割を占め，年間商品販売額も約75％という状況にある[*3]。意外なほど強靭な生命力をもっているといっても過言ではないかもしれない。それではこれら現状をどう受け止めればいいのであろうか。つまり，厳しい環境の中で全体数では減少しているものの，依然として多数を占める中小小売業はいかにして存続してきたのであろうか。

2. 中小小売業に関する見解

　これまで中小小売業が厳しい環境の中でも存在している理由としては，いくつか指摘をされてきた。たとえば日本独特の住居・買い物環境への対応のためや，家族従業制度の存在などが理由に挙げられる[*4]。具体的には日本の住居スペースが狭く在庫保有コストが高いこと，日本人が鮮度を重視し加工食品よりも生鮮食品に強い好みをもっていること，買い物の移動コストが高いこと，労働生産性は低くても売り場面積の生産性が高いこと，家族従業の仕組みが柔軟で経済合理性を保有していることなどである。つまり，中小小売業は日本の商環境にうまく適応することで存続していると評価している見解である。ただ一方で，反対にある種，消極的に捉える見解も存在する。それは市場スラックという考え方で，急速な経済成長により零細商店でも存在できる市場の余裕が発生し，そのため零細・中小小売業は存続できているのだという見解である[*5]。この見解に従えば，近年の中小小売業の減少も経済成長の鈍化という点から説明が可能である。ただ，どの見解がより現象を的確に分析しているかという詳細な議論は別の機会に譲るとして，これら見解からいえることは，少なくとも中小小売業の存立根拠として中小小売業の外部要因が大きく影響しているということである。確かに小規模であればあるほど，自身が外部環境に与える環境は微々たるものになり，外部からの影響に大きく左右されることにな

る。

　それでは，中小小売業は外部環境要因によって如何ようにもなる弱い存在なのであろうか。中小小売業自体の努力や工夫といったものは，無力なのであろうか。確かにある商業者は「企業」を捨て「生業」として，十分な経営努力を怠っている場合も少なからずある。そういった商業者の存在が，商店街活性化などの局面で何度となく問題にされてきたことも事実である。高齢化や経営不振などにより後継者をみつけることもできず，十分な店舗管理・改修などを怠りがちになり，自身の生活を保つ最低限の活動しかしなくなる。その結果，商店街などに立地している場合，その商店街の商業集積としての魅力を低減させ，他店の経営不振まで招き，商店街がより魅力を失っていくという悪循環に陥ってしまうのである。このように，生業化した中小小売業によって，様々な問題が発生しているのも現実である。

　しかし，すべての商業者が生業と化したわけではない。厳しい環境の中で，いかに自身の経営を安定，さらには拡大させていくかを常に試行錯誤してきた商業者も当然のごとく存在する。その中では結果として中小小売業から大規模小売業へと変身を遂げていった商業者も少なからず存在する。ダイエー，イオン，イトーヨーカ堂やユニクロなど，現代日本の流通を大きく変えた大規模小売業も，創業当初はもちろん中小小売業であった。彼らは，時代の変化を敏感に読み取り，消費者のニーズを的確に把握し，革新的なシステムやサービスを導入することで消費者の支持を得て，日本を代表する小売業へと進化していったのである。

　もしくは，そこまでの企業家精神を持ち合わせなくとも，小規模ながらも個人的な関心や嗜好を反映させ，その行動自体から喜びや楽しみを得ようとする商業者もいる。彼らは一見上記のような企業家精神に溢れた商業者と比べ，やる気がないと判断されることもある。しかし彼らの品揃えは需要量の極めて小さい特殊商品を取り扱っており，大規模小売業では扱わない，もしくは扱えない品揃えを展開する。消費者にとっては商品の選択肢を増加させるなどの可能性があり，その存在力は大きいといえる。こういった点からも中小小売業は決して弱者ではなく，無限の可能性をもった存在でもある*6。

または自身の店舗だけでなく，自身が立地する地域や商店街を活性化させようと自店の外部にも努力の方向性を向ける商業者も近年注目を浴びている。彼らは街商人（まちあきんど）と呼ばれ，まちづくり活動や商店街活性化活動などで今や全国各地の商店街，ひいては地域のリーダーとして活躍している[7]。

このように中小小売業は経営方針から始まり，規模，立地，資金面等において非常に多様である。悪く言えばバラバラであるが，それゆえに様々な可能性や創造性をもっているともいえる。この多様性こそが，中小小売業の魅力ともいえるかもしれない。それでは，そうした中小小売業が，マーケティング活動を行おうとした場合，いかなる特徴が出てくるのであろうか。

3. 中小小売業のマーケティング

一般企業にとって今や，マーケティングという考え方なくして，長期の安定した成長を望むことは難しくなっている。大企業であればあるほど，マーケティングの重要性を理解し，積極的にマーケティングを取り入れ活動を行っている。その中で，中小小売業者も意識的にマーケティングを取り入れ，活動をしている者もいれば，マーケティングについては詳しく知っていたり，体系的に学んだりしたことはないけれども，無意識のうちにマーケティング活動を行っている者も数多くいる。そしてそれらマーケティングは大企業との競争環境の中で，中小小売業特有のものに変化しているという。

田中［2014］によると，中小小売業が生き残るための方向として，大規模流通業が得意とする合理的な側面とは異なる質の追求や情緒的な側面に注目する。その中で，徹底した地域特性に基づいたエリア・マーケティングが必要であり，競争優位性を確立するために，質的に差異化された商品づくりや地域に密着したキメ細かな情緒的コミュニケーションが必要になってくるとする。それは，単に機能的な要素である4Pの組み合わせにとどまることなく，経営者，作品，場，消費者コミュニケーションという異質な要素による多義的かつ多段階な意思決定として捉える必要性があるとする。

確かに中小小売業が大規模小売業と競争を行っていく場合，効率性や合理性といった側面からの消費者へのアプローチでは，どうしても不利な立場にあることは間違いない。特に大量生産された商品に関しては，ただその商品を仕入れて販売するのであれば大企業との価格面での競争優位性はほぼないに等しいであろう。しかし，それは中小小売業者も当然のごとく理解はしているはずであり，意欲のある商業者は新たな競争優位性の確立を目指そうとする。それこそがマーケティングの原点であり，中小小売業マーケティングの最初の段階だと言えよう。

　それでは，中小小売業マーケティングは，具体的にどのような方向性に向かうのであろうか。それは大きく2つに分けられるであろう。1つは単独でマーケティング活動を行っていく場合であり，もう1つは他者と協力して集団でマーケティング活動を行っていく場合である。それぞれ詳しくみていくこととしよう。

4．単独でのマーケティング活動の前提

　単独でマーケティング活動を行っていく場合においては，当然のことながらマーケティング活動のすべてを自分自身で行っていかなければならない。そのため前提として，店主個人のやる気，努力そして才能が重要となってくる。

　まずやる気に関しては当然のことながら活動の第一歩であり，解決すべき経営課題などのために真剣に取り組もうとするかどうかの意識が鍵となる。もともと意識が高い者もいれば，ある何かがきっかけとなってマーケティングを意識するようになる者もいる。きっかけは商売上でふと感じたことや，日常生活での気付きなど些細なことでも起こり得る。そういった意味でも基本的にマーケティング活動への道は誰にでも開かれたものであり，そのチャンスをうまく生かせるかどうかとなる。

　次の段階は，実際の行動としての努力が必要となってくる。日々のルーティンワークは予想以上に貴重な時間や意欲を削いでいく。特に小規模になればな

るほど，商店主自身の肩に圧し掛かる負担は大きくなる。その中で，どれだけ新たな活動を行っていくかを考える時間や意欲を捻出し，立案した計画を準備し実行に移し，そして効果を検証し，またそこから新たな計画を立案していけるか，この一連の流れを着実にこなしていかなければならない。企業家精神にあふれる商業者であれば当たり前の行動ではあるが，なかなかすべての商業者が実行するのは難しいのが現状である。ただこの段階を経ることで商業者の経営に対する意識や行動は大きく変化してくる。

　そして，最終的には商業者自身の才能も大きく関与してくる。他の言葉で表現するならセンスと言ってもよいかもしれない。一見同じような活動をしているようでも，感受性やタイミング，勘などなかなか言葉には表せない潜在的な才能によって，その成果は大きく変わってくることもある。残念ながらすべての商業者がマーケティング活動を行ったとしても成功するわけではないのも，この要因が大きい。特に中小小売業においては商店主の采配が直接自店に影響しているため，その責任も影響も当然大きくなる。この才能はそれぞれの商業者が生まれながらにして，または自身のこれまでの経験や運勢によって築き上げられたものであり，貴重な競争優位性の源泉の可能性となり得るのである。ただ，自身には才能が見出せないからといって最初から悲観することはなく，やる気や努力によりある程度の巻き返しも十分可能である。

　以上，単独でのマーケティング活動の前提について考察してきた。やる気，努力，才能のこの３点を基本的な前提としてマーケティング活動が行われていくわけであるが，活動を行っていくうちに商業者は新たな課題にぶつかることがある。それは単独の経営能力や経営資源ではどうしても実現できない事案が発生するためである。

　そこで次の段階として，他者と協力してマーケティング活動を行う，つまり集団的活動によってマーケティング活動を行うようになるのである。たとえば集客面で現在のある活動に対して限界を感じた時に，他者と協力しようとするかもしれない。資金面で不足を感じる時に，他者を頼ろうとするかもしれない。自店の立地している周辺環境を改善したい時に，自店を出て他者と活動するかもしれない。単独での活動以上に成果が見込まれれば見込まれるほど，集

団的な活動へとシフトしていく可能性は高くなる。

　もしくは，当初は全くマーケティング活動には興味はなかったが，たまたま参加した集団的活動によって，マーケティング活動へのやる気が出てくるといった場合もある。

5．集団的マーケティングの方法

　それでは，中小小売業が集団で活動を行う場合，どのような方法があるのだろうか。この集団化を組織化という観点で分析すると大きく2つに分類できる。まず1つは大企業との組織化であり，もう1つは中小企業等との組織化である。

　まず，大企業との組織化といったときに，代表的なものとして流通系列化とフランチャイズチェーンの2つが挙げられる。流通系列化とは，メーカー等が自らのマーケティング計画に基づいて卸売業者や小売業者を組織化することで，その活動を管理・統制することであり，第二次世界大戦後，本格的に展開されてきた。中小小売業は大規模メーカーの系列店になることで，その品揃えや価格，経営ノウハウなど様々な恩恵を受けるシステムであり，家電流通や化粧品流通などで一時隆盛を築き上げたシステムである。ただ家電量販店やドラッグストアなどの大規模小売業の進出・発展によって，現在では流通系列化のメリットは弱体化している[*8]。

　その後，大企業と中小企業との組織化として主流となってきた仕組みがフランチャイズチェーンである。これは主にコンビニエンス・ストア業界や飲食店などのサービス業界で多くみられる組織化である。たとえばコンビニ業界であれば，中小小売業は大手コンビニとフランチャイズ契約を結び，中小小売業は商標をはじめ，商品，ノウハウ等を使用し，その対価としてロイヤルティを払う方式である。よって中小小売業はフランチャイズチェーンの一員として組織的活動を行っていく。この組織化に関しては，自身の経営不振に悩んでいた中小小売業にとっては，比較的短期間でかつ簡単に新しい商売を始められるとい

うメリットがある。大企業にとっても短期間でかつ低費用で新規出店が可能になることから積極的にこのシステムが活用されてきた。

これら中小小売業と大企業との組織化は一般的に両者の共存共栄の実現を目指してきたと言える。両者は本来であれば競争関係にあり，特に中小小売業にとっては大きな脅威となる存在であるが，組織の一員となり自身の安定した経営を可能にするという点で，非常に優れたシステムであると言える。ただ一方で，問題がないわけでもない。先述した通り，すでに流通系列化は時代遅れのシステムとなり，フランチャイズチェーンに至ってもロイヤルティの関係などで，共存共栄が実現できない部分も多々問題化してきている[*9]。そういった意味では，中小小売業の組織化といった場合でも，依然として大企業の影響下に置かれており，真の独自のマーケティング活動とは言い難い。

そこで出てくるのが，中小企業等との組織化である。この組織化には様々な形が存在する。一般的なものとしてはボランタリー・チェーンや商店街組織が挙げられる。

ボランタリー・チェーンとは，多数の同業者が個々の独立性を維持したまま連携し，仕入れや保管・配送・販売促進などを共同化し，規模の利益を享受することをめざす企業間組織である。フランチャイズチェーンと違い，加盟店が主体となって本部を設置しており，加盟店同士の相互助成が可能である点がその特徴である。その歴史は古く，類似したものは戦前の商業組合から始まり[*10]，1960年代以降の流通近代政策の一環としても，中小小売業の近代化という観点からボランタリー・チェーン化が推進されている。ただ，独立性の維持という点から，店舗や品揃えの面で標準化が進まず，規模の利益を十分に上げられないという課題も存在しており，フランチャイズチェーンと比べ，その普及は限られたものとなっている。

次に商店街組織とは，ある一定の範囲内に店舗が集積し，そこで組織的な活動を行うため組織化されたものであり，商店街振興組合や商店街協同組合などの法的根拠に基づいて構成された組織もあれば，商店会などの任意団体の組織もある。さらには，上記のような地縁などの何らかの縁によって結ばれた組織で，その縁がある限り基本的に全員が組織構成員となる所縁型組織（地縁的組

織）もあれば，同じ目標をもった者が共同事業を行うために自発的に集まって作った仲間型組織も多く見受けられる。近年の若手でやる気のある商店主が集まって局所的にイベントを企画し実行したりするのが典型的な例である[*11]。

　これら組織の目的は，共同で様々な活動を行うことで，単独の活動では実現し得ない成果を得るためであり，その成果とは自店の売り上げ増加を基本に，集団全体の売り上げ増や客数の増加，周辺地域の環境改善など多岐にわたる。さらには，地域住民や地域団体などの組織と共同で活動を行っているところもあり，商店街における集団的活動といってもその形式は多様化している[*12]。

　いずれにしても，多くの中小小売業がこのような集団に属し，様々なマーケティング活動を行っている。それでは，中小小売業が主体となる集団的マーケティングには，単独でのマーケティング活動と比べ，どのような可能性を秘めているのであろうか。

6. 集団的マーケティングの可能性

　田中［2014］では先述した通り，中小小売業マーケティングでは，まずは徹底した地域特性に基づいたエリア・マーケティングが必要であるとする。エリア・マーケティングにおいては，周辺の地域住民のニーズや情報が原点であり，最も重要な要素となってくる。地縁性の強い中小小売業にとっては彼らのニーズや情報の収集は経営安定・拡大のためには必須であり，そのためそれらニーズや情報を効率よく，効果的に得るための手段として集団化は大きなカギを握ってくる。集団に属することにより，単独では得られないより多様で広範囲な情報を得られるとともに，同時に新たな人間関係の広がりから新規顧客を獲得する可能性も出てくる。そういった意味では，中小小売業が集団に属することは将来の顧客となる地域住民のきめ細かいニーズを把握するエリア・マーケティングの第一歩となる。

　次に，質的に差異化された商品づくりや地域に密着したキメ細かな情緒的コミュニケーションが重要となってくる。この場合においても集団的マーケティ

ングのメリットは十分にある。確かに，大量生産された商品をただ単に並べただけでは，大規模小売業との競争には勝てないであろう。しかし，製造小売業のように小売業自身が商品に独自の加工を加えれば，商品は作品となり，差別化の可能性が広がってくる。もしくは大企業では仕入れない小規模生産されたものや希少価値のある商品などによって独自の品揃えを構成し，差別化を図ることも可能である。魅力ある中小小売業の品揃えには大規模小売業がまねできない商品や商品への思いが詰まった作品が店内に並べられていることが多い。そういった意味では，商店主である経営者自身も差異化の対象となる。店舗を見ても，品揃え，レイアウト，接客などすべてが唯一無二の存在であり，経営者の個性や感性が中小小売業では溢れている。顧客の中には商品だけではなく，そういった経営者が作り上げた世界観に惹かれてファンとなり来店する者も多いはずである。商品は毎回購入しなくとも，店主である経営者や従業員とのコミュニケーションをしたくて頻繁に来店するといった事例も当てはまるであろう。経営者自身が商品の一部となっているのが中小小売業の特徴ともいえる。

　ただ，ここで問題なのはそうやって揃えた商品（作品）や経営者をいかに消費者にアピールをしていくかである。単店でのプロモーション活動が可能な店舗もあれば，そうでない店舗も存在する。プロモーション活動が苦手で，自店の魅力を十分に発信できていない店舗も多く見受けられる。そのような場合に集団的活動は有効となる。集団でプロモーション活動を行うことで，予算や人員の面で余裕ができたり，各店舗の魅力を合わせることで相乗効果が生まれたりなど，活動範囲の幅が大きく広がるのである。特に商店街組織であれば，商店街が立地する周辺地域へ効率的に商店街全体の作品を伝えることが可能である。たとえば，近年全国各地で実施されている100円商店街やバルの仕組みも，たった一店で活動をしたところで，それは話題にもならないし，客を引き付けるには不十分であったであろう。さらには商店街として活動することで，マスコミの取材も受けやすくなり，より一層効果的なプロモーション活動が可能になるといったメリットもある。

　他にも中小小売業のプロモーション活動の特徴として，商店主の写真や似顔

絵を掲載した商店街のガイドブックやパンフレットをよく目にすることがある。商店の紹介として一押し商品とともに商店主が紹介されているものである。あるものは，商品の紹介もなく商店主や従業員のみの紹介をしたものもある。これこそ，商品そのものが販売者である小売業者の情緒性と繋がっていることを示している1つの事例だといえる。個性あふれる商店主が集まっていることを，地域住民にわかりやすい形で伝えていくことで，「商品と人」との関係から「人と人」への関係，つまり強固な人間関係を構築し，地域に密着したキメ細かな情緒的コミュニケーションを行えるようになるのである。

このように，集団的マーケティング活動を行うことで，個別的にマーケティング活動を行う場合よりも，効果的に活動を行うことが可能となる。さらに集団的マーケティング活動のメリットはこれだけではない。それは活動を共にする仲間との関わり合いから発生する産物の存在である。

活動を共にするということは，そこでは雑談から始まり，話し合い，打ち合わせ，会議など様々な場面でコミュニケーションが交わされる。時には激しい議論を交わし，時には意見の食い違いから衝突が起こることもあるであろう。それでも，少なくとも同じ目標をもった，もしくは共感する何かをもっている仲間と関わることで，お互いに刺激しあう環境が形成される。それはマーケティング活動自体に始まり，経営に関する考え方や人生観など様々な面に影響してくる。時には人生の起点となる出会いがあるかもしれない。実際に近年の商店街活性化の成功事例でよく挙げられる高松丸亀町商店街では街元気リーダーが活動の中で靴店からうどん店に業種転換をしていることは有名である。業種転換とまではいかないまでも，自分たちのこれまでの経営方法や価値観を共有しあうことで，そこから新たな何かが生じる可能性は大きく，集団的マーケティングはきっかけを提供する場でもある。そういった意味で，集団的マーケティングは個別の中小小売業のマーケティング活動のトリガーともなり得るものであり，その可能性は非常に大きいといえる。

7. 集団的マーケティングの課題

　ただ，集団的マーケティングに課題がないわけではない。実際に，先述した通り，多くの中小小売業が厳しい環境に立たされており，集団的マーケティングがすべてうまくいっているわけではない。それでは，どのような点が課題となっているのであろうか。

　たとえば，商店街組織であれば，その主体の多様性から集団をコントロールできないという課題がある。所縁型組織である商店街振興組合や協同組合では商店街のハード事業からソフト事業まで様々な活動が集団的マーケティングの範疇に入るわけであるが，全員参加や全員一致，負担の平等などの原則を守れば守るほど，活動が制限されるのが現実である。特に商店街全体に関わるハード事業などでは，どうしても所縁型組織での活動となってしまう。そうなった場合に，本来の目的遂行が困難となり，十分な成果を得られなくなってしまう。このような課題を解決するためにも，たとえば有志が中心となった仲間型組織で局所的にマーケティング活動しながら事業を遂行するなどの工夫が必要となってくる。決して異質性が高い集団が悪いわけではなく，それをコントロールしていける合意形成などの仕組みづくりが，集団的マーケティングの成否のカギを握ることとなる[*13]。

　他にも近年のまちづくり活動においても，その成果をどのように検証，評価すればよいかについて課題が残っている。近年では商店街での集団的活動がまちづくり活動とかなりの部分で連動している事例が主流となっている。一見，まちづくり活動はマーケティング活動とは直結しないように思われる。一般的にまちづくり活動では，地域住民とともに地域の様々な課題を解決しより住みやすい環境を整備することが目的となる。それでは，中小小売業にとってまちづくり活動とはどのような意義をもつのであろうか。そのヒントとなるのがカキ養殖業者の植林活動である。

　牡蠣で有名な南三陸や広島では，牡蠣の養殖業者が，湾に注ぐ川上流域で植林活動を展開している。一見，植林活動と牡蠣養殖とは関係ないように感じら

れるが，牡蠣のエサとなる植物プランクトンの源が山の落ち葉が作る腐葉土であることに地元漁師たちが着目し，木を植え始めたことからこの活動が広まっていった。牡蠣の養殖であってもより良い漁場を見つけてそこに移動することも可能であろう。しかし木を植える漁師たちは，現在の漁場を離れることなく，長期的な視点に立ち活動を続けている。現在ではこういった活動の結果，海をよみがえらせるために森を育てる運動が全国各地に広がっている。

　中小小売業のまちづくり活動も同じロジックと言えよう。一見まちづくり活動は効率的なマーケティング活動には見えないかもしれない。しかし，長期的な視野に立てば自身の商圏や関連深い地域の環境を改善することで，人口の増加や地域コミュニティの活発化などの減少が期待される。さらには活動を通して地域住民との交流から，自店の顧客へと誘導することも可能となる。また活動そのものがシンボリックな側面が強いことも，より多くの主体を巻き込むことを可能にしており，情緒的コミュニケーションを重視する中小小売業のマーケティング活動として十分な可能性を秘めている。

　ただ，課題としてまちづくり活動などは長期的な視点が必要ということもあり，短期的な成果や明確な成果を見出すことが難しい一面もある。特に短期間で成果を上げなければいけない経営者にとっては，そんな悠長な事を言っていられない場合もある。この点に関しては，今後長期的な活動をいくつかの時期や内容で区分し，その区分ごとに成果を評価したり「まちづくり会計」[*14]を導入したりなど，検討していく必要があるであろう。

8. おわりに

　中小小売業は集団的マーケティング活動を行うことで，本来もっている魅力をより多くの消費者に発信できると同時に，多様な情報を広範囲から収集できるようになる。集団的活動を行う際の，多様な主体間の関係を調整していく難しさは残るものの，それをうまく乗り越えれば，大企業のマーケティングでは困難な，地域密着型のきめ細かな情緒的コミュニケーションを駆使したマーケ

ティング活動が可能となる。

　つまり中小小売業の集団的マーケティング活動の意義は，単独でのマーケティング活動を補完する役割とともに，経営者としての自己成長の機会ともなり，さらにはその成果を地域社会に還元できる点が挙げられる。そういった意味でも，集団的マーケティングについての具体的な事例や内容を整理し，援用可能なシステムの普及や，理論的な研究などが今後より一層求められるものとなる。

注

*1　平成19年（2007年）商業統計並びに昭和57年（1982年）商業統計より。
*2　平成24年（2012年）度商店街実態調査報告書より。
*3　平成19年（2007年）商業統計の就業者数49人以下の中小規模の事業所をここでは言う。なお，日本の流通構造に関して，これまで先進諸国と比べて，小売業の過小過多性，低生産性，零細性などの特徴があり，このような特徴が日本の流通構造を複雑にし，結果として先進諸国と比較して後進的であると指摘もされている。
*4　詳しくは丸山［1992］，石井［1996］を参照のこと。
*5　詳しくは田村［2008］を参照のこと。
*6　こういった自己目的志向の小売業者に注目したのが，小宮［2003］である。詳しくは小宮［2003］を参照のこと。
*7　街商人という言葉は天神橋筋商店街で商売をしていた土居年雄氏の造語であり，彼自身も街商人の一人として活躍している。詳しくは，土居［2002］を参照のこと。
*8　たとえば，商業統計によると電気機器器具小売業は昭和57年には7万1千店あったものが，平成19年には4万店を切っており，街の家電店を取り巻く状況は厳しいのが現状である。
*9　コンビニエンス・ストアのロイヤルティ問題については，金［2001］を参照のこと。また2009年6月には公正取引委員会が，セブン-イレブン・ジャパンがフランチャイズチェーン（FC）加盟店に対して売れ残り商品の値引き販売を不当に制限したとして，独占禁止法違反（優越的地位の乱用）で排除措置命令を出している。
*10　戦前においては商業組合法によって，商品の仕入れ，保管，共同売り出し，共同広告などの共同事業を期待された同業種組合として多く設立された。
*11　近年の傾向としては所縁型組織での活動よりも仲間型組織での活動を積極的に進めている商店街が多くなっている。なお，所縁型組織，仲間型組織のバランス問題や課題については石原［2006］を参照のこと。
*12　平成24年（2012年）度商店街実態調査報告書によると，各種団体等との地域連携が

あると答えた商店街は73.8%となっている。
*13　この点に関しては，田中［1995］や石原［2006］が詳しく検討している。
*14　詳しくは，田中［2006］を参照のこと。

参考文献

石井淳蔵［1996］『商人家族と市場社会』有斐閣。
石原武政［2006］『小売業の外部性とまちづくり』有斐閣。
金　顯哲［2001］『コンビニエンス・ストア業態の革新』有斐閣。
小宮一高［2003］「自己目的志向の小売商と品揃え形成」『流通研究』第6巻第1号，81-93頁。
田中道雄［1995］『商店街の経営の研究―潮流・変革・展望―』中央経済社。
田中道雄［2006］『まちづくりの構造　商業からの視角』中央経済社。
田中道雄［2014］『中小企業マーケティング』中央経済社。
田村正紀［2008］『業態の盛衰　現代流通の激流』千倉書房。
土居年樹［2002］『天神さんの商店街―街いかし人いかし―』東方出版。
丸山雅祥［1992］『日本市場の競争構造』創文社。

第8章

中小サービス業の販売促進活動

南方　建明

1. 中小サービス業の販売促進の特質

　サービス業の範囲は非常に幅広く，理容・美容業のような一般消費者を対象とした「対個人サービス」から，ソフトウェア開発やビルメンテナンスなど事業所を対象とした「対事業所サービス」までが含まれる[1]。

　「対事業所サービス」においては，顧客はある程度の専門的な知識をもっており，かつ発注に際しては複数の企業にプレゼンテーションを求めたり，見積もりをとることが一般的である。また，一定のサービス品質を保証する「サービス・レベル・アグリーメント」[2]や，サービスの成果に応じて価格を決定する「パフォーマンス契約」[3]なども行われており，サービスが無形であるために生じる顧客リスクの軽減がなされている。

　他方，「対個人サービス」においては，一般的に顧客は専門的知識をもっておらず，当該企業を初めて利用する際に，その品質を事前に評価することは難しい。そのため，サービス利用に際して不安を抱くことも多く，その販売促進のあり方は対事業所サービスとはかなり異なるといえる。そこで，本章では「対個人サービス」の販売促進に焦点をあてて論述することとする。

　さて，中小サービス業の販売促進活動を特徴づける点は，①その主体が大企業ではなく中小企業であること，②有形の「モノ」ではなく無形の「サービ

ス」の販売促進であることである。

1.1　対個人中小サービス業の販売促進

　中小企業基本法では，サービス業における中小企業は「従業員規模100人以下または資本金規模5,000万円以下」と定められている。一般的に中小企業は経営資源に恵まれず，また大企業と比較して生産性が低いために，意欲ある中小企業を政策的に支援しようというものである。しかし，サービス業においては中小規模でも大規模企業と比べてそれほど遜色ない生産性をあげている業種もあり[*4]，必ずしも中小企業が競争面で大きな不利を抱えているとはいえない。逆に言えば，サービス業は中小企業が活躍しうる領域が広いといえる。

　ただし，ブランド力という点で中小企業が不利を抱えていることは否めない。新規顧客の開拓においては，ブランド力が高いサービス品質をイメージさせ，販売促進面の効果が大きいといえるが，全国的に知られたブランドの形成は大企業でこそ可能である。しかし，中小サービス業においても限られた商圏内では高い知名度や信用を獲得することができる。「対個人サービス」においては，ハウスクリーニング業のように顧客先まで出向くことが必要な業種もあるが，多くは顧客がサービス業の施設（店舗）まで出向く形態である。そのため，「対個人サービス」は小売業と同様に一定の商圏範囲をもつ。そして，その商圏範囲はテーマパークなど極めて広い業種もあるが，一般的には狭い。したがって，売上規模を拡大するためには多数の店舗を展開することが必要となる。他方，中小企業では商圏内における高い知名度や信用の獲得が大企業のブランド力に匹敵する販売促進になるといってもよい。

1.2　無形の「サービス」の販売促進

　「サービス」は無形であるがゆえに，その品質を利用前に評価することは難しい。「モノ」はその品質を評価したうえで購買する，いわゆる「探索財」としての性格をもつ。しかし，「サービス」はその品質を利用前に評価すること

は一般的に困難であり，利用して初めてその品質を評価できる「経験財」，あるいは利用した後でも品質を評価することが困難であり，その品質評価には利用後しばらくの時間が必要とされる「信用財」としての性格をもつ[*5]。「信用財」の一例として，歯科医院で虫歯の治療をしてもらった後，詰め物が直ぐにとれてしまうか，逆に長期間にわたって問題なくフィットするか，すなわち歯科医院のサービス品質は治療を受けた時点では十分には判らないということがある。

　メーカーブランドによって品質が保証されている「モノ」においては，他店よりも低価格であることを訴求する広告はたしかに有効であろう。しかし，中小サービス業において新聞折込みやポスト投込みチラシなどによって低価格を訴求することは，無形のサービスの品質を伝えることの難しさもあって，必ずしも効果的であるとはいえない。

2. 中小サービス業の販売促進手段

2.1 プロモーションミックス

　販売促進とは，企業から顧客に向けた情報伝達であり，その情報伝達手段は一般的には「広告」（テレビ，雑誌などによる有料の情報伝達），「パブリシティ」（メディアにおいてニュースや記事として取り上げられることによる無料の情報伝達），「人的販売」（販売員による情報伝達），「セールス・プロモーション（SP）」（プレミアム，コンテスト，ノベルティ，セールスショー，クーポン，スタンプ・ポイントなど）の4つに大別される。

　なお，「サービス」は無形であり，その品質を訴求することが難しいために，新規顧客の開拓は容易でない。そのため，一度利用してくれた顧客の満足を獲得し，良好な関係性を構築すること，高いロイヤルティを形成しリピート利用してもらうこと，また高いロイヤルティをもった顧客による紹介やクチコミによる新規顧客の開拓が有効である。

ここで,「クチコミ」は非常に有効な集客手段であることは間違いないが,企業にとって管理不可能な要因である[*6]。そのため,「クチコミ」を販売促進手段に含めることには異論もあろうが,消費者の企業選択動機として非常に重要であるため,本章では販売促進手段に含めることとする。また,サービスは一度提供すると,元の状態に戻すことはできないという「不可逆性」がある。そこで,顧客とサービス企業との約束,すなわちサービス品質の「保証」,および品質に問題があった場合の「補償」も,サービス業の販売促進手段として含めることとした。

　そこで,中小サービス業の販売促進手段は次の7つからなるものと考えた。

---

①顧客自身の利用経験,②他者の利用経験(クチコミ,SNS),③パブリシティ,④広告,⑤人的販売,⑥セールス・プロモーション(SP),⑦顧客との約束(保証と補償)[*7]。

---

(1) 顧客自身の利用経験

　無形であるサービスの品質を評価するためには,少なくとも一度は利用することが必要である。その利用経験によって,次回のサービス利用に際しての期待が形成されると考えられる。顧客は,利用したサービスに満足すれば,次回も満足できるサービスが提供されると期待するであろう。すなわち,顧客に満足してもらうサービスを提供することが最も効果的な販売促進手段であることはいうまでもない。

(2) 他者の利用経験(クチコミ,SNS)

　顧客自身の利用経験には及ばないものの,新しいサービス企業を利用するに際して,他者の利用経験を参考に企業を選択することも多い。とくに信頼できる他者による評価であれば,自らの利用経験と同様に企業選択に大きな影響を与えるであろう。家族や親しい友人からのクチコミの影響は大きい。美容院や英会話教室が既存顧客からの紹介に特典を用意するのは,そのためである。「顧客自身の利用経験」および「他者の利用経験」のいずれもが販売促進手段

として大きな役割を果たしており，一度利用してくれた顧客の満足をいかに高めるかが販売促進面の重要な課題となる。

　クチコミで伝えられる情報は，サービス企業にとってプラスの情報とマイナスの情報がある。プラス情報のクチコミは，新規顧客の開拓に極めて有効なものとなる。しかし，マイナス情報のクチコミは，商圏が限定された中小サービス業にとっては存続にかかわる悪影響をもたらす。クチコミは一般的にプラス情報よりもマイナス情報の方が伝わりやすいといわれている。

　また，近年ではSNS（Social Networking Service）の有効活用が課題となっている。図表8-1は，主なSNSの特徴とそのメリット・デメリットについてまとめたものである。SNSでは，「ネットワーク外部性」が働き，大規模なメディアは急速に加入者数を増やしていく[*8]。SNSにおいても，クチコミと同様に，プラス情報ばかりを期待することや，過度にSNSに期待することは危険である。クチコミやSNSによる販売促進活動は，高い品質のサービスが提供されているからこそ有効に作用する。サービス品質の向上を図ることが最優先であり，SNSによる集客効果に過度に期待してはならない。

　LINE@では，販売促進を支援するサービスも充実しつつある。リアルタイムでメッセージを送ることが可能であり，プッシュ通知もできる。店舗情報を「お店ページ」に掲載することができ，「お店トーク」を用いた予約の受け付けや問い合わせ対応など，双方向でメッセージをやりとりすることが可能である。また，店の固定電話に電話をかけて予約をすることもできる。他方で，LINE@を利用した予約管理など店舗側の業務負担が増えること，さらに多額の費用の支払いが必要となる公式アカウントと比較するとPR手段が限定され，認知されにくいという問題もある。そこで，顧客をLINE@に誘導するためのQRコード（2次元バーコード）を店内に設置したり，自社Webサイト内に「友だち追加ボタン」を設置するなどの対応が求められる[*9]。

(3) パブリシティ

　広告が有料であり，顧客の需要を喚起するための企業側の一方的なメッセージであるのに対して，パブリシティは無料であり，ニュースや記事という形で

図表8-1 主なSNSの特徴とメリットとデメリット

	特徴	投稿内容	潜在顧客	メリット	デメリット
Twitter	フォローしてくれたユーザーにリアルタイムに情報を届けることができる。ハッシュタグなどの仕組みを使うことで、キャンペーンなどに利用できる。	文字、画像、リンク、動画。	自社アカウントに対する潜在フォロワーを潜在顧客とする。	気軽に情報発信でき、自由に発信できる。リアルタイム性も高い。	フォロワーが少ないと影響力が小さい。文字数が少ないため、十分な情報が発信しにくい。
Facebook	Facebookページを作成・運営して情報発信する。Facebookページに「いいね！」を押したユーザーに情報を届けることができる。広告を出したり、写真コンテストやキャンペーンも開催できる。	文字、画像、リンク、動画。	ファンページを作って「いいね！」を押したり、[コミュニティ]を形成して登録した人を潜在顧客とする。	クローズドな環境でやりとりしつつ、オープンな環境でも情報発信できる。	実名で利用することが前提なので、情報発信に抵抗を抱く場合がある。
LINE@	LINE@は、店舗をもつ企業が利用できる。LINE@では、「友だち」に追加してくれると情報を届けることができる。ユーザーのスマートフォンにダイレクトに情報が届くので、販促効果が期待できる。クーポンや抽選などを簡単に行うことができる。	メッセージ、PRページ、クーポンなど。	個別に「友だち」になった人を潜在顧客とする。	1対1のコミュニケーションが多数可能で、情報発信力やリアルタイム性が高い。	潜在顧客全体への周知（オープン性）が弱い。

(注) 利用料金は、FacebookおよびTwitterは無料、LINE@は月次メッセージ配信数が1,000通までは無料、5万通までは月額5,400円で利用できる。

出所：安岡 [2014] 157頁（シード・プランニング「ソーシャルメディアと地域活性化事業の最新動向（2011年版）」をもとに作成、および深谷 [2014] 27–28頁、LINE@HP 〈http://at.line.me/jp/〉より作成。

メディアに無償で取り上げられるものである。メディアの目を通しているだけに，企業側の一方的な売込みとは異なる客観的なものとして受け取られることが多く，企業イメージの向上や販売促進にとって効果的である。

新しいサービスや特徴のあるサービスは，パブリシティとして取り上げられることが期待され，有効な販売促進手段となる。パブリシティは，メディアからの取材に応じて取り上げられる場合と，報道関係者を招待したり，記者発表という形で，企業側からメディアに積極的に働きかける場合がある。今日では，後者のメディアへの積極的な働きかけをいかに効果的に行うかが課題となっている。

(4) 広　　告

広告とは，明示された広告主が非人的媒体を用いて，有料で企業のイメージアップや販売促進を目的として情報を伝達するものである。2014年における媒体別の広告費の内訳をみると，マスコミ4媒体45.8%（テレビ29.8%，新聞9.8%，雑誌4.1%，ラジオ2.1%），プロモーションメディア（屋外，交通，折り込み，ダイレクト・メール，フリーペーパー・フリーマガジン，店頭販促物，電話帳，展示・映像他）35.1%，インターネット17.1%，衛星メディア関連（衛星放送，CATVなど）2.0%となっている[*10]。

マスコミ4媒体の割合は，1997年の65.6%をピークに減少傾向にあり，2000年65.0%，2005年54.8%，2010年47.5%，2014年45.8%と推移している。他方，インターネット広告の割合は，2000年1.0%，2005年5.5%，2010年13.3%，2014年17.1%と急増し，2009年には新聞の割合を上回り，2014年には新聞を7.3ポイント上回るに至っている。

これらの広告媒体には，それぞれ長所・短所があり，自社にとってどの媒体が有効か，またこれらの媒体をいかに組み合わせるか（メディア・ミックス）が課題となる。

「サービス」は無形であることから，「モノ」と比較するとサービス品質を伝えることは容易ではない。そのため，「サービス」を広告する場合は，イメージ化された広告や「サービスの有形化」が用いられる。「サービスの有形化」

とは，本来は無形のものを目に見える形として訴求することである。たとえば，ホテルにおいてトイレットペーパーの先端を三角形に折るのは，顧客のチェックイン前になされた清掃作業を有形化したものである。ハウスクリーニングにおいて，台所の換気扇の清掃前と清掃後の写真を対比させることも，清掃という無形のサービスを有形化したものである。美容業において美容技術コンテスト入賞の表彰状やトロフィーを飾っているのは，美容技術という目に見えないサービスを有形化したものといえる。また，従業員のユニフォームが清潔であれば，安全・安心な環境下でサービスが提供されることを訴求するものとなろう。

(5) 人的販売

人的販売（販売員活動）は，広告のような一方的な情報発信ではなく，双方向のコミュニケーションによって顧客ニーズを把握し，それにきめ細かく対応した情報提供が可能である。さらに，顧客との信頼関係や関係性を築くことができれば，有効な販売促進手段になることは間違いない。ただし，人件費はその他の販売促進コストと比較して非常に高いという問題点がある。

(6) セールス・プロモーション (SP)

セールス・プロモーション (SP) には，プレミアム，コンテスト，ノベルティ，セールスショー，クーポン，スタンプ・ポイント[11]，およびサービス独特のものとして「無料体験・お試し価格」がある。

1) プレミアム：景品のことであり，サービスを利用したらもれなくついてくるもの，先着順や抽選でもらえるものなど。
2) コンテスト：クイズやアンケート，コンクールなどで応募者を集めるもので，必ずしもサービスの利用を前提とはしない。知名度を高めたり，サービスに興味をもってもらうために用いられる。
3) ノベルティ：記念品，謝礼品として提供し，ボールペンやカレンダーなどに企業名やブランド名などが入っており，使用しているうちに名前を覚えたり，親しみをもってもらう。

4) セールスショー：展示会や見本市，発表会などでプロモーションを行い，その特徴について理解してもらう。
5) クーポン：新聞，雑誌，折込みチラシ，店頭での配布，ホームページから印刷などの形で配布される。対象となっているサービスを利用する際に，そのクーポンを持参した場合は，記載された金額の値引きを受けられる。
6) スタンプ・ポイント：スタンプの押印，シールの配付（何枚かのシールを台紙に貼れば金券として使用できる），ポイントなどによる実質的な価格の引下げ。
7) 無料体験・お試し価格：無料やお試し価格によるサービス利用は，顧客が抱く不安を取り除き，またサービスの品質を伝え，継続利用してもらうための手段として有効。

(7) 顧客との約束（保証と補償）

サービスの「不可逆性」という特性は，サービス利用をリスクの高いものとしている。顧客はサービスが期待通りに遂行されなかった場合のリスクを見込む。サービスに関して，何らかの不確実な要素があれば，顧客はサービス利用を躊躇する。

そこで，そのリスクを低減させる効果をもつのが事前の約束，すなわち「保証」と「補償」の告知である。サービス品質を「保証」し，サービス品質に問題があったときにどのような「補償」ができるかを約束することは，顧客のサービス利用に対する事前のリスク認知を引き下げる効果がある[12]。

2.2 既存顧客の維持と新規顧客の開拓

販売促進活動を効果的に展開するためには，既存顧客の維持を目標とするのか，新規顧客の開拓を目標とするのかを明確にする必要がある。

(1) 既存顧客の維持

サービス業において「顧客維持コスト」と「顧客獲得コスト」を比較すると，「顧客維持コスト」の方が格段に低いといえる。既存の顧客の満足を獲得し，リピート利用してもらうこと，さらに新規顧客を開拓するにあたっても既存顧客のクチコミが有効であることは間違いない。そのため，スタンプやポイント等の「フリークエント・プログラム」の提供，さらに新規顧客を紹介してくれた既存顧客，および既存顧客の紹介によって来店した新規顧客に対する特典を用意することは効果的である。

(2) 新規顧客の開拓

新規顧客の開拓においても，既存顧客のクチコミや紹介が有効であることは先に述べた通りであるが，より積極的な販売促進活動として，メディアの目を通した客観的な評価として受け止められる「パブリシティ」が効果的である。また，サービスの経験財的性格に鑑みると，無料体験やお試し価格による新規顧客開拓も確実性が高い販売促進手段である[*13]。広告や人的販売に際しても，可能ならば「保証」と「補償」を訴求することにより，顧客が抱くリスクを軽減する方策が有効である。

3. 顧客との関係性の構築と過剰期待の抑制

3.1 満足・不満足の形成

顧客が抱く満足・不満足という感情は，顧客の「購買前期待」と実際に提供された「サービス品質」との差として認識される。購買前期待よりもサービス品質の方が高ければ「満足」，逆に購買前期待の方がサービス品質よりも高ければ「不満足」と認識されることになる。ただし，サービス品質の認知は，「モノ」と比べて客観性に乏しく，客観的なサービス品質は知覚矯正によって主観的に変容されることになる。この場合，客観的なサービス品質が購買前期

待に引き寄せられる方向で矯正されて認識されることを「同化作用」，逆に購買前期待とは乖離する方向で矯正されて認識されることを「対比作用」とよぶ[*14]。

サービス企業を初めて利用するに際しては，企業が提供する「手がかり」[*15]やサービス価格，クチコミ情報等により，一定の期待レベルを形成することになろうが，2度目の利用に際しては前回の経験が期待レベルを形成することになる。

仮に，最初のサービス利用の際に購買前期待を上回るサービス品質が提供され，「満足」と評価されると，次回に当該サービスを利用する際には，そのサービス利用経験が購買前期待のレベルを形成することになる。そのため，前回と同じサービス品質を提供しても，購買前期待とサービス品質は同程度となり，満足でも不満足でもない状態と認識されてしまう。すなわち，常にサービス品質を向上させない限り，「満足」という評価を維持できないことになる。しかし，それは現実的には不可能であり，そこで重視されるのが顧客との関係性の構築である。

3.2 関係性の構築

なじみの美容院において，「いつもの通りでお願いします」というサービスの依頼で済むのは，美容院側からみれば当該顧客はこのような髪形や長さを好む，顧客側からみればこの美容院へ行けばいつも自分が気に入っている髪型にしてもらえ，失敗のリスクがないという相互の情報蓄積によるものである。

英会話のレッスンでは，教師に顧客情報が蓄積されればされるほど，当該顧客の英会話能力をより的確に把握することができ，これまでの経験を踏まえた教育がなされるはずである。さらに，顧客（生徒）と教師との間に良好な人間関係が形成されていれば，顧客は余計なストレスを感じることなく，英会話のレッスンに専念できるであろう。他の英会話教室にスイッチすることは，これらの情報の蓄積や関係性を失うことになる。すなわち，スイッチング・コストが高いといえる。顧客とサービス企業との関係性が構築されれば，顧客のロイ

ヤルティが形成され,「満足」という評価を維持することが可能となる。

　顧客との関係性強化に影響を及ぼす要因は,大きく以下の3つに整理することができる[*16]。

① <u>「本質サービス」の確実な提供</u>である。「本質サービス」は,たとえば医療サービスにおける診察あるいは治療行為である。他方,待合室の快適性は「表層サービス」である。待合室がいかに快適であったとしても,「本質サービス」の品質が低ければ,顧客との良好な関係を保っていくことはできない。

② <u>顧客との結びつきの強化</u>である。たとえば,ポイントで買物できるプログラムやクーポンの発行など,金銭的なメリットを提供して関係性を維持する。あるいは,顧客に親近感をもってもらうこと,お互いの「顔」がみえる関係を築くことである。医者と患者が顔見知りになることは,医療サービスが信用品質の特質をもっていることを考えると,関係性を強めるにあたって重要である。さらに,患者の体質や生活習慣などの情報が蓄積されることで,体質に合わない薬の投与を避けるなど,医者は診療・治療サービスを患者向けにカスタマイズすることができる。

③ <u>顧客の離脱防止</u>である。そのためには,スイッチング・コストを高めておくことが有効である。フィットネスクラブにおける入会金,ゴルフクラブ会員権制度は,初期投資をすることで他企業への乗り換えを防止する役割を果たしている。

　これら3つの要因をうまくコントロールすることが,顧客との関係を良好に維持していくための課題となる[*17]。

3.3 顧客の過剰な期待を抑制

　顧客の過剰な期待は,広告や人的コミュニケーションによって現実に提供されるサービス品質以上の期待が形成されてしまうというサービス企業側の問題だけではなく,顧客自身が内面的に抱く場合もある。後者は,高額のサービス

においてよくみられる。

　たとえば，結婚情報サービス業においては，高い理想を描く顧客が多いであろう。しかし，過剰な期待レベルのままだと，「自分が求めている人を紹介してもらえない」という不満を抱く恐れがある。そこで，入会の際のカウンセリングを通して，妥当な期待レベルまで引き下げてもらう必要があろう。

　エステティックサロンにおいても同様である。高額なサービスであるだけに，「もっと痩せると思った」「もっと美しくなると思った」など，期待したほどの効果はないという不満が生じやすい。そこで，カウンセリングによって過剰な期待を抑制し，またサービスの効果を高めるための日常生活上の留意点などを十分に説明しておく必要がある[18]。

注

*1　サービス業のタイプ分類については，南方・宮城・酒井［2015］55-95頁を参考にされたい。

*2　「サービス・レベル・アグリーメント」は，サービス企業と顧客との間で，サービスが提供される前に締結される契約である。このような契約を結ぶことにより，サービス企業は一定のサービス品質を保証する。「サービス・レベル・アグリーメント」がサービス成果を評価基準とするのに対して，サービス内容を評価基準として合意する契約を「オペレーション・レベル・アグリーメント」と呼ぶこともある。「サービス・レベル・アグリーメント」が，「サービス保証」と大きく異なるのは両者の合意を条件とする点である（南方ほか［2015］161-162頁）。

*3　「パフォーマンス契約」は，事前に顧客の理解を得ておくという点で，「サービス・レベル・アグリーメント」に類似している。「パフォーマンス契約」は，一定のサービス品質を保証するものではなく，また提供されるサービス品質と料金についての合意を形成するものでもない。これは，提供されたサービスによる成果に応じてサービス価格を決めるという成功報酬型の契約である（南方ほか［2015］162-163頁）。

*4　中小規模の対個人サービス業の生産性を「事業従事者1人あたりの売上高」からみると，次頁上の付表①のようになっている。

*5　Zeithaml［1981］pp. 186-190を参考にした。

*6　フェイス・トゥ・フェイスのクチコミに対応することはできないとしても，Twitter上で自社のサービスについてツイートしている人をみつけ，ポジティブなツイートであればそれに対するお礼，ネガティブなツイートであればそれに対して返答するなど，直接アプローチすることも可能である（末広・佐々木［2014b］93-94頁を参考にし

付表① 生産性（時間換算事業従事者1人あたりの売上高）指数
　　　　―業種全体を100とした指数―

90未満 (中小企業の生産性は大企業と比較して低い)	90以上 (中小企業の生産性は大企業と同程度)
教養・技能教授業 　　　　67.1（平均3人, 4人以下規模） 興行場, 興行団 　　　　41.7（平均17人, 10～29人規模）	冠婚葬祭業　　97.4（平均17人, 10～29人規模） 映画館　　　　95.2（平均35人, 30～49人規模） 学習塾　　　　90.7（平均7人, 5～9人規模） スポーツ施設提供業 　　　　　　　102.9（平均22人, 10～29人規模）

(注1)「事業従業者数」は他に派遣している人を除き，他から派遣されている人を加えた実際の事業従事者，パート・アルバイトは就業時間で換算。
(注2)「生産性指数」は，当該業種全体の生産性を100とした当該業種の1事業者あたりの平均従業者数が属する規模区分の指数。
(注3) 業種の後の数字は生産性指数，カッコ内は1事業者あたり従業者数，および平均従業者数が属する規模区分。
出所：経済産業省『特定サービス産業実態調査2013年』より作成。

　　　た)。
*7　南方ほか［2015］127-131頁。
*8　加入者数の多いソーシャルメディアと少ないメディアがある場合，新たに加入する者は加入者数が多い方を選ぶであろう。ソーシャルメディア上での「繋がり」は，それ自体がプラットホームとして機能し，他のメディアへの乗り換えを困難にする。何らかの理由により，ユーザーが他のソーシャルメディアに移行したいと考えても，まったく同じ「繋がり」は他のメディア上には存在しない（廣瀬［2014］5-6頁〈http://eyi.eyjapan.jp/knowledge/insight/pdf/Insight-01-report-industry.pdf〉）。
*9　末広・佐々木［2014a］118-121頁を参考にした。
*10　電通「日本の広告費」
　　〈http://www.dentsu.co.jp/news/release/2015/0224-003977.html〉
*11　相原［2007］187-188頁。
*12　南方ほか［2015］130頁。
*13　南方ほか［2015］130-131頁。
*14　サービス満足の構造については，南方・堀［1992］24-41頁を参照されたい。
*15　「手がかり」には「外在的手がかり」と「内在的手がかり」という2種類の手がかりがある。外在的手がかりは，品質と直接結びつかない手がかり，内在的手がかりは品質と直接結びつく手がかりである（山本［2010］107頁）。「内在的手がかり」は，病院であれば施設の清潔さや治療の成功率，パッケージ・ツアーであれば旅程，交通機関，添乗員の有無，大学であれば学生の就職率などがこれにあたる。他方，「外在的手がかり」に関して，サービス企業が顧客に提示する価格が高ければ，高い品質のサービスが提供されるであろうと期待を形成する。店舗の雰囲気，従業員の身だしなみなど

サービスを有形化した部分からも期待は形成される（南方ほか［2015］153頁）。
*16　Zeithaml, et al.［2009］pp. 191-197.
*17　南方ほか［2015］167-168頁。
*18　南方・堀［2002］211-213頁。

参考文献

相原　修［2007］『マーケティング入門（第4版）』日本経済新聞社。
末広一陽・佐々木晶［2014a］「ソーシャルメディアマーケティングの基礎─LINE編（後）─」『日経コンピュータ』7月24日。
末広一陽・佐々木晶［2014b］「ソーシャルメディアマーケティングの基礎─Twitter編（前）─」『日経コンピュータ』9月4日。
電通「日本の広告費」〈http://www.dentsu.co.jp/news/release/2015/0224-003977.html〉。
廣瀬明倫［2014］「注目すべき新興ソーシャルメディアとメッセージングアプリの拡大」『EY総研インサイト』創刊号，6月。
深谷　歩［2014］『SNS活用→集客のオキテ』ソシム。
南方建明・堀　良［1992］『サービス・マーケティング戦略の新展開』ぎょうせい。
南方建明・堀　良［2002］『IT革命時代のサービス・マーケティング』ぎょうせい。
南方建明・宮城博文・酒井　理［2015］『サービス業のマーケティング戦略』中央経済社。
安岡寛道［2014］『ポイント・会員制サービス入門』東洋経済新報社。
山本昭二［2010］『新装版　サービス・クォリティ』千倉書房。
Zeithaml, Valarie A.［1981］"How Consumer Evaluation Processes Differ Between Goods and Services," in James H. Donnelly and William R. George（eds.）, *Marketing of Services*, American Marketing Association.
Zeithaml, Valarie A., Mary Jo. Bitner, and Dwayne D. Gremler［2009］*Services Marketing: Integrating Customer Focus across the Firm*（5th ed.）, McGraw-Hill.

第9章

中小企業の営業

田村　直樹

1. はじめに

　中小企業の営業，それは弱者の営業と言い換えてもよいだろう。つまり，大手企業が強者であれば，その資本力の差からして中小企業は弱者となる。ただし，弱者といっても敗者ではない。弱者でありながらも勝者としての営業，それが中小企業の方向性である。

　その方向性を議論するにあたり，ここではまず，我が国の営業研究の流れを整理しておく。1995年に『営業の本質』が出版され，我が国では営業組織をいかに効率よい形に改革すべきか，という議論が活発になっていった。石井［1995］では，我が国の営業世界はアメリカのテキストブックに書かれたマーケティングの世界とはずいぶん違うことを指摘している。

　上のようなきっかけでスタートした我が国の営業研究で，特に議論の中心になったケースがある。それは，タカラベルモント社の営業改革の事例である。タカラベルモント社は，従来一人のセールスパーソンが担当していた案件を分解し，それぞれの段階の特性に合わせて担当者を変えていくという改革を進めた。その後，研究の流れとして，組織営業と個人営業，プロセス型とアウトプット型のどちらの管理様式が改革に必要なのかという議論につながっていく。特に，プロセス管理とアウトプット管理のどちらの管理様式を選択するべ

きかという課題は，Anderson & Oliver［1987］の影響を受けて，我が国ではこの時期から盛んに議論されていく。

さてITが普及する90年代後半，田村［1999］によって「機動営業力」という概念が提出された。IT化が進む中で新しい競争が生まれるため，企業は情報化と国際化に対応しなければならないという指摘がなされた。そのためには，企業の機動性を向上させる必要があり，営業に機動力をもたせるには情報基盤の再構築が不可欠であるという指摘であった。

こうした問題提起は，顧客データベースの必要性を議論するきっかけになっていく。たとえば高嶋［2002］は，企業内の部門間で情報共有が進むことでコミュニケーションが活発化することを指摘した。特に顧客データベースを構築することで，営業部門とマーケティング部門等，部門間でのオープンなコミュニケーションのきっかけづくりに貢献すると指摘している。この課題は後に，部門間コンフリクトという研究テーマに引き継がれていく。そして，この部門間の連携が，その後のソリューション営業の研究課題として注目されていくことになる。

以下では，これまでの営業のスタンスが商材の違いで整理されてきたことを確認し，近年，それらの違いを超えてサービス化していく営業について，中小企業の現状を踏まえながら議論していく。その際，既存研究で検討されてきた「ソリューション営業」「チーム型営業」「管理様式」「関係性志向」「営業マンの育成」といった重要キーワードをおさえつつ中小企業の営業について議論していこう。

2．商材による営業スタンスの違い

ひとくちに営業といっても，その商材は様々である。ここではまず，商材の違いを吟味し，その違いによる営業の特色を浮きぼりにしていこう。

2.1　産業財

　部品や資材をはじめとする産業財の裾野は広い。それらをすべて取り上げることはできないが，消費財と比較すると購買者の特徴が大きく異なる。産業財の購買者はビジネス等の目的のために財を購入している。そのため，コストに関しては非常に厳しい要求がなされることになる。

　営業マンはコストパフォーマンスの利点についてわかりやすい説明をする必要がある。その際，ユーザーの活動に関する知識や情報が不可欠になってくる。したがって，ユーザーの業界周辺からの情報を入手するネットワークの構築が重要になるだろう。しかも，競合他社の動向にも目を光らせておかないと，出し抜かれてしまうことにもなる。ライバルに関する情報は入手が困難なため，多くの場合，ユーザーからの聞き取りに頼らざるをえない。したがって，ユーザーとの良好な関係構築が大きな課題になってくる。

2.2　消費財

　消費財の場合は，日常生活を目的とした消費が主になってくる。産業財との違いは，コスト面よりも，よりよいライフスタイルをイメージしてもらえるかどうかが購入のポイントになる。そもそも営業マンを起用するということは，人件費をかけて販売することなので，おのずと商品の単価は高くなってしまう。したがって，「安ければよい」といった購買行動ではなく，「高くても良いもの」を求める消費者にポイントを絞ることになってくる。

　たとえば，呉服を取り上げると，消費者の満足は「安さ」というよりも，それを使用することの充実感が重要になってくる。つまり，生活の中で価値が感じられるかどうか。使用するシーンをイメージしてもらい，その期待に応えられる商品であることを認識してもらわねばならない。そのためのプレゼンテーションは，商品知識に加え，他の帯や小物との組み合わせといったコーディネート力も必要になるだろう。顧客の好みを察知して，満足を感じてもらえる提案ができるかがポイントになる。

2.3 モノ（有形財）

　商材がモノ（有形財）の場合，実物の写真などを利用してパンフレットを作ることが一般的である。あるいは，雑誌等の広告が利用できる。そうした広報活動の一環として特に注目すべき存在が見本市である。ここでの活動はおろそかにできない。

　最も大きなポイントは，実物やパネル等をユーザーに直接みてもらえる点である。関心のあるユーザーであれば，質疑応答の機会もある。その場で名刺交換をして，新規取引のきっかけを作ることが可能になってくる。ただし，ライバル会社にもある程度の情報を与えてしまうリスクもあるので，その点は注意が必要である。

2.4 サービス（無形財）

　サービスの場合，ユーザーは実物をみるということができない。サービスは購入して，経験してみないとその価値はわからない。その点において，顧客はリスクを感じることになる。高額商品の場合ほど慎重になるであろう。すると顧客は何らかの手段で事前に商品の評判を探索しようとする。

　たとえば，インターネットやSNS等で，すでにそのサービスを利用した経験者を探し，情報を得ようとする。もし評判が良くなければ，購入の対象から外されてしまう可能性が出てくる。そうなると営業マンの出番さえなくなってしまう。そのようなことを回避するためには，顧客満足に関するデータ分析が不可欠になってくるであろう。

3. 営業のサービス化

　先にみてきたように，商材によって営業のスタンスには違いがあった。しかし，近年，商材の違いを越えて，営業がサービス化してきている。中小企業に

とって，この流れを理解しておくことは重要になっている。

3.1 サービスとしての営業とは

　従来，営業マンを必要とする商材は圧倒的に産業財でかつモノ（有形財）が中心であった。なぜなら，商品に関する説明が必要なため，広告だけでは販売に結びつかないからである。しかし，かつて高品質であれば需要が見込めた商品が，品質だけでは勝負にならないケースが多発している。

　多くの業界で技術革新が進み，製品そのもので差別化することが困難になってきたのである。他社と差別化するための方策として，モノを売るのではなく，ソリューションを売るという方向性が問われている[*1]。つまり，顧客の抱える問題を解決するためのソリューションを提案することである。その中で，モノが必要であればモノを売るというスタイルになっている。ソリューションそれ自体は実体がない無形財になるので，これを営業のサービス化という。

　営業のサービス化においては，産業財の特徴に加え，消費財の特徴であった使用シーンのイメージも重要になってくる。単にコスト面のメリットだけでなく，より充実した使用シーンのイメージを提案できないと，ライバルとの差別化はうまくいかない。顧客にとって，問題が解決できるイメージをいかに表現できるかがポイントになってくる。

　そうしたイメージを裏付けるためには，技術力やデータの分析が不可欠になってくる。さらに，大手企業とは異なる中小企業の強みというのは，その分野の専門性にあると考えられる。中小企業であっても確かな専門性があれば，それは大きな可能性につながる。ただし，技術力があっても，提案力がないと勝者になることは難しい。顧客の要求が高度化，複雑化するにつれ，1つの技術だけではソリューションとならないからである。複数の技術をコーディネートして顧客の課題に応えるというスタイルが一般化しているので，本業以外の周辺技術にも目を光らせておく必要がある。

　しかしながら，中小企業がいくつもの技術を確立することは困難であるた

め，仲間企業との連携という方向性も視野に入れておかねばならない。

3.2 チーム型営業

　顧客の要求が高度化，複雑化すると，営業マン個人での対応に限界が生じてくる。そこで，営業活動を複数人で行うチーム型営業が必要になってくる。チーム型営業には大きく2通りのスタイルがある。1つは営業プロセスを複数の段階に分け，各プロセスに専門の担当者を配置するというもの。もう1つは，営業活動を専門分野別に分け，複数の専門家集団にするというもの。ここでは，前者をチームA型，後者をチームB型と呼んで整理していこう。

(1) チームA型営業

　チームA型営業は，営業活動を一連のプロセスと捉え，いくつかの段階に分解し，それぞれのステージで役割分担する方法である[*2]。たとえば，①アプローチ，②プレゼンテーション，③フォローアップの3段階で分けた場合，ベテランをアプローチに任せ，プレゼンテーションには中堅，フォローアップは新人といったスタイルが考えられる。アプローチにベテランをもってくる理由は，見込み客の識別にはベテランの経験が必要だという考え方である。もし，見込みのない客にいつまでも対応してしまうと，時間とコストの無駄になってしまう。早いうちに見切りをつけないといけない。それは，新人にとっては困難であるので，このプロセスはベテランに任せようというものである。

(2) チームB型営業

　チームB型営業は，高度化，複雑化した顧客の問題を解決するための専門家集団というスタイルである。営業マンは顧客との接点に注力し，そのバックに技術やサポート，データアナリスト等が控えているチームとなる。それぞれが得意とする分野での専門性を発揮し，顧客にベストとなるソリューションを提案することが目的である。
　この場合，部門を越えての連携が不可欠であるため，チーム全体をまとめる

リーダーの存在は大きい。多くの古い体質の企業では，セクショナリズムが根強く，営業と技術で考え方が異なり，コンフリクトが絶えないといったことがある[*3]。たとえば，営業が「技術は売れるものを作るべき」と考えている一方，技術は「営業は作ったものを売ってくるべき」と考え，対立してしまうというものである。こうしたコンフリクトを回避するには，強力なリーダーシップがやはり必要になってくる。

4. 営業改革

4.1 営業改革の困難さ

　時代は常に刷新されていく。それぞれの時代に求められる営業スタイルがある。従来であればKKDが大事だとされてきた。K（勘），K（経験），D（度胸）の3つが必要というのだ。しかし，顧客の要求が高度化，複雑化していくと，個人のKKDでは限界が生じてくる。そこで登場してきたスタイルがチーム型営業であった。ところが，チーム型営業へのシフトというのはそう簡単なものではない。改革とでも呼ぶべき組織的な変化が必要なのである。

　まずチームA型の場合，ベテランがアプローチを担当するというようにその役割は重要である。しかし，多くの場合，ベテランの抵抗は大きい。つまり「アプローチは新人の仕事だ」という固定概念があるからである。そこを突破するというのは，まさに意識改革でもある。ベテランは既存顧客を相手にゆっくり営業するもの，新人は新規開拓のためがむしゃらに働くもの，といった意識を変えるのであるから，それは簡単なことではない。

　そしてチームB型の場合，営業と技術といった部門を越えた連携がとれるかどうかがキーになる。よって，セクショナリズムといったコンフリクト要因を排除できるかどうかが改革のポイントになってくる。

　営業改革というのは，一見組織的な再編だと思われがちであるが，そうではなく当事者たちの意識そのものを改革することなのである。すると，どうして

も強力なリーダーシップが必要になってくる。もはや，一匹狼的な営業マンは時代遅れの存在になってしまったのである。

4.2 管理様式

　営業スタイルが個人型からチーム型へシフトする場合，どうしても避けられない問題がある。それは，営業成績の評価といった管理の問題である。従来の個人型営業であれば，売り上げた成績はすべて自分の努力によるものであり，給与に関する評価も個人のものとしてわかりやすい。ところが，チーム型の営業スタイルでは個人の貢献をどのように評価し，給与に反映すべきかという課題が生じてくる。個人の売り上げだけで管理できる様式はアウトプット管理と呼ばれるもので，いわゆる成果主義の報酬システムに連動可能である。メリットとしては，個人の売り上げが成績に反映されるわけであるから，モチベーションを高めやすい方法になる。

　一方，チーム型営業の場合，成果をどのようにチームで配分するのか，そこはトップマネジメントの采配となってくる。そこで，成果だけでなく途中のプロセスで貢献度を評価するプロセス管理と呼ばれる様式が生まれてきた。担当者の能力や訪問件数といった複数の指標に基づく管理様式である。このプロセス管理が一歩ちがうと，「現場干渉」ということでベテランに敬遠されるといった問題が生じる可能性がある。この点も意識改革が伴う課題なのである。

4.3 クラン

　クランという管理様式は，長期的な視点での行動を前提に，上司から監視されなくても自主的に活動するスタイルである[*4]。この場合，メンバーの目標や価値観が一致しているため，組織の目標に強いコミットメントをもつ集団形成が可能となる。このクランは，日本企業では多くみられる。アメリカでは短期的な成果を重視することから，アウトプット管理が主流である。

　クランが成立する条件は2点ある。第1に顧客との長期的取引関係，第2に

担当者と企業の長期的雇用関係である。この2点がそろうならば，担当者は短期的な成果を求めることはせず，長期的視点で行動しようとする。

中小企業の場合，顧客との信頼関係の構築がポイントになる。友好な関係がなければ，顧客からの情報を入手できないからである。営業がますますサービス化するにつれ，顧客へのソリューション提案が重要になってくる。顧客との信頼関係がなければ，新製品開発や新サービス開発にフィードバックできる情報が途絶えてしまうことになる。そのためにも雇用関係が長期的でないと，安定した担当者を配置できず，顧客は有効な情報を伝えてくれないことになる。

4.4 関係性志向の営業

顧客との関係性を重視する営業を関係性志向の営業と呼ぶ。もちろん誰しも友好な関係を望んでいるわけであるが，その手法がポイントである。かつてKKDが大事とされてきた時代では，営業マンと顧客が食事などを通じて個人的に仲良くなり，関係性を構築してきた例がほとんどであった。

しかし近年では，データを利用した関係構築が重要視されている。ソリューション提供のために，その裏付けとなるデータがしっかりしていることが大切である。単なる勘ではなく，データ分析がなされた上でのソリューションに顧客は関心をもつようになってきている。

そして，データが社内に共有されることで，営業部門以外の開発や技術部門とのコミュニケーションが促進されることにつながる。そうなればチームB型営業の可能性が開かれてくる。

しかし問題は，データの分析を誰がするのかという点がある。営業マンがその役割まで行うと，オーバーワークとなりうまくいかない。そこでデータのアナリストを専門的に配置することが求められてくる。今後，ソリューション営業が主流になるにつれ，データアナリストの存在は見逃してはならないものになるだろう。

4.5 コンピレーション

　関係性志向の営業にはデータベースを利用したソリューション提供が不可欠である。しかし，実際にはデータを分析しきれず，顧客との関係構築が思うように進まないという問題が浮かび上がる。単にコンピューターや情報システムを導入すればよいというものではない。次の2点の課題が立ちはだかるからである。

　第1にデータ入力作業が負担となる場合，データ管理そのものが敬遠されてしまう。第2にデータの表現方法に主観が入っており，読み手の解釈が多様になってしまう。

　これらの点を回避するためには，まず専属のアナリストを配置すること。そして，アナリストは営業チームメンバーとして現場に同行し，正確な情報を入力すること。これらが不可欠となってくる。

　そこでデータを管理することから，ソリューション提供までの一連の流れをコンピレーション（編纂）という概念で整理しておこう[*5]。

4.6 テクスト化されるデータ

　アナリストはデータベースの文字面だけをみているのではなく，地域特性や顧客の考え方などを含め，総合的に分析を進める。そうしたデータから意味のある提案を導くのである。ここでは，提案されるものを意味のあるテクストと呼んでおこう。テクストの意味は常に読み手に委ねられているのであるが，重要なことは，顧客がデータから戦略ストーリーを描けるかどうかの点にある。つまり，顧客にとって戦略策定のためのデータとして意味のあるもの（＝テクスト）になっているかが問われている。

　その際，テクストは企業と顧客の接点となり，コミュニケーションが始まる。顧客は利益を確保したいと考えている。そこで，何らかの戦略が必要になってくる。どのような戦略がありうるか，というコミュニケーションこそがソリューション提案に他ならないのである。

アナリストはデータを集約し，顧客のための意味あるテクストに編纂（コンピレーション）する作業を行う。以下でいくつかの例をみていこう。

4.7　コンピレーションの一例

あるスーパーマーケットでは，月曜日にスナック菓子を店頭に並べるのが通例となっていた。しかし，ここ最近月曜日の売り上げが思わしくないことがデータベースから浮かび上がってきた。

そこでアナリストは次のような仮説を立ててみた。「週末に入荷した商品がバックヤードに置いたままになっているため，月曜日は品薄状態になっている」というものである。これが，意味のあるテクストである。そのテクストを店長会議等で提案し，月曜日の品揃えをチェックし，結果を検証するというものだ。

データから意味のあるテクストを導出することがコンピレーションである。そのテクストから戦略を策定するコミュニケーションを生み出すのである。このようなコミュニケーションを通じて信頼関係は構築されていく。したがって，信頼関係を作ってから提案するのではない。高度なコミュニケーションによって，信頼性は確かなものになってゆく。

5. 営業マンの育成

5.1　育成に関する課題

中小企業では中途採用者の数はかなりのものになる。前職で営業の経験がある者を採用するケースが少なくない。しかし，企業は思うように新人をトレーニングする余裕はなく，短い研修期間を経てすぐに現場に配置されてしまう。そうなると，どうしてもパフォーマンスの悪さからモチベーションが向上せず早期に退職となる可能性が高くなる。

先述したように，長期的な雇用を前提にしないと顧客との信頼構築は困難を極める。かといって，パフォーマンスの悪い営業マンをいつまでも雇用する余裕は，中小企業にはない。新人教育は重要な問題となる[*6]。以下ではいくつかの例を取り上げ，育成問題に関する議論を展開する。

(1) ケース：信頼関係の構築

A社は会員に新鮮な野菜や肉を宅配するサービスを展開している。山田氏（仮名）は，この4月に入社した新人営業マンである。今回，コールセンターから見込み客へのアポイントが取れていたので，さっそく入会を勧める営業に出かけて行った。訪問先で，山田氏は研修で学んだ通りに説明を始めた。

見込み客は他社との違いをたずねた。すると山田氏は「年間通して，安定して食材を提供できます」と答えた。見込み客は，数日考えさせてほしいと言った。山田氏はこの顧客にランクAをつけて上司に報告した。

しかし，上司は本当にランクAかどうか疑わしいと感じた。なぜなら山田氏は「いいことしか言わない営業マン」というイメージに映ったからである。

さて，この例からわかるように，「いいことしか言わない営業マン」では信頼されるかどうか疑わしい。メリットだけをアピールすると，顧客が不審がるのは当然のことであろう。今回のように初対面の場合，見込み客も不安を感じているかもしれないので，多少の時間をかけて信頼関係を作ることが先決である。

そのためには誠意が必要になる。メリットしか言わないというのは，デメリットを隠しているかもしれないという不誠実さの表れかもしれない。むしろ山田氏がとるべき行動は，研修で学んだことを話すだけではなく，目の前の顧客が何を考えているのかを確認することである。そして顧客の考えに対し誠意をもって対応していくことである。顧客が考えている課題を共有し，それに対するソリューションを提案することが大切なのである。

ただし，ソリューションを提案するためには，多くの顧客が抱えている問題にはどのようなものがあるのか，それらを調べるという事前準備が不可欠となる。上司はこの点を踏まえて指導すべきとなろう。

(2) ケース：マニュアルの問題

　B社では新人営業マン育成のためのトレーニングマニュアルを作成している。基本セールストークから応酬話法，成功事例といった内容である。ところがこのマニュアルがうまく機能しない。新人たちは努力しているのであるが，いっこうに成果に結びついていない。幹部たちは頭を抱える日々を過ごしていた。

　そしてようやく，マニュアルに失敗事例がないことに気が付いた。つまり，新人にとってどのような流れになると失敗するのかという情報の共有がなされていなかったのである。したがって，彼らが途中で軌道修正できず，失敗を量産してしまったのであった。その後，失敗事例をマニュアルに取り入れ，ようやく新人たちの成果は向上しはじめるのであった。

　上の例からわかるように，失敗から学ぶというのは重要なトレーニングの手法である。ところが，この失敗事例というのは，なかなか集めにくいものである。失敗した当事者はそれを語りたがらなかったり，嫌な記憶は忘れてしまっていたりするからである。

(3) ケース：失敗事例の必要性

　C社はケータイ端末を最終ユーザーに訪問販売している。営業マンの足立氏（仮名）は，見込み客を前に基本セールストークを展開していた。ところが足立氏は沈黙を嫌って，オプションの説明であったり，業界の話題であったり見込み客に対して何らかの話をしようとしてしまう。しかし，結局，成約にはいたらない。足立氏は上司にこの件を報告した。

　上司のコメントは次の通りであった。その見込客に考える時間を与えていない，というものであった。それが失敗の原因だという。なぜなら，買い手の思考が整理できないうちは，購入の決断をしないことがほとんどであるという。足立氏は沈黙を嫌って，次々とトークを展開したが，見込み客は思考の整理がつかないので，今回の購入を見送ったのだろうというのである。むしろ，沈黙を作ったり，顧客に質問の時間をもたせたりすることで，それに対する返答をするスタイルが必要なのであった。

顧客は問題を口にすることで思考の整理ができ，それに対するソリューションを営業マンが提案するという流れが求められていたのである。以上の失敗事例が示すように，顧客の思考は営業マンと同一ではない。抱えている問題や，気になるポイントは人それぞれである。営業マンの思考を一方的に押し付けることは危険である。営業マンは顧客と一緒に考えるという時間を共有することが重要である。一緒に考えるというプロセスが信頼関係を構築することにもつながるからである。

5.2 キーパーソン

営業における新規開拓の際，キーパーソンからの紹介をたよりに人脈を広げ，チャンスを作っていくことが重要になってくる。キーパーソンの発見というのは大きな課題であるが，まず考えねばならないことは，キーパーソンが関与している課題に貢献することである。そうすることで，キーパーソンは自分の人脈を紹介してもよいという動機が生じてくる。

営業マンはキーパーソンを探そうとするが，その前に考えねばならないことがある。それは，営業マン自身が，キーパーソンになる必要がある点である。人脈を広げようとしてキーパーソンに近づこうとしても，相手にとって自分（営業マン）が頼りなければ，そこに関係性は生まれてこない。営業マンがキーパーソンを求めるのであれば，相手にとって自らもキーパーソンでなければならないだろう。

では，どのようにキーパーソンとして営業マンはあるべきか。それは，専門分野で情報を発信できる存在としてあるべきである。情報の集まるところに人は集まる。営業マン自身が情報発信のポジションにいることが重要である。中小企業では，大手企業に比べてブランド力が弱いため，それをカバーする専門分野の情報がポイントになる。

6. おわりに

　資本力やブランド力の弱い中小企業は，その専門性で強みを発揮するしかない。その専門性によって，顧客との信頼関係を長期にわたって構築する必要がある。信頼関係の中で情報力をつけ，顧客の問題を解決するソリューションを提供していく。それが，中小企業の営業に他ならない。

　そして，顧客の要求が高度化，複雑化していく中で，チーム型営業による総力戦になってきた。弱者であっても強者でありつづける営業とは，全社的なチームワークとリーダーシップが不可欠なのである。

注

*1　ソリューション営業は顧客にとっての付加価値を高めることを目指す。そのためには，顧客の課題や潜在ニーズを明らかにする作業が不可欠である。こうした準備は営業マン個人の能力を超えてしまうため，チームによる取組みが営業戦略として重要になっている。

*2　竹村［1995］では，タカラベルモント社の事例から，営業のプロセスを分解した成功例を議論している。一例としては，ベテラン営業マンを案件のイニシャルコンタクトに起用し，顧客の見込み度を見極める。そして，プレゼンテーションは中堅が担当し，新人にはフォローアップを担当させるという具合である。

*3　部門間コンフリクトを回避しなければ，ソリューション営業は成立しがたい。そのコンフリクトを回避するために，データベースによる部門間コミュニケーションが不可欠である。その指摘は高嶋［2002］に詳しい。

*4　クランについての議論は，高嶋［2002］および田村［2013］を参照のこと。

*5　データベースを活用するには，データを分析するアナリストが必要になってくる。しかし，アナリストは単に数字を取り上げているのではなく，戦略策定に必要なコミュニケーションができるよう言語化する必要がある。その言語化作業をここでは「コンピレーション」という概念で議論している。

*6　営業マンの育成問題については，田村［2013］に詳しい。特に上司からのサポート，同僚間の情報共有が営業マン育成のポイントになってくる。

参考文献

石井淳蔵［1995］「営業のジレンマ」，石井淳蔵・嶋口充輝編『営業の本質』有斐閣．

高嶋克義［1995］「営業の戦略と組織」, 石井淳蔵・嶋口充輝編『営業の本質』有斐閣。

高嶋克義［2000］「日本企業における営業管理様式の選択」, 高嶋克義編著『日本型マーケティング』千倉書房。

高嶋克義［2002］『営業プロセス・イノベーション』有斐閣。

高嶋克義［2005］『営業改革のビジョン：失敗例から導く成功の鍵』光文社。

竹村正明［1995］「組織型営業の革新―タカラベルモントの事例」石井淳蔵・嶋口充輝編『営業の本質』有斐閣。

田村直樹［2013］『セールスインタラクション』碩学舎。

田村正紀［1999］『機動営業力』日本経済新聞社。

細井謙一［2000］「営業活動の日本的特徴」, 高嶋克義編著『日本型マーケティング』千倉書房。

松尾　睦［2006］『経験からの学習』同文舘出版。

Anderson, Erin and Richard L. Oliver［1987］"Perspective on Behavior-Based Versus Outcome-Based Salesforce Control Systems," *Journal of Marketing*, 51（October）, pp 76-88.

第10章

中小企業におけるブランド・マーケティングとマネジメントの視点

稲田　賢次

1. ブランド論の対象としての中小企業

　ブランドの存在は，マーケティングにとって不可欠である。企業はブランド価値を形成することによって，持続的なマーケティング活動が成り立つと考えられている。現在までブランドはマーケティングの中心的課題の1つであり，企業はブランドを構築することで，付加価値の育成，購買の反復，独占的な強み，高価格の設定，組織の方向性を定めることなどのメリットを享受することができる。ブランド力がマーケティング上の競争力の源泉になっている企業も少なくない。

　ブランド論は，多くが大企業を分析対象としている。実務的に大企業のブランドマネジャーによる組織的なマネジメントや，大手の広告代理店やコンサルタント，デザイナーによるブランディング，あるいはプロジェクトチームによる連携など，（意識的にも無意識的にも）一定以上の規模の組織を対象としたブランディング（＝ブランド化）の成功事例が中心である。ブランド論は多くの研究蓄積がなされているにもかかわらず，中小企業におけるブランド論に関して研究上進んでいるとは言い難いのが実情である。

　中小企業のブランドに関する実体として，中小企業白書［2005］では中小企業の約3分の2は自社ブランドを保有しているという結果が提示され，ブラン

ドの役割として品質保証や差別化など，ブランドの効果として知名度アップや価格競争の回避などが示されている[*1]。中小企業白書［2013］では，自社ブランドの開発が新事業の展開（事業転換・多角化）にとって重要な要素となっていることが指摘されている[*2]。

一方，2014年に行われた日経BPコンサルティングによる企業ブランディングに関する調査では，ブランディングに取り組んでいる中小企業は（認識のないことも含めて）約2割程度と決して多くないことが指摘されている。その理由として，「自社のビジネスにとってブランドの必要性を感じていない」，「予算がない」，「知識やノウハウがない」，「効果がわからない」などが挙げられている[*3]。

中小企業がブランドを活用したマーケティングやマネジメントを全く実施していないというわけではないが，たとえば，自社製品のネーミング，パッケージデザインの付与レベルから，顧客ロイヤルティの獲得，大企業が参入できない特定技術の保持，地域一番店の評価など小規模ながらも確固たるブランド価値を創造・構築しているレベルまで，前提としてブランドに関する捉え方や認識に隔たりがあるように考えられる。

もともとブランドの対象は，企業や業種に関係なく，また製品・サービス，地域，組織，店舗，人など様々な対象として捉えられる。中小企業のブランドを考察するに当たり，まず中小企業の多様性と特質性を念頭に置き，その上で中小企業のブランド・マーケティングやマネジメントについて考察する必要があると考えられる。本章ではブランド論のアプローチから中小企業のブランドに必要な視点や概念の考察を行う。

2. ブランド論における概念整理

2.1 ブランドの機能

ブランドが果たす役割は重要であり，単一機能ではなく，多機能をもつと考

えられる。

　もともとブランドという用語は，放牧している家畜の所有者が自分の家畜と他人の家畜を識別するために押した「焼き印」が起源といわれている。つまり，対象に「印」を付与し所有権を示すことによって，識別機能をもつと考えられている。

　ブランドがもつ機能は，識別性だけではない。歴史的にみると，たとえば醸造された酒樽に製造元を区別するためにつけた印，陶工などの職人が自分の作品につけたサイン，商いを行うための商店の暖簾・看板，屋号・紋章等の成立より出所表示機能をもち，それが後に品質に対する保証機能として発展することになる。「商標」は保証機能を法的に保護するものとして成立している。

　マーケティングにおけるブランド定義としてアメリカ・マーケティング協会（AMA）［1960］の定義を遡ると，識別機能を重視した定義であることがわかる。「ある売り手あるいは売り手集団の製品およびサービスを識別し，競合他社のものと差別化することを意図した名前，言葉，シンボル，デザイン，あるいはその組み合わせ」である。ブランドとは，名前等のブランド要素[4]の組み合わせで説明され，競争視点から他社との差別化を念頭に捉えられている。

　もう1つブランドの重要な機能として，想起機能が挙げられる。ブランドは消費者や顧客がそのブランドに触れたとき，あるいはブランドを購買・使用するとき，頭の中にそのブランドのいくつかのイメージが想起される。ブランド要素は，視覚，聴覚などの感覚と言語の意味を消費者に訴えることで，ブランドの認知向上とイメージの形成に貢献する。その意味でブランドは，製品・サービスを象徴する「記号」であり，消費者や顧客にとっては自分の欲しいものの「記号」となる。とくに，ブランドは所有することで社会的に何らかの意味メッセージとなり，象徴機能として捉えられることもある[5]。

　企業が競合他社の製品・サービスを識別し，差別化する意図でブランディングを行い，消費者や顧客がそれを購入し使用する過程の中で，ブランドが果たす機能は様々な形で変わっていくと考えられる。今日のマーケティングやマネジメントの世界において重要なキーワードとなったブランドは単なる名前等のブランド要素を示すだけでなく，それ以上の意味で捉えられるようになってい

る。それがブランドの価値という考え方である。

2.2 ブランド・エクイティとブランド価値の変遷

　ブランド論は，アーカー（Aaker）[1991] によって体系的に捉えられるようになる。アーカーはブランドの資産的価値に注目し，「ブランド・エクイティ」という概念を提唱した。ブランド・エクイティを「ブランドの名前やシンボルと結びついたブランド資産と負債の集合であり，製品やサービスの価値を増大（あるいは減少）させるもの」とし，「あるブランド名やロゴから連想されるプラスとマイナスの要素の総和（差し引いて残る正味価値）」と定義した。その構成要素として，①ブランド・ロイヤルティ，②ブランド認知，③知覚品質，④ブランド連想，⑤他の所有権のあるブランド資産の5つの要素を挙げている[*6]。

　ブランド・エクイティは，様々なマーケティング活動の結果として，ブランドという「器」の中に蓄積されていく無形資産的な価値に注目し，その維持や強化の活用方法を示している[*7]。このことによって，「マーケティングの手段」として捉えることが一般的であったブランド論を，ブランド価値を高めるための「マーケティングの結果」として包括的に示したのである。

　その後，アーカーのブランド構築の枠組みを発展させたのがケラー（Keller）[1998] の「顧客ベースのブランド・エクイティ」である。ブランド知識を中核にして，消費者の知識構造が生み出す「差異的効果」がブランドの資産的価値の源泉である[*8]ことを示し，ターゲットのマインドの中に蓄積していく知識がブランド・エクイティのカギを握ることを説明した。ブランド価値は，その知識の意味ある差が競争優位性や収益をもたらす資産となりえる。

　ブランド研究はブランド価値を前提に，その価値を強化するための具体的な方法論や枠組の説明へと移る。たとえば，和田 [1998] は，ブランド価値を①基本価値，②便宜価値，③感覚価値，④観念価値の4つに分類し[*9]，①，②を価値の基盤とした上で品質と信頼力を築きながら，五感に訴える魅力と物語性や文脈などを活用した③，④の価値を強化することがブランド力を高め，顧

客に感動を生み出し，「絆」を築くものと説明する。

　平山［2007］は，ブランド価値の中でも経験価値と情報価値に着目し，ブランドからブランド価値へとステップアップしていくプロセスについてブランド価値の伝播のモデルを示している。ブランド価値の伝播とスパイラル化を通じてブランド価値の複層構造化という場が形成されることで，ブランド価値は飛躍的に高まっていくことを説明する*10。

　近年のブランド価値論では経験価値*11の重要性が高まり，顧客がブランドに出会い，様々な経験をする接点づくりや，顧客と感覚的経験，情動的なつながりを築く枠組みまで提示されている。製品・サービス自体が提供する価値だけでなく，顧客と企業（あるいは製品）が相互作用する中で生まれる「価値共創」の重要性も指摘されている。企業と顧客との相互作用という視点が，これまでの関係性だけでなく新たな関係性となり，ブランド論にとっても関係性の構築が重要になっているといえる。

2.3　ブランド・アイデンティティ

　ブランド論の議論は，やがて「いかにして強いブランドを構築するのか」，「強いブランドとは何か」といった本質的命題に対して行われるようになる。

　片平［1999］は，数あるブランドの中でも卓越した強いブランドを「パワーブランド」として捉え，パワーブランドの共通性として，①夢，②革新，③一貫性という3大法則を導きだしている*12。夢を実現させるために熱意をもって，一貫性を保ちつつ，製品・サービスを革新していくことが重要であることを指摘している。田中［1997］は，ブランドが持つ革新性として，ブランドは単にイメージをよくすれば強くなるというものではなく，企業が生み出したイノベーションを保持・発展させる役割がブランドにあると説明する*13。

　「ブランドとは何か」という本質的命題に対して，特に強いブランドには必ず規定されていると考えられているのが，「ブランド・アイデンティティ」である。ブランド・アイデンティティとはブランドのビジョンの中核に位置づけられ，ブランド戦略策定者が創造したり，維持したいと思うブランド連想のユ

ニークな集合である[*14]。確立されたブランド・アイデンティティは，ブランドに一体性と方向性を与え，マーケティング戦略の方向性と内容を規定するとともに，顧客とのコミュニケーションや関係性の構築に貢献すると考えられている。

ブランド・アイデンティティは，ブランドイメージと異なる概念である。ブランドイメージは当該ブランドが消費者の頭の中でどのように知覚されているかに対して，ブランド・アイデンティティは企業がブランドをどのように知覚されたいかであり，組織にとって当該ブランドが象徴としての理想形で捉えられる。ブランドイメージは消費者の記憶の中で受動的に決まるのに対して，ブランド・アイデンティティは企業が主体的，能動的に決めるものである。

ブランド・エクイティが，「マーケティングの結果」としてブランドを捉えてきたのに対して，ブランド・アイデンティティはブランドのあるべき姿として「ブランドの起点」として捉えられている[*15]点で，戦略的に重要な意味をもつものとなっている。

3. 中小企業におけるマーケティングの環境と特質

3.1 マーケティング環境の変化と中小企業

中小企業のマーケティングにおいてターゲットを明確にすることは重要だが，そのターゲットを取り巻く消費環境は大きく変わってきている。質的な豊かさが強く志向される21世紀の消費の特徴は，「多様性」と「異質性」と言われている。多様で異質な消費者の存在は市場を細分化し，大規模のスケールメリットの発揮を制約する一方で，様々な小規模メリットを新たに生み出していく。消費者ニーズの多様化・個性化は，平均的なニーズを有する消費者を減少させるとともに，マス商品や規格品では満たされないニーズや，大量消費には距離を置く消費者層を生み出すとされる[*16]。ここに中小企業のターゲットにおける適合性を考慮し，顧客への近接性をはかる必要があると考えられる。

消費者の個性化という点では，インターネット技術による情報化の進展，スマートフォンの普及により消費者のコミュニケーションのあり方が変化し，新たな自己表現手段が増加しているのが典型的な特徴といえる。特に，facebook, youtube, Twitter, LINE, Instagram, Vineといったソーシャルメディアの急速な発展や"peer to peer"コミュニケーションの増加によって，消費者自身が自身のアイデンティティを表現するための新たな機会をつくり，その数が劇的に増加しているのである。

　かつての大量生産，大量販売時代に消費者を「大衆」という概念，すなわちマスのボリューム層に対して，コミュニケーション手段としてテレビ，新聞などのマスメディアを使って一方通行で情報を流していく時代から，消費の多様化と市場創造が進展した時代には，生活者が情報を読み取って商品を選択するようになり，「分衆」という概念が説明された[*17]。コミュニケーション手段も，テレビ，新聞，雑誌，ラジオのメディアミックスに加えて，実際のキャンペーンをプロモーションミックスによって伝える方法であった。そして21世紀，生活者主導社会の到来に「網衆」という概念が提示されている[*18]。「網衆」は「分衆」がさらに細かくバラバラの「個」となっているが，個と個がつながる形でネットワーク化されているのが特徴である。企業も生活者も存在するネットワークの中で情報のやりとりが同じレベルで行われるようになり，今後はブランディングがますます重要になってくると考えられている。

　マス媒体が情報の流通を支配していた時代，中小企業にとってほとんどコミュニケーション活動を中心としたマーケティング活動を行うことはできなかった。しかし，上記のソーシャルメディアの発展と，それに取り組む企業が増え，マーケティングコストが低下したことで，その環境は大きく変化し，企業規模にかかわらず，多くの企業が活用している。

　企業の競争においては，消費者ニーズの多様化や個性化への対応を通して，次々と新製品を導入すると同時に，製品やブランドの拡張を行っている。その結果，製品の短サイクル化が進み，多くの市場でブランド数が増え，多数のブランドで溢れるようになっている。市場には多くの競合企業が存在するため，提供する製品・サービスに際立った特徴をもたせる差別化が必要であるが，企

業が様々な差別化に取組み，競争優位性を築こうと努力しても，競合他社は絶えず追随し同質化を試みてくる。その結果，やがて差別性は失われて，際限のない価格競争に巻き込まれ，利益率は低下していく。企業間での同質化競争の結果，製品・サービス間での差別性が失われていくコモディティ化という状況であり，脱コモディティ化の課題に対して，ブランド化の方向性を模索することが一層求められる。

中小企業にとって同質化競争に巻き込まれないために，同質化しようとする企業の状況を分析し対応する必要がある。企業が同質化政策をしかけにくい状況として，①同質化したいにもかかわらず同質化できない状況と，②同質化できるにもかかわらず同質化したくない状況から不協和やジレンマを生じさせる視点が重要である[19]。また，大企業が中小企業の独自のアイデアを模倣することを阻止するには，スピード経営に徹することも必要である。人材と資金に恵まれない中小企業にとっては，組織としての柔軟性と決断の速さが競争優位の源泉になると考えられる。

3.2 中小企業の特質に関する内容

中小企業の企業特性について，①企業家であり，オーナーであり，意思決定者という性格性，②（小規模という）企業規模の制約を通して資源的な制約，マネジメントの構造的な制約による企業活動の制約があることが指摘されている（第1章参照）。中小企業はあらゆる経済領域にまたがっており，多様性に対応するマーケティングの一般化に難しさがあると言える。

中小企業経営は，①のオーナーシップ，②の小規模における制約に影響されるが，中小企業白書［1978］ではこの特性を考慮しつつ優れた中小企業経営の特質（潜在的可能性も含む）として，①機動性，②創造性，③企業家精神の発揮，④特殊技術・技能の蓄積，⑤経営者と従業員との一体的経営が指摘されている[20]。もちろん，これらの特質を発揮できずに経営を続けている中小企業も数多くあるため，中小企業において経営者の役割は非常に大きく，経営者の長所・短所がそのまま企業経営に反映されやすいという特徴もある。

田中［2014］は，中小企業のマーケティング特質として，大企業のマーケティングと中小企業のマーケティングを分けるポイントに，3つのIMの関わりを指摘する。すなわち，①インタラクティブ・マーケティング（Interactive Marketing），②インターオーガニゼーショナル・マーケティング（Inter-Organizational Marketing），③インターナル・マーケティング（Internal Marketing）の関係である[*21]。①は顧客等の外部に対する働きかけ，②は同業種，異業種による横の連携を強めるものとして，③は企業内部の多様な側面の向上として分類している。これらのマーケティングは大企業にも存在していることを認めた上で，中小企業の場合はその働きそのものが異なっていると指摘する。さらに，中小企業の企業の多様性を考慮した上で，この3つのIMを①中小製造業，②中小卸売業，③中小小売業，④中小サービス業という4つの業種に分類しIMの動向をまとめることで，中小企業のマーケティング特質と多様性の理論的フレームワークを提示しているといえる。

また，中小企業のマーケティング特質を最終的に3つの特質，①簡素化，②多義性，③市場直結による問題発見能力という側面を指摘する[*22]。①は方法として，中小企業の場合，その前提として伝統的なマーケティングの簡素化による適用という側面があることを指摘する。つまり，中小企業のマーケティングとして限定的，簡素化適用に限られ，すべて実行できない中で，縮約にとどまらず，本質的側面を引き継ぐものでなくてはならないとする。②は実施主体として，中小企業が本来的にもつ様々な制約から，その実施面において，一人で何役をも果たす多義的な人材により遂行されている。③は意思決定として，大企業とは異なる意思決定システムである。中小企業では市場を把握するにあたって，経営者自身が望む主観的な顧客プロフィールを通して発展的に描かれる場合が多く，その意思決定を左右するのは中小企業経営者が個人的にもつ非公式な情報網から集められた断片的情報である。非合理な側面も含めて，消費者意識の聴取とそれを補完する非公式な情報網の存在が，市場に直結した問題発見を導き，中小企業のマーケティングの成果へとつながると考えられている。

4. 中小企業のブランド・マーケティングの視点

4.1 ブランド・マーケティング戦略

　ブランド・マーケティングとは，顧客に支持される価値を生み出すために，ブランドの基本設計をしっかりと行い，それを関係者で共有し，一貫性をもって，統合的に行う活動のことを指す[*23]。ブランド・マーケティング戦略では，次の①～④ステップが必要とされる。①ブランドの価値の規定（企業が将来にわたって顧客に提供するブランド価値を明確にする），②ブランド・シンボル設計（ブランド価値を象徴する名前，マーク・ロゴ，キャラクター，言葉等のブランド要素を明確にする），③統合的なブランド戦略の実行（ブランド価値を社内外に徹底して共有化し，価格，製品，流通，コミュニケーションなどあらゆるマーケティング活動の中で一貫して実現する），④ブランド管理体制（その結果を組織的に管理し問題点があれば改善する）。これらの活動を行うことで，競合に対して自社ブランドに差別的な優位性と利益をもたらすとされる。

　ブランド・マーケティング戦略が通常のマーケティング戦略と異なるのは，ブランドの位置づけである。従来のマーケティングでは，ブランドを製品戦略の1つの要素として捉えてきたのに対し，ブランド・マーケティングではブランド価値を戦略の上位に位置づけている点が大きく異なる。ブランドとして長期的かつ継続的な方向性を目指すには，短期的な販売促進と全く異なり，モノ・サービスの背景にある企業の理念や考え方を見直し，顧客に対して意味のあるブランド価値を提案することが求められる。

　中小企業のブランド・マーケティング戦略の観点から独自のブランド価値規定が必要であり，その発想としてブランド価値を"to C"から"with C"（"C"はconsumer（消費者）を指す）の視点で捉えなおすことに近年の意義があると考えられる[*24]。"to C"という発想はブランドコンセプトをどう伝えるかに主眼が置かれているが，生活者主導社会では消費者に対して一方的な情報発

信ではなく，一緒にブランドをつくっていこうというスタンスが有効となる。ブランドの価値が価値の提案だけでなく，価値の体験や価値の共創，あるいは価値を媒介とした関係性に移行しつつある。ブランドが企業と顧客との「絆」の関係を示すものであり，「こだわり」をもつ消費者（ないし生活者）に対して，顧客への近接性と機動性を武器に，ユニークなブランド価値と連想をもつことができるようにブランディングすることが中小企業にとって強みとなると考えられる。

4.2 外部デザイナーとの連携

　ブランドの価値を規定することができても，それを視覚化することが大切である。ブランディングの方法として，製品のデザイン，企業のロゴ…などのブランド要素をビジュアルに有効に活用する必要がある。ブランド要素を媒介に顧客は企業と接点をもつため，商品そのもの以上に，デザインが重要となってくる。デザインとはまさにブランドの可視化を意味する[*25]。

　ブランド構築におけるデザインの役割について，①長期的なブランド構築に対する貢献，②短期的な競合他社に対する優位性の確保，③内容的に効果的なコミュニケーションの達成，④高い印象性の達成が期待される。

　中小企業の場合，中でも伝統的な「ものづくり」を続けてきた企業は，既存の商品の延長戦上にしか商品のデザイン化ができないことが多い。それゆえ改良・改善はできても，斬新な発想によるデザインができる人材が必ず社内にいるとは限らない。田中［2014］が指摘するように中小企業の人材は一人で何役もこなす多義性を備えているとしても，専門的なクリエイティビティを持ち，同時に業務を遂行できる人材は少ないと考えられる。また，伝統的な企業にかかわらず，社内にデザインのノウハウをもった人材がいなければ，外部のクリエイティビティをもった人材と連携，あるいは獲得する必要がある。

　中小企業のブランディングを考えた場合，ブランド・マーケティング戦略に基づいて，ブランド・シンボル設計を行い，ブランドの可視化を行う必要があるため，外部のデザイナー（またはコンサルタント，ディレクターなど）は戦

略を理解する能力も必要であり，時にはブランドの方向性を修正するために経営者に提言する役割が求められる[26]。その意味でデザイナーは経営者のパートナー的存在である必要がある。

5. 中小企業のブランド・マネジメントの視点

5.1 トップマネジメントの役割

　ブランドを管理する制度として，ブランドマネジャー制度が代表的である。ブランドマネジャーとは，「個々のブランドを均等に育成，強化していくために，ブランドごとにその育成と管理に責任を負う「ブランドマネジャー」を配置し，彼らが推進・調整役となって，研究，開発，市場調査，広告，販売部門などのブランド開発に携わるあらゆる関連部門が協力していく仕組みのこと[27]」を指す。ブランドマネジャーはブランドにかかわるすべての部署と横断的にコミュニケーションをとり，ブランドづくりの作業に組織を巻き込みながらトータル・ブランド・マーケティングのサポートを行う。

　Aaker［2000］によれば，ブランド・マネジメントには従来のブランド・マネジメントとブランド・リーダーシップの2つのアプローチがあり，新たに生まれたパラダイムがブランド・リーダーシップと呼ばれるものである。ブランド・リーダーシップでは，ブランド・アイデンティティに視点を置き，戦略的でかつ先見性をもって，ブランド・エクイティを生み出し，複数の製品および市場に対して，グローバルな視野で内部にも外部にもリーダーシップを発揮することが求められている[28]。

　中小企業の場合，誰がブランドマネジャーを担うのかという問題がある。大企業のように，ブランドを管理するブランドマネジャー制度が必ずあるわけではない。また，ブランドマネジャーは営業，製造，企画，デザインすべてを経験して高いスキルを身につけないと，ブランドマネジャーとして機能しない。そのため，中小企業の場合，多くは経営トップが兼任することになり，ブラン

ド・リーダーシップの発揮が求められる。中小企業も規模によって異なるため，複数のブランドをもつようになると，経営トップだけでは対応できないこともある。ブランドマネジャーという立場のスタッフ，もしくは組織・制度がなければ機能せず，競争力を失うこともある。経営者はブランド・マネジメントにおけるマネジャーにふさわしい人材を意図して育成していかなければならない。

ブランド・アイデンティティを明確にする（規定する）のは，経営トップの役割である。ブランド・アイデンティティを明確にすることによって，何か新しい戦略を打ち出すときに，自社らしさや妥当性などから判断できる。ブランド・アイデンティティを決めるには，①自社の存在とは何か（Who are we?），②自社は何を目指すのか（What are we aiming?）という2つの問いから方向性を考える。そして，ブランド・アイデンティティに欠かせない条件として，①価値性，②独自性，③共感性の3要素が指摘されている[*29]。経営トップはリーダーとして，経営の外部（アウター）と経営の内部（インナー）にむけて一貫した姿勢と，内部組織に対する影響力と内部組織からの高い信頼性を示す意味で，オーセンティックなリーダーシップ[*30]が求められる。

5.2 インナーブランディング

中小企業のブランディングとして，インナーブランディングの視点が今後ますます注目されるだろう。インナーブランディングとは，企業が全社的にブランド・アイデンティティを共有化し，従業員の意識や行動の目標を統一化することにより，提供する製品・サービスの向上に繋げ，企業ブランドを従業員に浸透させる取組みのことを意味する。

ブランド・アイデンティティ形成についていえば，ブランド・アイデンティティの明確化・規定はトップの重要な役割であるが，それだけでは意味をなさない。それが浸透し，メンバー間で共有化され，つながりをもつことで，社内の意識が統一され，アイデンティティの確立といえる。

田中［2012］は，ブランドのもつ意味や理念から，社員自身が「創発的」

に，つまり創造的かつ自発的な影響を受けてアクションを起こしていくプロセスをもつ企業として「ブランド創発型企業」というコンセプトを提案している[*31]。望ましいことは，ブランドから刺激やインスピレーションを得て，トップや社員がこれまでになかった革新的な意思決定に結びついていくこと，つまりブランド・アイデンティティの意味から社員の行動指針となると同時に，行動を誘発するような影響プロセスが重要であることを指摘する。

一般財団法人ブランド・マネジャー認定協会［2015］は，中小企業を中心に社員と一緒になってブランドを構築するケースから，社員がいきいきと働き，経営に参画するという意識が高まることで，強い組織を築いていくことを「チームブランディング」と呼んでいる。チームブランディングでは，グループワークを通して，自分たちの頭で考え，意見を交換することで「自分の価値感」や「他者（顧客・スタッフ）の価値観」を深く理解し，「自らの価値観」との共通点を発見することを主眼としている。それが，主体的にブランド・アイデンティティに即した行動ができる人材の育成，チームの育成につながるとする。

ただし，実際にブランディングを組織や商品の価値を向上させるためだけでなく，ブランド・アイデンティティが共有化され，従業員の意識や行動の目標が統一化され，それが組織の文化として成立させるには課題も多い。インナーブランディングが成功しないのは，どのような原因なのだろうか。

社内のブランド浸透が失敗する原因として，アリス（Alice）［2005］は，①対外的なマーケティング活動に比べて，経営資源の投入やサポート，プランニングが足りないこと，②刺激的な広告キャンペーンや，新しいネーミングやロゴの開発に目を奪われがちになる，③ブランド構築を企業文化やビジョンやミッションに関連する社内活動と連動させないこと，④ブランド構築活動の手段としてテクノロジーに頼りすぎることの問題点が指摘されている[*32]。結果的に，経営者のインナー軽視の視点が指摘されている。

中小企業にとって人材獲得の問題はあるが，インナーブランディングは，企業自体のブランド力に関係する問題と捉えることができる。優れた中小企業の特質として「経営者と従業員の一体化」を指摘したが，中小企業において，経

営者が最もリーダーシップを発揮しなければならない点といえる。社内浸透には，外部顧客と同じようにブランド価値を理解してもらうことから始まる。社員がブランドの熱狂的な支持者となり，意識せずともブランドを体現できるようになるまで，社員の行動がブランドと一貫したものになるように努力を続けるべきである。

社員がブランド実現に向けて，自ら考え，自律的に行動するためには，社員1人ひとりが心から納得し，行動する意思をもたなければならない点も重要である。その意味で，アイデンティティの形成プロセスから経営者と社員が一緒に関係することも重要である。

ブランドの実現にむけて心からの当事者意識をもち，主体性を発揮しながら，自律的に行動できるようになることが，「自分ゴト化」や「自分ごと」という概念として提示されている[*33]。「自分ごと」という言葉は辞書になく「他人ごと」の反語だとすると，「自分ごと」とは「自分に関係あること」，つまり「自分ゴト化」とは自分に関係のあることのように自発的に行動することにほかならない。

社員の行動を意識のレベルからブランディングすることのフレームの1つとして，「ピープル・プロセス・ブランディング」が提示されている[*34]。ピープル・プロセス・ブランディング（図表10-1参照）は4つのフェーズからなり，「自分ゴト化」のボトルネックの発見から企業文化のレベルまで深化させる段階を示し，フェーズの分析として活用できると考えられる。

6. 考察と課題

本章では，中小企業のブランド論の必要性から，次の展開で説明してきた。

ブランド論のレビューを通して，ブランドの価値の捉え方やアイデンティティについて説明し，中小企業のブランドを取り巻く環境の変化や中小企業の特質の内容を整理し，アウターとインナーの視点から中小企業のブランド・マーケティングとマネジメントについて必要な視点と若干の考察について述べ

図表10-1　ピープル・プロセス・ブランディングの4つのフェーズ

phase 1
Analysis
自分ゴト化の
ボトルネック発見

phase 2
Design
自分ゴト化の
ゴールと方針の策定

phase 3
Culturize
自分ゴト化の
施策実施

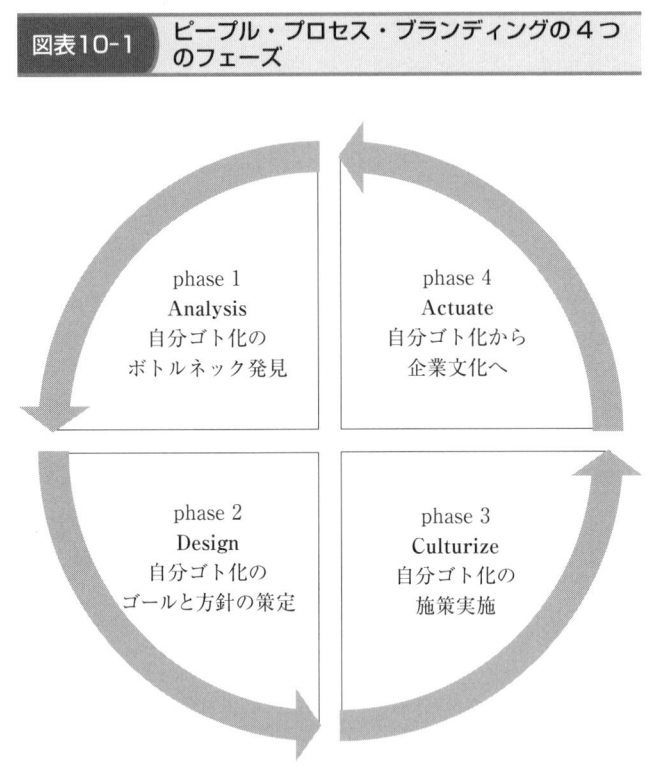

phase 4
Actuate
自分ゴト化から
企業文化へ

出所：電通インナーブランディングチーム・桑畑英紀［2011］23頁より作成。

てきた。今後はより概念を深く精査し，フレームワークを検討しつつ，具体的な中小企業のブランド・マーケティングとマネジメントに関して，調査・考察していきたいと考える。

注

*1　中小企業庁『中小企業白書（2005年版）』第2部第1章第4節（6）。
*2　中小企業庁『中小企業白書（2013年版）』第2部第2章第1節。
*3　木村［2015］28-30頁，70-72頁。
*4　ブランドの要素には，上記以外にもカラー，マーク，キャラクター，ジングル，ス

第 10 章　中小企業におけるブランド・マーケティングとマネジメントの視点　179

　　タイル，パッケージなどの様々な要素が挙げられる。
＊5　平山［2007］26-27頁。
＊6　Aaker［1991］。（邦訳［1994］21-29頁。）
＊7　青木［2014］4頁。
＊8　Keller［1998］。（邦訳［2000］78頁。）
＊9　和田［1998］212-213頁。
＊10　平山［2007］53-56頁。
＊11　例えば，Schmitt［1999］。（邦訳［2000］。）
＊12　パワーブランドの基準の根拠として，①20年以上市場にあること，②世界中の人が認めていること，③ブランドの専門家が認めていることを挙げている。片平［1998］51-52頁。
＊13　田中［1997］73-102頁。
＊14　Aaker［2000］。（邦訳［2000］47-48頁。）
＊15　青木［2014］6頁。
＊16　岩崎［2004］3頁。
＊17　博報堂生活総合研究所によって示された概念で，ある製品が普及し1世帯あたりの平均保有数が1以上になる現象から「大衆」から「分衆」という概念が提示された。
＊18　博報堂DYグループエンゲージメント研究会［2009］18-22頁。
＊19　山田［2013］189-190頁。
＊20　中小企業庁『中小企業白書（1978年版）』第1部第3章。
＊21　田中［2014］69頁。
＊22　田中［2014］71-76頁。
＊23　（株）博報堂ブランドコンサルティング［2000］22-23頁。
＊24　博報堂DYグループエンゲージメント研究会［2009］41-50頁。
＊25　室井［2015］132頁。
＊26　室井［2015］153-155頁。
＊27　簗瀬［2007］170頁。
＊28　対照的に，従来のブランドマネジメントは戦術的かつ受動的に，単一製品あるいは単一市場を，外部・顧客にコミュニケーションの焦点を当て，限られた戦術的かつ受動的に対応し，売上とシェアをあげるべく，調整役であることが示されている。
＊29　岩崎［2013］85-86頁。
＊30　オーセンティックとは「真の」あるいは「本当の」という意味をもち，「真のリーダーシップ」と訳される。真正な目的と高い倫理的・道徳的観念をもち，自己内省によって厳しく自分を律し，より善き行為をなすリーダーのことである（吉村［2015］189頁）。
＊31　田中［2012］34-35頁。
＊32　Alice［2005］。（邦訳［2006］235頁。）
＊33　電通インナーブランディングチーム・桑畑［2011］。なおこの概念は従業員だけでな

く，博報堂DYグループエンゲージメント研究会［2009］では顧客にも説明される概念として捉えられている。

＊34　電通インナーブランディングチーム・桑畑［2011］22-25頁。

参考文献

青木幸弘・恩蔵直人編［2004］『製品・ブランド戦略』有斐閣。

青木幸弘［2014］「第1章　ブランド論の過去・現在・未来」田中洋編著［2014］『ブランド戦略全書』有斐閣，1-21頁。

一般財団法人ブランド・マネージャー認定協会［2015］『社員をホンキにさせるブランド構築法』同文舘出版。

岩崎邦彦［2004］『スモールビジネス・マーケティング―小規模を強みに変えるマーケティング・プログラム』中央経済社。

岩崎邦彦［2013］『小さな会社を強くする　ブランドづくりの教科書』日本経済新聞社。

小川孔輔［2011］『ブランド戦略の実際（第2版）』日本経済新聞出版社。

片平秀貴［1999］『新版　パワー・ブランドの本質―企業とステークホルダーを結合させる「第5の経営資源」』ダイヤモンド社。

株式会社博報堂ブランドコンサルティング［2000］『図解でわかるブランド・マーケティング』日本能率協会マネジメントセンター。

木村佑紀［2015］『ブランドファースト―中小・ベンチャーの成長はブランドから始まる』日経BPコンサルティング。

小西圭佑［2013］『ソーシャル時代のブランドコミュニティ戦略―つながる，発信する，共に創るためのプラットフォーム構築法』ダイヤモンド社。

田中　洋［1997］「マーケティング基礎概念としてのブランド」青木幸弘・小川孔輔・亀井昭宏・田中洋編『最新ブランド・マネジメント体系』日経広告研究所。

田中　洋［2012］『ブランド戦略・ケースブック―ブランドはなぜ成功し，失敗するのか―』同文舘出版。

田中道雄・投石満雄・星加ルリコ・名渕浩史［2010］『中小企業の実践マネジメント』中央経済社。

田中道雄［2014］『中小企業マーケティング』中央経済社。

電通インナーブランディングチーム・桑畑英紀［2011］『自分ゴト化Inner Branding-社員の行動をブランディングする』株式会社ファーストプレス。

博報堂DYグループエンゲージメント研究会［2009］『「自分ごと」だと人は動く―情報がスルーされる時代のマーケティング』ダイヤモンド社。

博報堂ブランドコンサルティング［2000］『図解でわかる　ブランドマーケティング』日本能率協会マネジメントセンター。

平山　弘［2007］『ブランド価値の創造―情報価値と経験価値の観点から』晃洋書房。

マーチン・リンストローム著，ルディ和子訳［2005］『五感刺激のブランド戦略』ダイヤモンド社。

室井淳司［2015］『体験デザインブランディング―コトの時代の，モノの価値のつくり方―』株式会社宣伝会議。

簗瀬允紀［2007］『コーポレートブランドと製品ブランド―経営学としてのブランディング』創成社。

山田英夫［2014］『逆転の競争戦略［第4版］』生産性出版。

吉村泰志［2015］「第12章　経営戦略と経営者のリーダーシップ―戦略の前にあるべきもの」稲田賢次・伊部泰弘・名渕浩史・吉村泰志『経営戦略論を学ぶ』創成社。

和田充夫［1998］『関係性マーケティングの構図』有斐閣。

Alice, M. T. and T. Galkins［2005］*Kellogg on Branding : The Kellogg Marketing school of Management.*（小林保彦・広瀬哲治訳［2006］『ケロッグ経営大学院　ブランド実践講座』ダイヤモンド社。)

Aaker, D. A.［1991］*Managing Brand Equity*, The Free Press.（陶山計介・中田善啓・尾崎久仁博・小林哲訳［1994］『ブランド・エクイティ戦略：競争優位を作りだす名前，シンボル，スローガン』ダイヤモンド社。)

Aaker, D. A.［1996］*Building Strong Brands*, The Free Press.（陶山計介・小林哲・梅本春男・石垣智徳訳［1997］『ブランド優位の戦略：顧客を創造するBIの開発と実践』ダイヤモンド社。)

Aaker, D. A. and E. Joachimsthaler［2000］*Brand Leadership*, The Free Press.（阿久津聡訳［2000］『ブランド・リーダーシップ：「見えない企業資産」の構築』ダイヤモンド社。)

Keller, K. L.［1998］*Strategic Brand Management : Building, Measuring, and Managing Brand Equity*, Prentice Hall.（恩蔵直人・亀井昭宏訳［2000］『戦略的ブランド・マネジメント』東急エージェンシー。)

Idris Mootee［2003］*60-minute Brand Strategist*, SA Press.（青木幸弘訳［2005］『60分であなたもブランド戦略家』宣伝会議。)

Schmitt, B. H［1999］*Experiential Marketing : How to Get Customers to Sense, Feel, Think, Act, and Relate to Your Company and Brands*, Free Press.（嶋村和恵・広瀬盛一訳［2000］『経験価値マーケティング―消費者が「何か」を感じるプラスαの魅力』ダイヤモンド社。)

第11章

中小企業マーケティングと地域ブランド

伊部　泰弘

1. 地域を支える中小企業と地域ブランドとの関わり

　地域経済を活性化させる政策の1つとして注目されている地方創生あるいは地方再生において，その中心的役割を果たしているのが，地域で活躍する地域企業である。地域企業とは，伊部［2009］によると，①地域資源を活用し，地域の産業を担っている企業，②地域経済に貢献している企業，③特定の地域のニーズを満たす企業，の3つの特質のいずれかあるいはすべてを有する企業と規定している[1]。

　また，地域企業の大多数は，中小企業である。その中小企業のマーケティング活動において，地域ブランドや地域ブランディング（地域のブランド価値を高める活動）はどのような役割を果たしているのであろうか。

　本章では，そのような中小企業による地域ブランドの活用法と独自訴求について考えてみたい。

2. 地域ブランドの概念整理と地域ブランド論

2.1 地域ブランドの概念とその特徴

　疲弊する地域経済の活性化において，その起爆剤として「地域ブランド」が昨今注目されており，その活用法が問われている。しかし，「地域ブランド」といっても様々な捉え方があり，地域の産品を指す場合もあれば，地域名（都市名）そのものをブランドとして捉える場合もあるなどその範囲や意味合いも一義的ではない。そこで，地域ブランドとは何であり，どのような特徴をもったブランドなのかを整理してみる。

　まず，ブランドとは，アメリカ・マーケティング協会の定義によると，「ある販売者の商品やサービスを別の販売者のそれらと区別するための名前，用語，デザイン，シンボル，あるいはその他の特徴」[*2]と捉えられている。その定義を利用し，地域ブランドを捉えるなら，地域ブランドとは，「地域が特性としてもっている資源，すなわち農水産物・特産物・産業・自然・景観・歴史・文化財・伝統・芸能・名所・史跡・まち並み・イベント・その他の地域社会の特性などを全体としてイメージ形成した名前，用語，デザイン，シンボルあるいはその他の特徴」といえよう。

　また，地域ブランドは，地域資源を活用した地域発の産品ブランドと地域そのもののブランドを包括する概念でもある。地域発の産品ブランドとは，地域資源を活用した産品であり，特に後述する地域団体商標制度等を利用した新潟清酒や新潟茶豆，地域の名産や地域を代表する産品としての富士宮やきそば，宇都宮餃子，魚沼産コシヒカリなどが該当する。地域そのもののブランドは，地域発の産品ブランドを統合する役割を果たすブランドであり，新潟ブランド，京都ブランドといった各都道府県を統括するブランドや各都道府県を細分化したブランドであり，新潟でいえば，上越，中越，下越，佐渡地域のブランド，また，さらに細分化した燕，三条（合わせて燕三条），加茂，田上といった地域名そのもののブランドである。

さらに，伊部［2010］では，地域ブランドを「地域資源を利用した地域発のブランドを利用し，①買いたい（特産品），②行きたい（観光），③交流したい（産業・商業）④住みたい（暮らし）を実現しうる地域の有形・無形の資産を人々に有用な価値へと結びつけ，それにより地域活性化を図ることであり，競合する地域の差別化を意図した名称，言葉，シンボル，デザインあるいはそれらの組み合わせである」[*3]と捉えている。

つまり，地域ブランドは，地域の有形・無形の資産を人々に有用な価値へと結びつけ，それにより地域活性化を図ることを考えていく必要がある。

2.2 地域ブランド論の展開

地域ブランド論を議論するに当たり，地域ブランドをこれまでのブランド論の中で捉える場合，ブランド・エクイティ，ブランド・アイデンティティ，ブランド・イメージなどの視点で捉えていくとともに「地域」という限定された概念をもつが故の特殊性（地域の捉え方や開発主体や展開エリアなど）も十分考慮した議論が必要である。和田［2007］では，「マーケティング戦略の中心課題としての『ブランド化』が今日の現実の中で「プロダクトからコーポレイトへ，そして地域へ」と転換してきているのが今日のブランド論議の現実であると言わざるをえない」[*4]と指摘しており，ブランド論における地域に関する考え方もマーケティングの中心課題へとなってきていることが窺える。特に，地域ブランドの議論を展開する場合，地域ブランドにおいても，企業ブランドや製品ブランドと同様に，他のブランドとの差別化を図り，消費者に地域を知ってもらうという地域ブランド認知や地域の産品を購入してもらうという購買促進のための活動を戦略的に行っていく必要がある。そこで，地域ブランド論の議論の中心課題として，地域ブランド戦略と地域ブランド・マネジメントの２つの側面に絞って考えてみる。

地域ブランド戦略とは，地域ブランドの管理主体者がブランディングにより，①買いたい，②行きたい，③交流したい，④住みたいと思う人々に対して，当該地域ブランドを競合するブランドと「差別化されたブランド」として

認識させ，ブランドによって購買を促進させ，収益を高めるために採られる戦略である[*5]。また，地域ブランド戦略は，地域活性化を第一義的目標と位置づけ，地域発の産品ブランドや地域そのものの評判や評価を向上させていく様々な活動でもある。「B-1グランプリ」にみられる地域発の産品ブランドを広く浸透させ，地域そのもののブランド化を促進させるイベントの開催等も戦略の1つに位置づけられる。つまり，地域ブランド戦略とは，地域資源を活用した地域発の産品ブランドを開発し，それを利用して地域そのもののブランド化を促進させることで地域活性化を目指した取組みである。

次に，地域ブランド・マネジメントについては，既存のブランド・マネジメントと同様，恩蔵・亀井［2002］が整理しているブランド・マネジメント要素[*6]（ブランド・ネーム，ロゴ，スローガン，キャラクター，ジングル，パッケージ）の開発・管理を行っていく必要がある。しかし，地域ブランド・マネジメント要素はそれだけに留まらず，長尾［2008］が指摘する自然，歴史遺産，伝統文化，芸術，インフラ，経済的施設など地域に見られる有形・無形の地域資産[*7]が地域ブランド・マネジメント要素として加わることになる。さらに，有形・無形の地域資産の価値が地域ブランドの資産価値に大きな影響を与えるため，地域ブランドを管理する主体者が，地域ブランド・アイデンティティを確立し，地域内外の人々がもつ地域ブランド・イメージといかに整合性が取れるかといった議論の枠組みの中で捉える必要がある。

つまり，地域ブランド論は，従来のブランド論を内包する形で存在し，地域活性化に向けて地域発の産品ブランドの構築とそれを通じての地域そのもののブランド化を促進するための様々な議論を展開している[*8]。

3．地域ブランド活用の現状
―地域団体商標制度から考える―

地域ブランド活用の現状については，地域団体商標制度を利用した地域ブランド化の視点から考えてみる。

地域団体商標制度は，2006年4月に施行された制度である。特許庁HP（ホームページ）によると，地域団体商標制度とは，「『地名＋商品名』からなる地域ブランドが商標権を得るための基準を緩和し，事業協同組合や農業協同組合等の団体が商標を使用することにより，一定範囲の周知度を得た段階で地域団体商標として早期に権利取得することを可能とした制度」[9]と明記されている。つまり，地域団体商標制度とは，「①『地名＋商品名』からなる地域ブランドが商標権を得るための基準を緩和し，②各種関連団体がある程度周知された地域団体商標の使用等の権利を取得することで，③地域活性化に繋げるとともに，地域団体商標を保護することを目的に採用された制度」[10]といえる。このように地域団体商標制度は，地域発の産品ブランドについて国がお墨付きを与えて，当該ブランドを保護し，育成の促進に役立たせる制度である。

また，地域団体商標として出願できる団体は，事業協同組合等の特別の法律により設立された組合及びそれに相当する外国の法人，商工会，商工会議所，NPO法人並びにこれらに相当する外国の法人である[11]。

では，現在，地域団体商標制度を利用した地域ブランドはどのくらいあるのだろうか。特許庁のHPによると，2015年7月現在，全国で608件の登録があ

図表11-1　地域団体商標における産品別登録件数（2015年7月現在，単位：件）

野菜	米	果実	食肉・牛・鶏	水産食品	加工食品
53	7	42	56	43	49
牛乳・乳製品	調味料	菓子	麺類・穀物	茶	酒
5	14	11	11	16	12
清涼飲料	植物	織物・被服・布製品・履物	工芸品・かばん・器・雑貨	焼物・瓦	おもちゃ・人形
1	3	52	78	28	15
仏壇・仏具・葬祭用具・家具	貴金属製品・刃物・工具	木材・石材・炭	温泉	サービスの提供（温泉を除く）	
36	9	14	38	15	

出所：特許庁HP「地域団体商標登録案件紹介　産品別表示」より筆者作成。

る*12。具体的に新潟県でみてみると，越後上布，越後湯沢温泉，小千谷縮，小千谷紬，亀田縞，加茂桐箪笥，新潟清酒，新潟茶豆，村上木彫堆朱，安田瓦の10件が登録されており*13，伝統工芸品以外にも，温泉，清酒，農産物など多様な産品が地域団体商標制度を利用していることが窺える。

また，図表11-1は，2015年7月現在の産品別登録件数を示したものであるが，多い順に工芸品・かばん・器・雑貨（78件），食肉・牛・鶏（56件），野菜（53件）などとなっている。特に，地域を象徴する産品としては，工芸品・かばん・器・雑貨が最も多く登録されており，地域ブランドを構築する上で，産業集積による労働集約型の産品は，欠かせない物となっているのである。また，上位には，畜産や農産物も多く登録されているところからも，地域産業を担う産品を地域団体商標制度に登録することで，地域ブランド力の向上を図り，地域のブランディングに役立てていることが窺える。

このように，地域団体商標制度を利用した地域ブランド化は，ますます進展している。特に，地域産業を支える中小企業においても，地域ブランディングに密接に関係しているため，地域ブランドを活用したビジネス展開が急務の課題である。

4. 中小企業のマーケティングにおける地域ブランド活用事例

本節では，中小企業のマーケティングにおいてどのように地域ブランドを活用していけば良いのかを新潟県県央地域，なかでも燕三条地域における「燕三条ブランド」という地域ブランディングの特徴と中小企業の地域ブランドの活用法について，「燕三条ブランド」管理主体者と「燕三条ブランド」のブランディングを支える当地域の中小企業のマーケティングの視点から考えてみる。

4.1 燕三条地域の特徴

　新潟県の中央（県央）に位置する燕三条地域は，新潟市と長岡市に挟まれた形で位置しており，燕市と三条市の両市にまたがる地域である。人口は，両市合わせて183,105人（2015年6月時点，燕・三条両市役所HPより）であるとともに，日本有数の「ものづくりの街」であり，一帯に田園風景が広がる日本有数の米どころ（穀倉地帯）でもある。

　特に「ものづくりの街」と言われるゆえんには，燕は洋食器，刃物，ハウスウエアに見られる金属製品の，また三条は，金型やプレス加工品を始め，刃物，工具類などの金属加工製品の一大産業集積地となっている。

　また，燕三条地域が得意とする技術が，ステンレス製品の深絞り加工であり，ステンレスを中心とする全国屈指の複合金属加工産地としての基盤を確立している。特に，ステンレス等の研磨技術は，世界水準の優れたものがあり，具体的には「磨き屋シンジケート」なる磨きのプロ集団が存在している。その磨きの技術は，様々なものに活かされており，Apple社のiPodなどの製造に深く関わっている。

　その燕三条地域の産業集積を支えているのが，多数の中小企業であり，「燕三条＝中小企業の街」として発展してきたといっても過言ではない。

　中小企業金融公庫・寺沢［1994］によると，燕三条地域は，「大企業のような中央集権型の開発機構をもたない地方圏の中小企業集積地域において，このような生産システムが形成された基礎には，転換の中で蓄積された金属加工技術のネットワークがある。」[*14]と指摘しているように中小企業の集積と金属加工技術ネットワークが密接に結びつき，地域産業を形成している地域であることが特徴的である。

4.2 燕三条ブランドの地域ブランディングの特徴

(1) 燕三条ブランドが構築された経緯

　「燕」でもなく「三条」でもない「燕三条」という両地域にまたがるといっ

た形で全国的にも大変ユニークな地域ブランドを構築し，地域ブランディングを推進している「燕三条ブランド」はどのようにして構築されてきたのであろうか。

実は地元の方々から話を聞くと，燕と三条は昔からあまり仲が良かったわけではなかったようである。その証拠に，上越新幹線の駅名は「燕三条駅」であり，その駅の出入り口は燕口と三条口があり，ちょうど燕市と三条市の境に駅があるといった立地になっている。また燕三条駅からほど近い場所に北陸自動車道のインターチェンジがあり，こちらは「三条燕インターチェンジ」となっている。また「平成の大合併」が行われた際も，両市の合併案が出されたが物別れに終わり，それぞれが近隣の町村との合併は行ったものの，両市が合併することはなかった。

では，なぜ，今「燕三条ブランド」として地域ブランドを構築し，地域ブランディングを推進しているのであろうか。そこには，燕・三条両市の「ものづくりの街」としての誇りと技術が後押ししているものと考えられる。

前述の通り，燕市はステンレス等の金属加工業者が多数存在し，特にカトラリー（食卓用のナイフ・フォーク・スプーンなど）に代表される洋食器は国内生産シェア9割以上を占めるとともに，研磨やプレス金型などの金属加工業者が多数存在し，「職人の街」として金属加工の産業集積地として発展してきた。また，三条市も燕市と同様，「ものづくりの街」として知られており，古くは，17世紀初頭の和釘製造から始まり，その後，三条鍛冶として，鎌や包丁などの刃物鍛冶の発展を遂げている。また，自動車部品の金型や工具類や爪切りといった生活用品などのものづくりが行われ，今日に至っている。特に，金物の生産拠点であり，鍛冶職人たちが作った製品を取り扱う卸売商（問屋）や小売商も発達し，鍛冶職人と金物商人との結びつきが強くなることで，「商人の街」としても発展してきた地域である[*15]。

このように，燕・三条とも「ものづくりの街」であったため，お互いにライバル意識が強く，現在合併はしていないものの，「ものづくり」という点では共通しており，また，製造業と卸・小売業の補完関係が構築しやすい関係にあったため，「燕三条」という新たな地域名を創りだし，ブランディングが行

われるようになったのである。

そこで，次項において，「燕三条ブランド」の認知度を高め，ブランディングを行っている「燕三条ブランド推進室」による「燕三条ブランド」のブランディング手法について考えてみる。

(2) 燕三条ブランド推進室による「燕三条ブランド」のブランディング手法

燕三条ブランド推進室は，「燕三条ブランド」のブランディング主体者であり，2009年4月に，燕市・三条市両市の出資団体である財団法人燕三条地場産業振興センターに設置された[*16]。

燕三条ブランド推進室では，地域ブランドである「燕三条ブランド」を構築するに当たり，地域ブランドを「地域と地域の商品やサービスを高めることによって，相乗的に地域と製品・商品の双方のイメージが向上すること。そして地域に対する消費者からの評価を高め，イメージを作り上げること」[*17]としている。また，「燕三条ブランド」への取組みの必要性について，当推進室では，地域（地域イメージ）も商品におけるブランド効果（他社との差別化により市場などでの位置づけが明確化し，競争相手に対して優位性を確保できるメリット）と同様に将来の社会情勢を見据えた地域間競争で優位に立つための取組みが必要であるとしている。また，地域ブランドを構築することで，住民や企業・生産者にとって，地域イメージが向上する（ブランド化される）ことは居住地や立地のイメージを事業のPRにも活用できたり，地域住民にとっても地域の評価が高まることで地元への愛着心の醸成を図るとともに，取組みへの参加などを通じて，地域資源の再認識の機会になるなどのメリットがあるとしている[*18]。

また，当推進室の役割は，「燕三条地域の知名度を上げ，農商工すべての地域産業の活性化を図るため，燕三条の地域ブランドの確立を目指すもの」[*19]としている。さらに，金属加工技術の集積地であるとともに農業も盛んであることから，その双方を融合させ，1つの価値ある地域ブランドとして，「オーガニックなライフスタイル」を，「工業と農業」，「伝統と最先端」のものづくりが共存する燕三条ならではの価値観で創り上げていくことを目指している。ま

た，燕三条ブランドを確立するため，「燕三条プライドプロジェクト」を設立している。当プロジェクトは複数のグループ・プロジェクトから構成されており，それぞれのプロジェクトの相乗効果により，燕三条ブランドを確立し，燕三条の魅力を表現するライフスタイルを創り上げ発信していくことを目指している。具体的には，プロダクトグループ（製品開発を通して展示会などによる燕三条のPRのためのプロジェクトを実施），レストラングループ（朝の農園での農業体験や朝食を楽しむ「燕三条 畑の朝カフェ」事業を展開し，農園主や地元農作物・使用する地元生産のカトラリーなどのブランディングのためのプロジェクトを実施），ツーリズムグループ（「まちあるき」などの着地型（参加型）観光[20]やグリーンツーリズム[21]，産業観光[22]などの事業を通じて燕三条ブランドを体験してもらうためのプロジェクトを実施），プロモーショングループ（燕三条ブランド事業のPRの他，ブランド・イメージの発信につながる事業の企画立案実施のためのプロジェクトを実施）がある[23]。

また，図表11-2のように「燕三条ブランドマーク」を創り，製品，農産物，事業及び媒体のうち，一定の基準を満たしたものに対して，申請，認証を経て，使用してもらうことで，燕三条ブランドの認知度の向上やブランディングに役立てている[24]。また当推進室では，特に「燕三条ブランド」という地域ブランドにおいて，そのコンセプトを「ものづくりの街」とし，その認知，浸透，定着に力を入れている[25]。

図表11-2 燕三条ブランドマーク

出所：燕三条ブランド推進室HP。

4.3　燕三条ブランドと地域の中小企業との関わり
―藤次郎株式会社の事例―

本項では，中小企業における地域ブランドをマーケティングに活かす事例として，燕三条ブランドを自社のマーケティング活用に活かしている藤次郎株式会社の事例から考えてみる。

(1)　藤次郎株式会社の概要

藤次郎株式会社（以下，藤次郎）の創業は，1953年11月であり，資本金1,100万円，社員75名の燕三条を代表する刃物製造の会社である。2015年7月に社名を藤寅工業から藤次郎に変更している。事業内容は，庖丁（業務用・一般家庭用）・調理用品・機械特殊刃物・キッチン用品・キッチン鋏（はさみ）・農業用散布機ノズルの製造販売を主に行っている。主な製品ブランドは，藤次郎，Tojiro-Pro，TOJIRO-Color，藤次郎閃光，Tojiro Supreme，富士印庖丁などがあり，なかでも藤次郎という刃物が主力製品となる。つまり，前述した社名変更は，主力製品の刃物ブランドである藤次郎をそのまま社名としたのである。

また，2015年7月に藤次郎刃物工房敷地内に「藤次郎ナイフギャラリー」を開設した。販売も可能なショールームの他，キッチンスタジオ，セミナールームを完備した複合施設としてものづくりを発進する基地を展開している[*26]。

(2)　藤次郎ブランドと燕三条ブランドを結び付けるマーケティング活動

藤次郎の社長である藤田進氏は，同社のHPの社長挨拶の中で，「日本の料理文化の進展とともに歩んできた『和庖丁』は，長い時を経て，職人から職人へと受け継がれてきた『日本の伝統技術の結晶』とも言えるもの。日本には，その伝統的技術を継承する刃物産地が今も各地にあり，藤次郎株式会社が本社を置く，新潟県の燕・三条地域もそのひとつです。私たち藤次郎株式会社，そして藤次郎が目指すもの。それは藤次郎として世界へ発信する『切れる』道具と調理文化を『結ぶ』運動です」と述べている。つまり，社長の言葉には，燕三条地域という刃物産地の一員として，和包丁の「藤次郎ブランド」に誇りをも

ち，道具と調理の橋渡し役としてのポジションを確立していきたいという意気込みが感じられる。

そのような中，藤次郎は，地域ブランドである燕三条ブランドと自社ブランドを結び付けるマーケティング活動にも積極的である。一例として，燕三条地域で行われている様々なイベントに積極的に出店していることがあげられる。なかでも2015年10月で第3回目を迎えた「燕三条　工場（こうば）の祭典」（燕三条地域にある工場が，開催期間中，一斉に工場を開放し，訪れた方々に工場でのものづくりを体感してもらうイベント）にも積極的に関わっており，燕三条ブランドのブランディングを意識したマーケティング活動を展開している。

また，前述した「藤次郎ナイフギャラリー」の開設も自社ブランドのPR拠点のみならず，「ものづくりの街　燕三条」を認知してもらうための産業観光施設としての役割を担う場所としての価値を訴求しており，燕三条ブランドのブランディングに大いに役立たせている。

また，同社長は，「地域の中小企業は，地域ブランドつまり，燕三条ブランドの力を借りて，自社ブランドの構築に役立てるべきである。特に，燕三条地域の中小企業は，今は思うように自社のブランディングが出来なかったとしても，燕三条で行われる様々なイベントに積極的に参加，出店し，燕三条ブランドを利用し，将来は自社ブランドを確立していけるようにするべきである」[*27]と述べている。

つまり，自社ブランドが確立できていない地域企業や中小企業は，地域ブランドのブランディング力を活用し，将来自社ブランドを確立していけるようにマーケティング活動を行うべきなのである。

5．中小企業が地域ブランドを活用する際の課題

本章では，中小企業による地域ブランドの活用法と独自訴求について，新潟県の燕三条地域における「燕三条ブランド」とそれを活用し，独自訴求のマーケティングを行いながら地域産業を支える中小企業の事例を通じて考察した。

その結果，地域を支える中小企業のブランディングと地域ブランドのブランディングには非常に密接な関係があることが明確となった。前述の通り，中小企業は，地域ブランドのブランディング力を活用し，自社のブランド構築やブランディングに役立てるべきである。つまり，中小企業は，地域ブランドという傘の中で，ブランディングに関するノウハウや知識を習得し，地域ブランドの中に埋没することなく，将来は，地域ブランドという傘から抜け出し，自立したブランディングができるようなマーケティング活動を展開していくことが出来れば良いと考える。

　しかし，中小企業が地域ブランドを活用する際の課題についてもその克服が求められよう。第1は，地域を支える中小企業が，いかにして地域資源を有効に活用し，地域ブランディングに貢献していけるかである。地域資源には，まだまだ地域住民にも知られていない資源がたくさんあり，地域活性化や地域ブランディングにおいて，それらの有効活用が欠かせない。中小企業が，既存の地域資源と新たな地域資源の活用を通じ，「イノベーション」を生み出すことによる地域ブランディングへの貢献が必要となる。

　第2は，中小企業が自社のマーケティング活動にどのように地域ブランドを活かしていけるかである。今後，地域産業を担う中小企業が地域で生き残るためには，産業観光に力を入れていく必要がある。自社の事業を観光という側面から見直し，地域に主体的に何が出来るのかといった視点で自社の事業を再構築していく必要がある。そのためには，自社のマーケティング活動に地域ブランドを取り込み，地域ブランディングを通じた自社ブランドの構築が不可欠である。

　特に，中小企業と地域の発展は，密接不可分の関係にあるため，中小企業のマーケティング活動は，常に地域ブランドのブランディングを意識することが求められよう。

〈本章を執筆するに当たり，燕三条ブランド推進室室長山田隆雄氏，藤次郎株式会社代表取締役社長　藤田進氏に貴重なお話を聞かせていただいた。ここに改めて御礼申し上げる次第である。〉

注

*1　伊部［2009］73-74頁。
*2　AMA Dictionary〈https://www.ama.org/resources/Pages/Dictionary.aspx?dLetter=B〉（2015年7月21日）。
*3　伊部［2010］68頁。
*4　和田［2007］2頁。
*5　伊部［2010］71頁。
*6　恩蔵・亀井編［2002］
*7　長尾［2008］103頁。
*8　伊部［2011］68-69頁。
*9　特許庁HP「地域団体商標の出願状況について」〈http://www.jpo.go.jp/cgi/link.cgi?url=/torikumi/t_torikumi/t_dantai_syouhyou.htm〉（2015年7月29日）。
*10　伊部［2010］69頁。
*11　特許庁HP〈http://www.jpo.go.jp/cgi/link.cgi?url=/torikumi/t_torikumi/t_dantai_syouhyou.htm〉（2015年7月29日）。
*12　特許庁HP〈https://www.jpo.go.jp/torikumi/t_torikumi/tourokushoukai/sanpinbetsu.html〉（2015年7月29日）。
*13　特許庁HP〈https://www.jpo.go.jp/torikumi/t_torikumi/tourokushoukai/bunrui/03_niigata.html〉（2015年7月29日）。
*14　中小企業金融公庫調査部・寺沢編著［1994］107頁。
*15　中小企業金融公庫調査部・寺沢編著［1994］106-119頁。
*16　日本政策金融公庫総合研究所編［2011］42頁。
*17　燕三条ブランド推進室室長　山田隆雄氏（2015年6月30日インタビュー実施）から提供された資料による。
*18　同上資料による。
*19　燕三条ブランド推進室HP〈http://www.tsjiba.or.jp/brand/〉（2015年7月13日）。
*20　着地型観光とは，尾家・金井［2008］によると，「地域住民が主体となって観光資源を発掘，プログラム化し，旅行商品としてマーケットへ発信・集客を行う観光事業の一連の取組み」と定義している（7頁）。
*21　グリーンツーリズムとは，農林水産省によると，「農山漁村地域において自然，文化，人々との交流を楽しむ滞在型の余暇活動」としている。農林水産省HP〈http://www.maff.go.jp/j/nousin/kouryu/kyose_tairyu/k_gt/〉（2015年7月29日）。
*22　産業観光とは，国土交通省の産業観光ガイドラインによると，「全国産業観光サミットin愛知・名古屋」（2001年開催）において，「歴史的・文化的価値のある産業文化財（古い機械器具，工場遺構などのいわゆる産業遺産），生産現場（工場，工房等）及び産業製品を観光資源とし，それらを通じてものづくりの心にふれるとともに，人的交流を促進する観光活動をいう」と定義されているとしている。国土交通省HP〈http://www.mlit.go.jp/common/000013176.pdf〉（2015年7月29日）。

*23　燕三条ブランド推進室，前掲資料及び前掲同室HP。
*24　燕三条ブランド推進室HP及び同室長へのインタビューによる。
*25　同室長へのインタビューによる。
*26　藤次郎株式会社パンフレット及び『越後ジャーナル』2015年7月16日夏季特集号Vol. 1，2-3頁。
*27　藤次郎株式会社代表取締役社長　藤田進氏に行ったインタビュー（2015年3月11日実施）による。

参考文献

伊部泰弘［2009］「地域企業にみる製品差別化とブランド戦略に関する一考察―新潟・栗山米菓の事例研究―」『新潟経営大学紀要』第15号，73-85頁。

伊部泰弘［2010］「地域ブランド戦略に関する一考察―地域団体商標制度を中心とした事例研究―」『新潟経営大学紀要』第16号，67-79頁。

伊部泰弘［2011］「地域活性化における地域ブランドの役割」『新潟経営大学紀要』第17号，63-75頁。

尾家建生・金井萬造編著［2008］『これでわかる！着地型観光』学芸出版社。

恩蔵直人・亀井昭宏編［2002］『ブランド要素の戦略論理』早稲田大学出版部。

田中道雄・白石善章・濱田恵三編［2012］『地域ブランド論』同文舘出版。

中小企業金融公庫調査部・寺沢清二編著［1994］『挑戦する中小企業』中央経済社。

長尾雅信［2008］「地域ブランド論における主体の誘因と育成への注目」『新潟大学経済論集』第85号，93-116頁。

日本政策金融公庫総合研究所編［2011］「地域産業再生のための「新たなコミュニティ」の生成」『日本公庫総研レポート』No.2011-4。

和田充夫［2007］「コーポレイトCSRアイデンティティ作りと地域ブランド化の連携」関西学院大学商学研究会『商学論究』1-17頁。

第12章

中小企業マーケティングとベンチャービジネスの発展

田村　公一

1. ベンチャービジネスとベンチャーキャピタル

　ベンチャービジネス（VB：venture business）あるいはスタートアップカンパニー（startup company）と一般に呼ばれる経営体は，硬直的な体質をもつ既存のビッグビジネスが対応しきれない市場の間隙を縫うかたちで創業し，革新的な技術やノウハウを駆使して未開拓の潜在需要に機敏なアクセス行動を展開する特徴をもつ[*1]。

　1990年代後半に，アメリカのシリコンバレー（silicon valley）やルート128ベンチャーグループ（The 128 venture group）などの企業集積コミュニティを中心に急増したITベンチャーは，大学で先端技術を学んだ若手研究者が構想した有望なビジネスモデルに向けて，個人投資家（エンジェルと称される富裕層の余剰資金が中心）やベンチャーキャピタル（VC：venture capital）などが資金を供給することで起業が可能となり，創業当初は中小企業として船出しながら企業価値を高め，急速な成長を遂げるケースが注目されている。

　シリコンバレーの発祥は，1939年にスタンフォード大学教授のフレデリック・ターマン（F. Terman）が教え子のウィリアム・ヒューレット（W. Hewlett）とデビッド・パッカード（D. Packard）に起業を勧め，資金調達の支援や大学研究施設の貸与などを通じてHewlett-Packard（HP）社が設立され

たことに遡ることができる。カリフォルニア州地域の産業振興と東部への頭脳流出の抑制を目論み，産学協同の伝統を築き上げてきた同大学から産声を上げたベンチャービジネスとして，Cisco Systems, Silicon Graphics, Sun Microsystems, Netscape Communications, Yahoo, Googleなどのハイテク企業を挙げることができる[2]。

資金調達は新興企業向け店頭登録市場・ナスダック（NASDAQ：national association of securities dealers automated quotations）などの開設が追い風となり，直接金融による有限責任の関係で債務負担を回避できる投資環境の整備に支えられ，旧来からの銀行融資などの間接金融の場合と比較して，信用度の低い現役の大学院生や研究者にもビジネスチャンスに果敢に挑戦しうる門戸が開かれるようになり，インターネット，ソフトウェア，ITインフラ，集積回路，バイオテクノロジー関連の創業が顕著となっている。

ベンチャービジネスを牽引する起業家の特徴を描写した次の文章は興味深い。「投資家の資金を使って経営者がナードたちを雇用する。良いプログラムさえ書いてくれれば，どんな髪型をして，どんな時間に仕事をしてくれたって構わない。何日も風呂に入らずに臭くても，良いプログラムを書いてくれるのなら我慢する。そんな価値観が，シリコンバレーの文化の根源にある」[3]。ナード（nerd）とは，このような一風変わった特徴をもつ人びとを指す英語圏のスラングで，Microsoft（MS）社のウィリアム・ヘンリー・ビル・ゲイツ（W. H. B. Gates）もまた元ナードであったことはよく知られている。

シリコンバレーには，そんなナードたちの価値を正当に評価し億万長者に変貌させる特殊な土壌がある。ベンチャー関連株への投資はハイリスク・ハイリターン的な性格を帯びるがゆえに，IBM社やExxon Mobil社に代表される旧来型産業の安定株が上場するニューヨーク証券取引所（NYSE：New York Stock Exchange）に対し，ナスダックはリスクマネーを引き受ける株式市場として機能しており，ナードら起業家たちの登竜門と位置付けることができよう。

ベンチャービジネスの企業価値向上を支援するリスクファイナンスの供給を目的として，1946年に設立されたARD（american research and development）や政府主導のSBIC（small business investment company）などが合衆国におけ

るベンチャーキャピタルの先駆けとなり，現在では多様な形態の投資事業がグローバルに展開されている。

　ベンチャーキャピタルの目的は，高い成長性が見込まれる未上場のベンチャービジネスに投資し，企業価値を向上させた段階で株式公開（IPO）[4]させ，時価総額が上昇した時点で早期に持ち株を証券市場で売却するか，または事業自体を外部企業に買収させることで，支援の成果としてのキャピタルゲイン（売却代金と投資資金の差額）を回収することにある。ベンチャーキャピタルには，自社の潤沢な自己資金を直接投資する形態や，一般の金融機関および機関投資家などの外部資金を募って受託運用する投資事業組合（ファンド）の形態を取る組織もあり，担保や信用力が脆弱なベンチャービジネスにとって重要な資金調達先となっている。図表12-1は，アメリカのベンチャーキャピタルによる投資額について，1994年から2012年までの変遷をたどったものであるが，同国におけるイノベーション拠点および経済の成長エンジンとしてのシリコンバレーの重要性が明らかに見て取れる。

　投資先への支援のプロセスは4つの段階に分類できる。第1段階はスタートアップ期であり，設立・開業・研究開発資金の提供とともに，事業コンセプトおよび事業計画の策定や最適経営チームの組成支援が行われる。第2段階は急

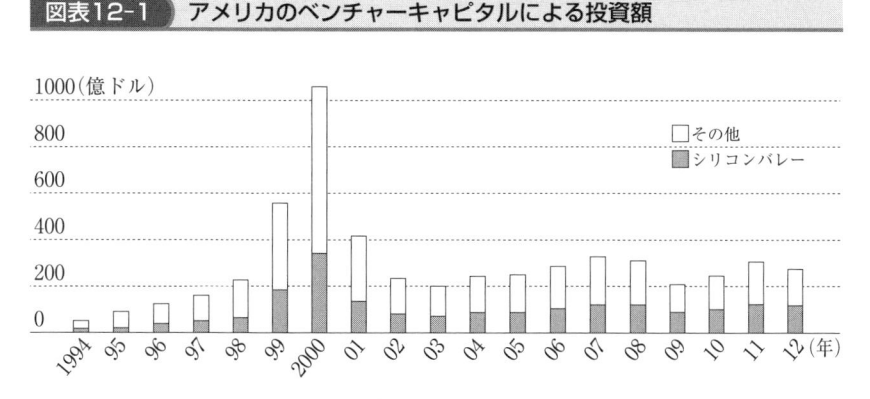

図表12-1　アメリカのベンチャーキャピタルによる投資額

出所：『日経ビジネス』日経BP社，2014年1月20日号，35頁。
原典：Thomson Reuters.

成長期であり，短期の運転資金の安定化や長期の設備投資など，営業活動に伴う成長資金の提供とともに，販売チャネルの開発支援や専門技能人材の紹介斡旋を含む人的資源管理などの業務効率化支援が中心となる。第3段階は株式上場直前期であり，資本構成の是正資金提供による財務体質の強化や経営権確保に向けた資本政策が推進され，株式上場準備に要するコンサルティングが行われる。第4段階は株式上場以降期であり，株式公開後はベンチャーキャピタルの資金提供が原則停止する。それに代わって公募増資支援や株主を意識した適正な情報開示コンサルティングが行われ，株主資本利益率（ROE：return on equity）の向上を主眼とした戦略を維持しつつ，外部企業との戦略的提携やM&Aを視野に入れた仲介サービスへと支援の軸足をシフトしながら好条件の資金回収方策を模索するのである[5]。

2. ベンチャービジネス支援の整備とスピンオフ

　ベンチャーキャピタル以外にも，主にスタートアップ期の企業に資金提供および事業支援を行うエンジェルと呼ばれる富裕層の個人投資家（informal investor）たちが存在している。エンジェルはファンドとは異なり，他者が出資した資金を運用するのではなく，財を成し第一線から退いた企業家が自己資金をベンチャービジネスへの投資に回すのが一般的である。この名称はニューヨークのブロードウェイ・ミュージカル制作に資金提供する後援者（patron）を天使（angel）と呼んできた歴史に由来しており，今日もなお同国には進取の気性を育成する文化的土壌が脈々と受け継がれている。

　図表12-2は，アメリカのエンジェルによる投資額および設立会社数について，2002年から2012年までの変遷を表したものである。2008年9月のリーマンショック前後の一時期を除けば，ほぼ毎年コンスタントに200～250億ドルの投資額が維持され，設立会社数も右肩上がりで増加している。同国では早くからエンジェル税制が導入されており，株式未公開のベンチャービジネスへの投資に対しては税制上の優遇措置がとられ，資産家にとっての環境整備も日本より

図表12-2　アメリカのエンジェルによる投資額および設立会社数

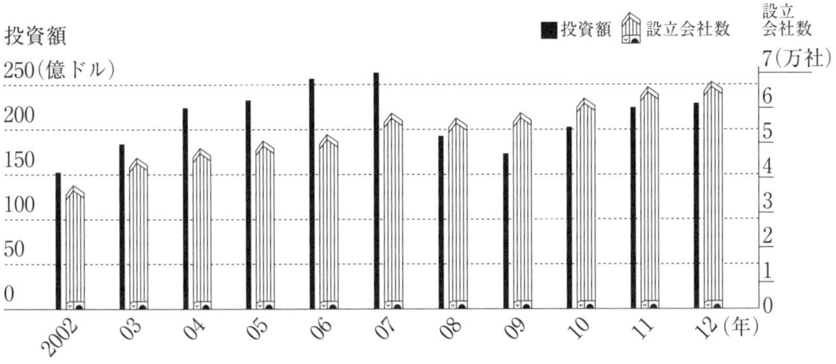

出所：『日経ビジネス』日経BP社，2014年1月20日号，35頁。
原典：Center for Venture Research at the University of New Hampshire.

遥かに進んでいることが旺盛な投資意欲を支える経済的土壌となっているものと推測される[*6]。

　シリコンバレーではロン・コンウェイ（R. Conway）やアシュトン・カッチャー（A. Kutcher）が成功したエンジェル投資家として有名である。ロン・コンウェイは初期段階のGoogle，PayPal，Twitterの土台作りに資金貢献し，さらにはFoursquare，Digg，Mint，Blippy，Y-Combinatorなど数多くの成長企業に投資している。また，アシュトン・カッチャーは映画「Steve Jobs」でジョブズ役を演じ，私生活では女優デミ・ムーア（Demi Moore）と離婚した俳優として知られているが，FlipboardやAirbnbなどのベンチャービジネスに積極投資する異色のエンジェルとして活躍している。

　これら主に資金面でのサポーターに加え，アメリカでは起業家を支援するインキュベーション（incubation：孵化器）の概念や制度が普及しており，ハード面では事業スペース，研究設備，機械装置などの安価なリース，ソフト面では経営コンサルティング，市場調査，特許取得・法務・税務のアドバイスなどを提供するインキュベーター（incubator）の整備が充実している。TechStars Boulder，Kicklabs，i/o Ventures，Excelerate Labs，AngelPad，500 Startups

など全米上位のインキュベーターと関わることで，起業家はベンチャーキャピタルから一定の評価や信頼を得るメリットがある。近年では日本でもサムライインキュベート，ムゲンラボ（KDDI∞LABO），フェムト・スタートアップ，ネットエイジ，モビーダジャパンなど，投資を伴う若手起業家の育成に着手する組織も増加しつつある[*7]。

　ところで，シリコンバレーのようなハイテク産業集積が形成される主要な契機には，最初に設立された企業からのスピンオフ（spin-off）が深く関与している。これは既存組織から派生した別の組織を意味しており，ある企業のプロジェクトに参画した一部の技術者がさらなる柔軟性を求めて母体組織から離脱し，独立したスピンオフがベンチャービジネスを輩出する。それらが群生することでクラスターが形成されてきたケースはカリフォルニア州サンディエゴやテキサス州オースティンなど各地域でみられる[*8]。

　図表12-3は，1992年から2002年にかけてのアメリカ西海岸シリコンバレー（スタンフォード大学，カリフォルニア大学周辺）および東海岸ボストン（マサチューセッツ工科大学，ハーバード大学周辺）の両地域におけるスピンオフ起業の実態を調査したものである[*9]。これはベンチャーキャピタルの支援によって創業した各地域のスピンオフ企業数とその起業家数を表したもので，独立以前にはどこの母体組織に所属していたのかを追跡している。たとえば，Apple社からは94名の起業家が71社のスピンオフ企業を立ち上げたことを示しているが，1社を複数の起業家で設立する場合や，逆に1人が複数の企業を設立する場合があるため，双方の数値は一致しない。この期間における起業家数はシリコンバレーが2,492名，ボストンが1,157名となっており，東海岸に対する西海岸のベンチャー創業の優位性を物語っている。

　優れた技術集団には連鎖的にイノベーションが増殖していく土壌が存在する。その典型的な成長プロセスへのメカニズムがシリコンバレーには備わっている。そこで次節では，同地域における著名なITベンチャービジネスの創業事例をもとに，イノベーションの発生，コミュニティの役割，スピンオフ行動，産業クラスター形成に至る相互の関連性と展開要件について検討する。

図表12-3　シリコンバレーおよびボストンにおける先端企業・研究機関からのスピンオフ企業数・起業家数

	シリコンバレー[a]			ボストン地域[b]	
	社内起業家数	スピンオフ企業数		社内起業家数	スピンオフ企業数
先端企業					
Apple	94	71	Data General	13	13
Cisco	41	35	DEC	52	41
HP	117	99	EMC	9	6
Intel	76	68	Lotus	29	26
Oracle	73	57	Prime	5	5
SGI	50	37	Raytheon	7	7
Sun	101	79	Wang	11	11
IBM	82	77	IBM	23	23
先端研究機関（大学）					
Stanford	71	64	MIT	74	63
UC Berkeley	20	20	Harvard	32	31

注）aはシリコンバレーの起業家数：2,492名。bはボストン地域の起業家数：1,157名。
出所：Zhang［2003］p.50.

3. イノベーションが自生する環境と起業家精神

　元来，ベンチャー（venture）の語意には冒険的で向こう見ずな意味合いが込められており，リスキーな行為を敢えて大胆に実行することで状況を打破することが予期された言語である。かつて，ジョセフ・アロイス・シュムペーター（J. A. Schumpeter）は，資本主義経済の発展の原動力を起業家による創造的破壊のプロセスに探ろうと試みた。それは旧来の生産方法から脱却し，絶えざるイノベーションにより経済構造を内発的に進化させる産業上の突然変異と捉えられ，具体的には5つの新機軸の遂行が発展を後押しすると主張している。
　第1は，新製品の開発。第2は，新しい生産方法の導入。第3は，新しい販

路の開拓。第4は，原材料やエネルギーの新たな供給源の発見。第5は，産業組織の再編成である[*10]。これら諸要素の結合が生み出す有利な競争的地位の形成が利潤の源泉となり，動的経済における不確実性のもとで危険負担を引き受けながらも，営利追求を目的として新機軸を打ち出す起業家精神（entrepreneurship）の衝動こそが，資本主義経済の成長エンジンを駆動させるのである。

　「経済における革新は，新しい欲望がまず消費者の間に自発的に現われ，その圧力によって生産機構の方向が変えられるのではなく，むしろ新しい欲望が生産の側から消費者に教え込まれ，したがってイニシアティヴは生産の側にあるというふうに行われるのが常である」[*11]。マーケットには顧客の意識界に昇ることのない無意識界のニーズ，すなわち潜在需要の広大な裾野が広がっている。Apple社のiphoneやipadが事前の市場調査から発明されたのではなく，若き日のスティーブ・ポール・ジョブズ（S. P. Jobs）の独創的なアイデアが最先端の情報技術と結びついて商品化され，新しいライフスタイルを提案（啓蒙）するかたちで顧客に受容されていった経緯はその典型事例と言えよう。

　当初はスタートアップ段階から船出した中小企業（small business）群がもたらしたロジック，メモリー，サーバー，ルーター，オペレーティングシステム，ブラウザなど，シリコンバレーという環境（生態系）で自生したプロダクト・イノベーションの連鎖は，起業家たちの先見性に基づくビジョンに引きずられるかたちで，インターネットによるIT（information technology：情報技術）革命に集約され，グローバルな次元での巨大なマーケットを創出していったのである。

　スモールビジネス・マーケティングの特質について考察する場合，アメリカ西海岸発祥のシリコンバレー型スタートアップカンパニーと，東京・大田区や東大阪市周辺に密集する日本型のいわゆる下請企業との間には，その行動様式に大きな差異が存在することに注意する必要がある。

　我が国の史的展開の中で醸成されてきた経営の二重構造（大企業と下請関係にある中小企業群）論は，高度経済成長期以降，日米の貿易不均衡拡大に端を発する資本自由化問題に対処するため，安定株主工作（株式持合い）による外

資への参入障壁構築が強固な系列関係の持続化を招いた特殊事情に由来する。かつて，有沢広巳教授は中小企業の経営を「非近代的分野の停滞性」と分析した[*12]。特に雇用問題について，欧米先進諸国のような単一で同質の近代的雇用とは異なり，下請関係の一方的な値下げ圧力のもとで低賃金労働を強いられる零細な中小企業および自営業者の存在が不況期における失業者の受け皿となっており，統計上，失業率を低く抑える結果を招くという，経済構造の深刻な断層を指摘した。

雇用問題に留まらず，中小企業のマーケティング行動もまた非近代的様相を帯び，親会社の方策に規定される傾向が強く，系列内部での取引関係および製品仕様や価格設定など細部にわたる取引条件の大幅な制約を受ける範囲内での自由裁量度しか許容されない構図となる。1990年代後半に入り，アメリカのIT革命が世界市場の席巻に成功を収め，日本の半導体産業が凋落を見せ始める中で，シリコンバレー型のベンチャービジネスを模範とする中小企業が徐々に姿を現し始めはするが，今なお，マネジメントの諸領域における二重構造的特質は我が国経済の抜き難い底流を成していると言えよう。

他方，初期シリコンバレーのIT起業家たちの意識の中には，東海岸vs西海岸，IBMやRCAなどのビッグビジネスvsスモールビジネス，軍事・研究用メインフレームコンピュータvsパーソナルコンピュータといった暗黙の対立軸が存在し，その両極に引き裂かれた逆境の超克を志向する衝動をアントレプレナーシップに昇華し，ビジネスチャンスに結び付けるかたちでベンチャー創業が続出していった。

そこには日本のような垂直統合モデルの大企業支配体制や，スピンオフを抑制しがちな終身雇用および年功制を残存させた流動性の低い知識労働市場などの制度的制約は無縁であった。彼らの衝動の奥底にはベトナム反戦運動を端緒とするカウンターカルチャーの影響が根強くあり，自宅の小さなガレージに工具と電子部品を持ち込んでユニークな試作機を何度も組み立て，プログラムを繰り返し書き換える努力を惜しまずに，マニア仲間の賞賛を浴びることに大きな喜びを見出しながら自己を実現していく奇妙な人びとの集まり，すなわちナードたちのコミュニティがシリコンバレー胎動の温床となっている。

1975年1月号として刊行されたホビー雑誌『ポピュラー・メカニクス』は，そんな彼らに大きな衝撃を与えた。当時は未だコンピュータは軍事施設や研究機関の占有物であり，自分の部屋にコンピュータが欲しいなどと口走ると物笑いの種にされそうで沈黙していた人びとの目に飛び込んできた特集記事には，世界初のパーソナルコンピュータ・キット「アルテア8800」が掲載されていた。個人専用のコンピュータを所有し，部品交換やプログラムアレンジを楽しみながらゲームや仮想空間で自由に遊びたいという電子マニアの切実な夢は，この快挙によって後戻りのできない具体的な欲望へと変貌し，全米に一大ブームが巻き起こった。

アルテア・ブームの火付け役は，ミサイル用の遠隔計測機を製造していたModel Instrumentation Telemetry System（MITS）社であり，回路基板内部にはIntegrated Electronics（Intel）社のマイクロプロセッサー8080を搭載し，さらに，いち早くソフト市場を予見したビル・ゲイツがアルテア専用BASICソフトを開発することでMicrosoft社を創業する。大型コンピュータ向け半導体需要が頭打ち状態であったIntel社にとって，新しい波は市場拡大への千載一遇のチャンスとなる。その時点では，世界中の情報関連産業がこの大きな潜在需要を完全に見落としており，全く手付かず状態の中での独走となった。ホビイストたちはIBM社に代表される「体制派」コンピュータの支配から脱却し，パーソナルユースにコンピュータを解放することで新しく自由な文化を創造しうるというカウンターカルチャーの信条に支えられ，各地域に同志の情報交換の場として複数のコミュニティが形成されていった[*13]。

『ポピュラー・メカニクス』誌のアルテア特集が出版されたその年の3月には，シリコンバレーのメンロ・パークにも「ホームブリュー・コンピュータクラブ」という自家醸造（テクノロジーとカウンターカルチャーの融合）を志とするコミュニティが誕生した。日頃，メンバーたちは会合で自前の技術を披露し合うのであるが，あるマニアがアルテアのノイズ音で音階をプログラミングし，メモリーに記憶させたビートルズの『The Fool On The Hill』をパソコンに演奏させ皆を驚愕させた記念碑的な逸話は有名である。そのホームブリュー例会の出席者の中に，ベトナム農民を連想させるようなカジュアル過ぎる風体

の「二人のスティーブ」も参加していた。当時，HP社のエンジニアであったステファン・ゲリー・ウォズニアック（S. G. Wozniak）とビデオゲームメーカー・Atari社のスティーブ・ジョブズである。

　このコミュニティで，ハイテクフリークのウォズニアックがマイクロプロセッサーの仕様書を見たことが発端となり，エキサイティングなゲームを自前のパソコンでプレイしたい一心で，アルテアをベースとした回路基板にキーボードやディスプレイ，さらにはカラーグラフィック機能までパッケージしてデスクトップ型コンピュータを一気に完成させた。このプロトタイプは後に製品第一号「Apple Ⅰ」と命名され，1976年のエイプリルフールにジョブズの自宅ガレージでApple社が創業する。このように，コミュニティはイノベーションを自生させる生態系（エコシステム）として，また，スタートアップを連鎖的に飛翔させる土壌として機能してきたのである[14]。

　コミュニティにおけるモチベーションの源泉は，社交性に欠け自己に自信をもてないタイプの技術オタクたちが劣等感を払拭するため，卓越した技術力で仲間の注目を浴びプライドを満足させたいという自己顕示欲に探ることができよう。しかし，起業し組織を形成した段階でエンジニアとなった彼らのモチベーションはどのように高揚し続ければ良いのだろうか。その解決策としてシリコンバレーのIT企業の多くが導入した技法がストックオプション（stock option）である。

4. ストックオプションの導入と創業ハードルの克服

　ストックオプションとは自社株優先購入権，すなわち予め決められた約定価格で自社の株式を買い取る権利を意味しており，業績に貢献した経営者や従業員に対するボーナス（賞与）として利用する企業が多い。自社の成長により手持ちの株価が上昇すれば個人の資産価値が増え売却益が期待できるため，一種のインセンティブとして社員のモラール（士気）向上意欲に結び付けることができ，株式の店頭公開を目指すベンチャー企業の人材確保手段に適している。

たとえば，1977年1月に法人化したApple社の市場価値は5,309ドルであったが，その後4年も経たない1980年12月には株式公開を果たし，市場価値が17億9,000万ドルと約34万倍に膨れ上がり，ストックオプションによる利益享受で300人程の大金持ちが社内に生まれている。この時，25歳のスティーブ・ジョブズは2億5,600万ドルもの個人資産を手中に収めている[*15]。日本では導入が大幅に遅れ，1997年の商法改正時に解禁されており，会社法上は新株予約権のかたちで実施される（会社法236条〜294条）。

　1968年に設立されたIntel社ではすでに，技術者全員と事務職員の大半にストックオプションが与えられ，創業まもない会社への求心力と社員の自覚を助長し，個人のモチベーションが最大限に発揮できる体制を整えていた。これは創業者の一人であるロバート・ノートン・ノイス（R. N. Noyce）がFairchild Semiconductor International社の在籍当時に経験した東部大企業型の階層的な組織優先マネジメントに対するアンチテーゼとして導入したものであり，カリフォルニアの気風に合わせ個人の発意を尊重する姿勢に根差した企業観の1つの実践であった[*16]。同社からはフェアチルドレンと称される技術者たちが次々と外部にスピンオフし，シリコンバレー内にスタートアップやベンチャーキャピタルを起業した例が数多く存在する。Intel社もまたFairchild社のスピンオフ企業であった。

　我が国においても，近年のベンチャーブームの波に乗り勤務先の会社で技術と人脈を蓄積した上で，果敢にスピンオフ起業する事例が増加し，少子高齢化で縮小傾向にある国内市場を避け，設立当初から海外市場のニッチな領域をターゲットとして進出するボーングローバル（born global company）と呼ばれるスタートアップも登場し始めている。長山宗広教授は，日本型スピンオフ・ベンチャーの持続的な創出条件を実態調査に基づき究明する際に，実践コミュニティ（communities of practice）という鍵概念を導入し，スピンオフ起業家にとっての学習環境の特質を3つの発展段階で分類している[*17]。

① 1970年〜80年代における大企業組織内の技術者コミュニティ。
② 90年代におけるスピンオフ・ベンチャーの組織の境界を越えた企業家コミュニティ。

③ 2000年以降現在における母体組織（大企業）とスピンオフ企業家のWin-Win関係をベースとした地域での企業家コミュニティ。

　図表12-4は，浜松ホトニクス社（母体企業）からのスピンオフ連鎖による産業クラスター（浜松地域）の形成過程を示している。各社が展開する光電子技術分野は画像処理装置，光センサ，光ファイバー検査装置，レーザーレジスト剥離装置，医療用ナレッジマネジメントシステムなどで，エンジニアが母体企業でコア技術を習得した後に配属されていた技術部またはシステム事業部と関連性の深い分野で連鎖的にスタートアップを創業させていることが読み取れる。浜松ホトニクス社はエンジニアのための学習環境を整える目的で従来型の社内ベンチャー制度を発展させ，組織離脱とスピンオフ創業を前提とした光産業創成大学院大学を設立し，意識的に実践コミュニティの提供を図っている。これは先述の③におけるWin-Win関係に該当し，創業予備軍のイノベーションを母体企業につなぎ止めるかたちで組織的知識創造を実現して行ける先行モデルとして評価されている[18]。新しいビジネスが生まれなければ，その国の経済は衰退に向かう。その意味でコミュニティの創出はイノベーション主導型経済にとって重要な課題となる。

　しかし，グローバルな競争環境からの視野で眺めた場合，我が国における起業の停滞は深刻な状況にある。アメリカ・バブソン大学とイギリス・ロンドンビジネススクールが毎年共同で実施している総合起業活動指数（global entrepreneurship monitor）によれば，2012年の調査対象となった世界68カ国・地域の中で日本は最下位の68位という結果となっている[19]。他方，パロアルトやマウンテンビューを中心とするシリコンバレーでは依然として起業が相次いでおり，地価高騰のリスクを回避する目的で次世代のスタートアップはオフィスを求め北上を続けている。2010年以降，サンフランシスコ市におけるハイテク産業の雇用数は銀行・金融業のそれを大きく上回っており，ハイテクの聖地はかつての金融都市・サンフランシスコに向けて膨張を続けている。

　ここ数年にわたり，顕著となっているシリコンバレーの増殖は，起業のハードルを下げるための支援環境の変化に支えられており，主な要因として資金調達プラットホームの新しい2つの形態の登場が注目されている。その第1は

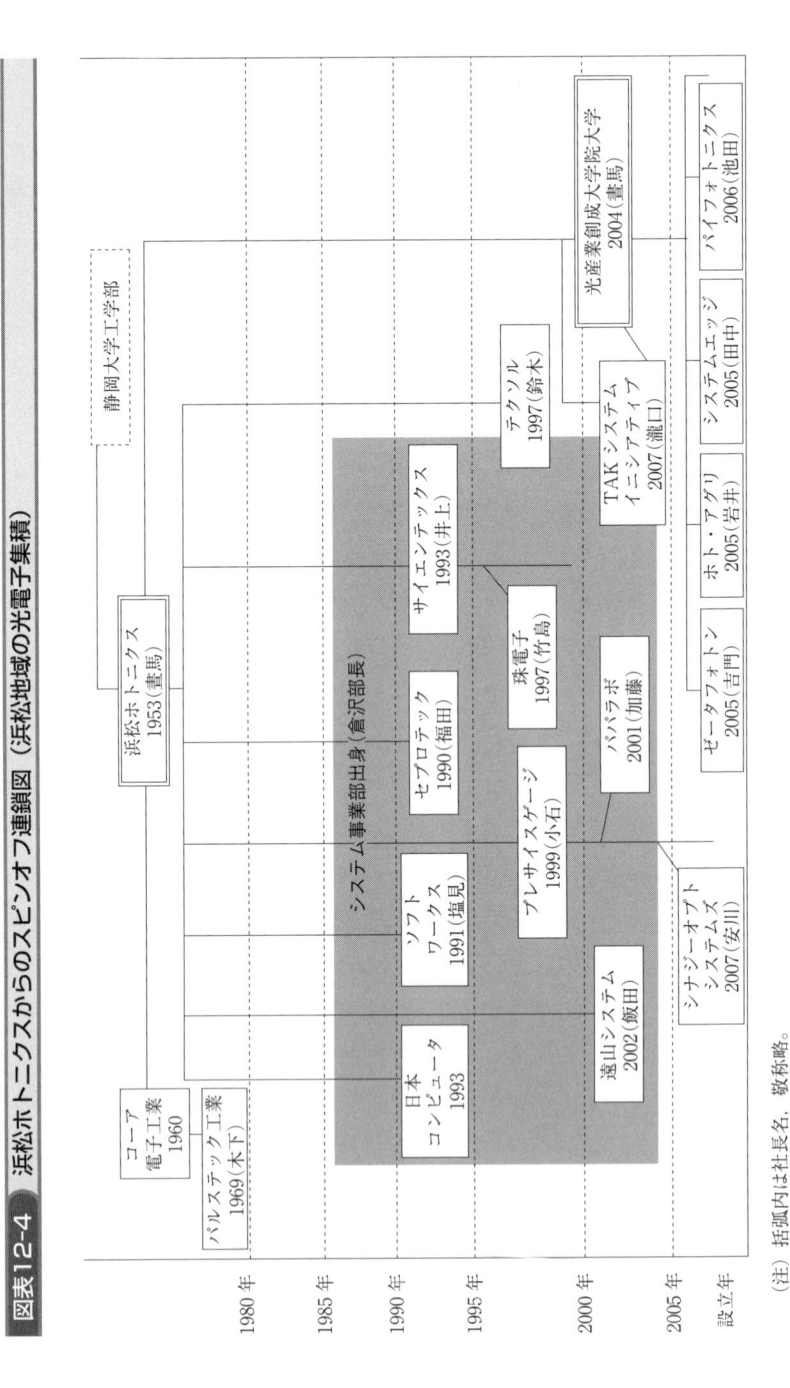

図表12-4　浜松ホトニクスからのスピンオフ連鎖図（浜松地域の光電子集積）

設立年	企業名
1953	浜松ホトニクス（畫馬）
1960	コーア電子工業
1969	パルステック工業（木下）
1990	セプロテック（福田）
1991	ソフトワークス（塩見）
1993	日本コンピュータ
1993	サイエンテックス（井上）
1997	テクソル（鈴木）
1997	珠電子（竹島）
1999	プレサイスゲージ（小石）
2001	パイラボ（加藤）
2002	遠山システム（飯田）
2004	光産業創成大学院大学（畫馬）
2005	ゼータフォトン（吉門）
2005	ホト・アグリ（岩井）
2005	システムエッジ（田中）
2006	バイフォトニクス（池田）
2007	TAKシステムイニシアティブ（瀧口）
2007	シナジーオブシステムズ（安川）

システム事業部出身（倉沢部長）

静岡大学工学部

(注) 括弧内は社長名。敬称略。
(備考) 各社に対する長山教授のヒアリング調査。
出所：長山 [2012] 142頁。

シードアクセラレーター（seed accelerator）と呼ばれ，ポール・グレアム（P. Graham）のY-Combinatorが設立された2005年が最初とされる。同社はスタートアップ企業のシード段階に特化して出資し，その立ち上がりを支援する組織であり，投資額は3万～5万ドル程度と比較的少額であるが，ビジネスモデルの完成度を上げるための指導が集中的に実施され，外部の投資家に対して追加出資を募るプレゼンテーションの場であるDemo Dayまでの3カ月間で養成プログラムを完了する仕組みとなっている。営利型インキュベーターという別称もあり，登記後はベンチャー企業への出資額に見合う株式取得を行うが，所有比率は数%にとどめている。また，起業家への訓練はメンター（mentor）制度によってサポートされ，専門領域に関するノウハウに優れた現役の経営者や成功を収めた起業家などを派遣する。

　第2はクラウドファンディング（crowdfunding）であり，インターネットを通じて不特定多数の人びとに少額投資を呼びかけ，起業家が掲げる資金調達期限を満たし，目標最小金額に達した段階でプロジェクトを実行できるように仲介する資金調達プラットホームである。世界最大規模のクラウドファンディングとして著名なのが，ニューヨークに本社を構えるKickstarterで，2009年に設立されている。たとえば，同社の購入型クラウドファンディングでは，あるプロジェクト創設者の発明品開発への出資者の資金提供に対する見返り（リターン）は，新製品のお試し権との引き換えに限定されており，金銭的リターンを伴うプロジェクトのバックアップは排除されている。Kickstarterは出資金の収集をAmazon Paymentsに委託しており，両社とも資金調達額の数%を徴収するビジネスモデルとなっている。

　このように，シリコンバレーでは一般的な金融機関が融資を渋るプロジェクト案件の芽を摘むことなく，資金調達の多様化と起業コストの低廉化で有望なスタートアップを支援する動きが活発化している。また，すでにビッグビジネス化を果たしたITベンチャーがイノベーションの囲い込みを目論み，シード段階からスタートアップ投資に関与し，潤沢な資金力で買収に踏み切るケースが続出している。Google VenturesやIntel Capitalなどに代表される大手の傘下企業を通じてクラウド事業，ウエアラブル機器，ヒト型ロボット，位置情報

システム，無人運転，遺伝子解析に至るまで，近未来技術の市場化が急ピッチで進められている。

起業家を育成するコミュニティの整備，インキュベーション支援の充実，資金調達プラットホームの多様化，成長エンジンとしてのエンジニアのモチベーション高揚に向けたマネジメント技法の開発および導入など，成長鈍化への危機感を背景にハイテク聖地で積極的に推進される起業支援環境の高度化の数々は，ベンチャー活動の停滞状況に直面する我が国にとって早急に対策が講じられるべき喫緊の課題と言えよう。

注

*1 我が国においてベンチャービジネスという用語が使われ始めたのは1970年代初頭からであり，その概念はアメリカから導入されたものではない。清成忠男教授は「ベンチャービジネスとは，知識集約的な現代的イノベーターとしての中小企業である」とし，巨大企業グループの系列下・下請関係に置かれた既存の中小企業と対比させるために定義付けられた和製英語である（清成 [1996] 78頁）。なお，清成ほか [1971] は，その研究の先駆けとなった著書として有名である。
*2 宮田 [2009] 69-104頁。
*3 梅田 [2006] 183-184頁。
*4 IPO：initial public offering（証券取引所への新規上場あるいは店頭登録）。
*5 松田 [2005] 136-143頁。
*6 坂本 [2010] 259-264頁。
*7 ウッザマン [2013] 206-210頁。
*8 宮田 [2009] 18-19頁。当該企業の経営者が独立する以前に所属していた既存組織との関係性を維持するのがスピンオフ（spin-off），他方，関係性を維持しないのがスピンアウト（spin-out）と定義される。
*9 宮田 [2009] 97-98頁。Zhang [2003] pp. 50-51.
*10 Schumpeter [1926] S. 101（邦訳 [1977] 183頁）.
*11 Schumpeter [1926] S. 100（邦訳 [1977] 181頁）.
*12 有沢 [1957] 6頁。
*13 枝川 [1999] 88-98頁。
*14 枝川 [1999] 99-108頁。Isaacson [2011] pp. 56-70（邦訳 [2011] 104-125頁）．ここでのエコシステムとは，異なる事業領域に属する複数の企業が互いの核能力を発揮しながら連携し，共存共栄を図ることを意味する。IT分野などでは，エコシステムを構成する企業の数と質が競争優位性を左右する傾向が強い。

*15　Isaacson［2011］pp.102-104（邦訳［2011］172-175頁）．
*16　枝川［1999］67-81頁。「シリコン・ヴァレーに，このような独自の気質がつくられたのには，ロバート・ノイスの企業観あるいは経営方針そのものの影響が大きかった。彼は東部の企業のやり方を嫌っていた。そこでは，硬直した階級制が会社の中を支配していて，やがて不満が鬱積してくると，きまって争議が勃発する。また，どの企業も市場価値を追いかけることに汲々としている。彼は，こうした不愉快な現実に背を向けて西部へやってきたのである」。ノイスが勤務していたFairchild Semiconductor社はカリフォルニア州サンノゼに本社を構えているが，親会社がニューヨークの会社であったため，東部企業の体質が子会社にも色濃く反映されていた事情がある。
*17　長山［2012］329-334頁。
*18　長山［2012］142-145頁。
*19　「シリコンバレー4.0：変貌する革新の聖地」『日経ビジネス』日経BP社，2014年1月20日号，24-37頁。総合起業活動指数とは，成人（18-64歳）人口100人に対して，起業準備中の人と起業後3年半未満の人が合計何人いるかを表す。

参考文献

有沢広巳［1957］『日本の経済構造と雇用問題』日本生産性本部。
梅田望夫［2006］『シリコンバレー精神：グーグルを生むビジネス風土』筑摩書房。
ウッザマン，アニス［2013］『スタートアップ・バイブル：シリコンバレー流・ベンチャー企業のつくりかた』講談社。
枝川公一［1999］『シリコン・ヴァレー物語：受けつがれる起業家精神』中央公論社。
清成忠男・中村秀一郎・平尾光司［1971］『ベンチャー・ビジネス：頭脳を売る小さな大企業』日本経済新聞出版社。
清成忠男［1996］『ベンチャー・中小企業優位の時代』東洋経済新報社。
坂本英樹［2010］『経営学とベンチャービジネス』白桃書房。
長山宗広［2012］『日本的スピンオフ・ベンチャー創出論：新しい産業集積と実践コミュニティを事例とする実証研究』同友館。
松田修一［2005］『ベンチャー企業〈第3版〉』日本経済新聞出版社。
宮田由紀夫［2009］『アメリカにおける大学の地域貢献：産学連携の事例研究』中央経済社。
Isaacson, W.［2011］*Steve Jobs*, Simon & Schuster.（井口耕二訳［2011］『スティーブ・ジョブズⅠ・Ⅱ』講談社。）
Schumpeter, J. A.［1926］*Theorie der Wirtschaftlichen Entwicklung*, Dunker und Humblot.（塩野谷祐一ほか訳［1977］『経済発展の理論：上巻』岩波書店。）
Zhang, J.［2003］*High-Tech Start-Ups and Industry Dynamics in Silicon Valley*, Public Policy Institute of California.

第13章

中小企業マーケティングと環境・CSR

清水　真

1. はじめに

　本章では，中小企業におけるマーケティングと環境・CSR（以下：Corporate Social Responsibility）との取組みについてみていくことにする。

　近年，我が国では企業を取り巻く社会環境が多様化し，CSRに対する関心が急速に高まっている。そのため，企業は利益を追求するだけでなく，企業活動が社会へ与える影響に責任をもち，あらゆるステークホルダーからの要求に対して，その期待に応える必要がある。2000年以降，企業はCSRを企業活動として定着させるために継続的な取組みを求められるようになった。さらに，今日の経済のグローバル化が進展する中で，企業は環境問題ならびに途上国における労働者の人権尊重をはじめとする労働・安全・環境面に対する責任を負う必要性が高まってきた。この企業活動は大手企業にとどまることなく，中小企業においても同じことがいえる。このような時代において，企業は経営資源を社会に投入する以上，社会貢献活動をコストや義務的なものとして捉えるのではなく，企業利益を意識して戦略的にCSRを事業に取り入れる必要がある。

2. CSRの概要

　CSRのアプローチは国や地域によって多様であり，CSRに対する解釈や内容がそれぞれ異なっている。たとえば，我が国ではCSRを「払うべきコストや義務」として多くの経営者が捉えているのに対し，ヨーロッパでは大半の企業関係者が，「将来の利益を生み出すための投資」として捉えている。また，CSRの中核を成す事業の性質も国による違いがみられる。たとえば，我が国におけるCSRの多くの取組みが「環境問題」であるのに対して，ヨーロッパ諸国は「ヒト」，アメリカにおいては「ステークホルダー」に焦点を当てる傾向が強い。ここでは，ヨーロッパ，アメリカ，そして我が国におけるCSRの解釈について概観する。

2.1　ヨーロッパにおけるCSR

　現代社会において，CSRの潮流を世界的に牽引しているのはヨーロッパである。1990年代，ヨーロッパ諸国は深刻な雇用・失業問題を抱えていた。これらの社会問題を背景に，政府によるCSR支援が活発化し，ヨーロッパでは主に雇用問題を軸にCSRを捉えるようになった。このことから，ヨーロッパ型CSRの中核は，「雇用・失業＋途上国の人権＋環境」として捉えることができる。また，ヨーロッパ諸国の企業は，ありとあらゆる社会問題や環境問題への対処を地域社会から求められるのではなく，CSRに対して自主的に取り組むことを前提として，企業と社会の双方の持続可能な発展を目指している。さらに，企業のコンプライアンスは，企業活動として前提のことであり，当然企業が果たすべき義務であると多くの企業が考えている。このように，ヨーロッパ型CSRは，企業を社会的な存在として位置づけ，その存続にとって必要不可欠な社会の持続的発展に対してコストを惜しむことなく，また未来への投資として積極的に活動に取り組む姿勢が特徴といえる。

2.2　アメリカにおけるCSR

　アメリカにおけるCSRは，企業市民活動を意味するのが一般的である。これは1990年代以前より，企業の社会的責任に対する意識が高まっており，優良な会社として世間に受け入れられる取組みを企業が模索した結果，社会貢献やフィランソロピーなどの活動が頻繁に行われてきたことに起因する。これらを背景に，アメリカ型CSRは，事業活動で得られた利益を社会貢献やフィランソロピーなどの慈善活動によって，すべてのステークホルダーに還元することで社会的責任を果たす傾向がある。このことから，アメリカ型CSRの中核を，「フィランソロピー×ステークホルダー」として捉えることができる。また，アメリカでは我が国よりも遥かに，企業は株主のものであるという認識が強い。そのため，アメリカ企業では機関投資家などの株主の影響が強いことから，株主利益重視の経営が行われてきた。したがってアメリカ企業においては，一般市民を含めるステークホルダーに向けた説明責任という観点を有し，企業活動が社会に与える影響を踏まえた上で，適切な意思決定を下すことが求められる傾向がアメリカ型CSRの特徴といえる。

2.3　我が国におけるCSR

　我が国において企業の社会的責任が問われるようになったのは，全国各地で公害が問題視されていた1960年代から70年代のことである。この時代，企業は日本経済の発展に大きく貢献する一方で，大気汚染や水質汚濁などの弊害をもたらした。当時，我が国では公害をはじめとする環境問題への早急な対応が求められ，企業がその責任を負うべきであるという共通認識が社会に浸透することとなった。同時期に，企業が関与する環境問題に対する法的整備がなされ，企業はこれらの法令を遵守する責任を問われるようになった。企業の社会貢献活動に対する市民の関心が急速に高まったこの時代を，「第一次CSRの波」とする研究もある[*1]。

　1980年代に入り，企業はメセナやフィランソロピーなどの社会貢献活動を企

業活動に導入するようになり,「企業の社会的責任」という用語が広く認識されるようになる。そして，1990年代に入ると経済のグローバル化に伴い，途上国を巻き込んだ労働者問題や環境問題などが深刻化してきた。さらに，企業における食品の偽装表示やリコール隠し，談合などの企業不祥事が多発し，企業に対してコンプライアンスの徹底や法令遵守を求める声が強まってきた。こうした社会的潮流を受けて，企業でも社会的利益に配慮しようとする考え方が定着するようになる。この時代を「第二次CSRの波」と呼ぶことができる。

　2000年代に入ると，消費者の中には，省エネ・省資源のための節約や資源をリサイクルするためのごみの分別などはもとより，環境に配慮した商品を常に選択して購入し，企業の商品開発に影響を与えることで，環境保全に結び付けていく消費者行動がみられるようになった。このような購買行動をグリーン購入というが，そうした生活態度を提唱する思想は，グリーン・コンシュマリズムと呼ばれている。現在のこの時代を,「第三次CSRの波」と捉えることができる。

　このように日本型CSRは，その時代の企業における行動に伴って，その特徴を変化させてきた。現在の我が国におけるCSRを経済産業省は,「法令遵守，消費者保護，環境保護，労働，人権尊重，地域貢献など，純粋に財務的な活動以外の分野において，企業が持続的な発展を目的として行う自主取組」[*2]と定義づけている。

　また，2010年に実施された公益社団法人経済同友会の「自己評価シート」のアンケート結果によると，我が国の企業における新製品・新サービス・新規事業の分野では，その活動の約7割が環境問題に集中していることが分かる（図表13-1）。つまり，我が国は，公害問題などの歴史的経緯をもち，環境負荷削減の取組みはコスト削減に直結するという認識から，環境問題への取組みが最も進んでいると推測できる。以上のことから，日本型CSRの中核を,「環境＋社会貢献＋法令遵守」として捉えることができる。

図表13-1　我が国の企業が取り組むCSR分野

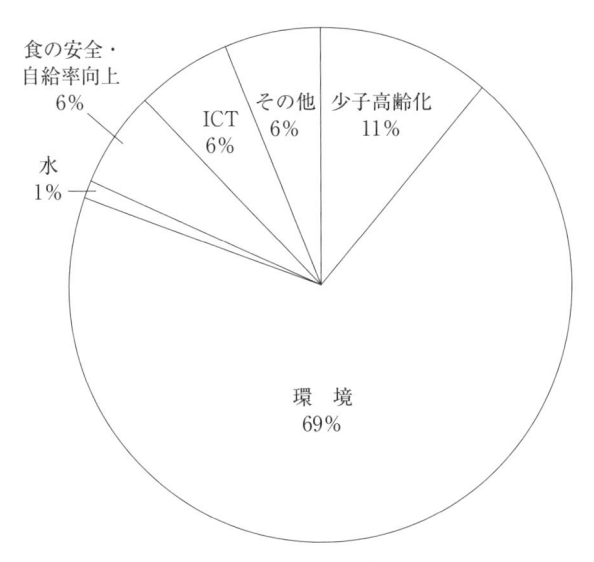

- 食の安全・自給率向上　6%
- ICT　6%
- その他　6%
- 少子高齢化　11%
- 水　1%
- 環境　69%

出所：公益社団法人経済同友会［2010］20頁。

3. CSRの戦略的アプローチ

　企業は活動を通じて社会に好影響をもたらし，企業の取組みが市場で評価されることによって，企業と社会が相乗的・持続的に発展する。そのために，企業は利潤の最大化を図るだけでなく，企業活動が社会へもたらす影響に責任をもち，自主的に社会貢献を推進することによって，企業経営の持続性を実現する必要がある。経済のグローバル化に伴い，企業が社会的責任を果たすことは必要不可欠になった。つまり，企業は利潤の最大化を図り，しかも公益的・社会的な貢献活動を行うことで，地域社会との共存共栄を目指すCSRを考える必要がある。このような社会的潮流を背景に，社会貢献を通して企業価値の向上を叶えることのできる新しい手法として「Cause Related Marketing（以下：CRM）が注目を浴びている。

このCRMは，企業が経営資源を投入する以上，ただの社会貢献活動にとどまることなく，企業利益を意識して戦略的にCSRを事業に統合することが，企業にとってメリットが高い。CRMは，企業が将来に向けた投資および収益を生み出すための機会として捉え，戦略的にCSRを展開していくことである。すなわち，これは攻めのCSRであり，より戦略的なアプローチとして考える，発想の転換である。このCRMに企業が取り組むことによって，地域社会に対する社会的価値と企業における経済的価値の両立が可能となる。

　では，CRMとはいかなるものか。Varadarajan and Menon [1988]はCRMを，「消費者と企業間で，それぞれの目標を達成するための交換が行われた結果，消費者が企業に収益をもたらした場合に，その企業が一定条件の金額を特定の社会改善運動に寄付するという提案によって特徴づけられるマーケティング活動を計画・実行するプロセスである」[*3]と定義している。

　CRMは新しい概念であるがゆえに，他の類似概念と混同して理解されることが多く，「フィランソロピー」という用語がそれにあたる。2002年に設立されたCRMの普及・啓発，マーケットの拡大を目指す団体Cause Marketing Forum（CMF）によると，フィランソロピーとは，「企業や財団法人による慈善的で経済的な現物支給などの寄付（直接的な企業の利益を期待することなく行われるもの）である」[*4]としている。つまり，フィランソロピーとは，直接的な経済的な見返りを求めない企業の社会貢献活動ということができる。これを図にしたものが，図表13-2である。フィランソロピーは，企業の社会貢献とマーケティングが重なっていない社会貢献の部分であり，一方で，企業の社会貢献とマーケティングが重なった部分がCRMとなる[*5]。このことから，CRMとは，社会的課題の解決のためにマーケティングを活用した社会貢献活動を行うことで，企業の売上やブランドの向上を目指す新たな手法ということができる。

　CRMは1981年が起源とされる説が多い。それは，アメリカン・エキスプレス社がカード利用額の増加分に応じ，サンフランシスコ地区の芸術復興に携わっている非営利団体に対して寄付を行った1981年のキャンペーンである。その後，一般にCRMの活動が広く世間に知れ渡るきっかけになったのが，1983

図表13-2　CRMとフィランソロピーの関係

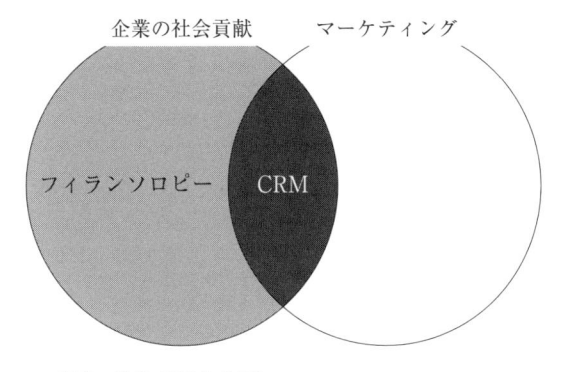

（図：「企業の社会貢献」と「マーケティング」の2つの円が重なるベン図。左円内に「フィランソロピー」、重なり部分に「CRM」と記載）

出所：世良［2004］94頁。

図表13-3　CRMの流れ（自由の女神修繕プロジェクト）

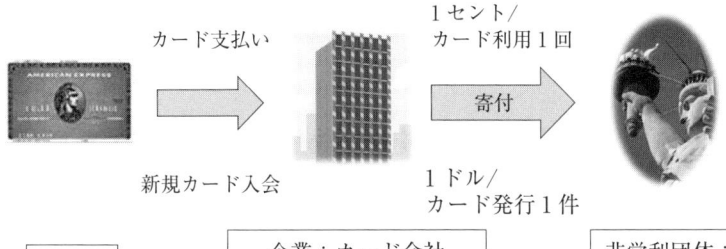

（図：消費者→カード支払い／新規カード入会→企業：カード会社 アメリカンエキスプレス→1セント／カード利用1回、1ドル／カード発行1件の寄付→非営利団体：修復基金）

出所：筆者作成。

年のアメリカン・エキスプレス社による「自由の女神修復キャンペーン」である。このキャンペーンを例にCRMを説明する。

　この1983年の自由の女神修復キャンペーンとは，消費者がアメリカン・エキスプレス社のカード利用ごとに毎回1セント，同カードの新規発行1件ごとに1ドルをアメリカン・エキスプレス社が自由の女神を修復する非営利団体に寄付するというものである。この結果，170万ドルもの資金を提供し，同社の新

規カード保有者を約45%増加させたと同時に，カード利用額も約28%上昇という成功を収めている[*6]。このようにアメリカン・エキスプレス社は，消費者と企業間での交換によって得られた企業収益の一定条件の金額を特定の社会貢献活動に寄付することで，新規顧客ならびに売り上げの増加という成果を得た。では，つぎに企業がCRMに取り組む上での効果について整理したい。

　CRMの効果については，1998年に世良氏が海外の文献を整理し，多くの先行研究を紹介している。また2004年谷本氏もCRMを考察する中で，そのメリットと課題を述べている。さらに2007年コトラー氏においても，CRMキャンペーンから得られる企業のベネフィットは，マーケティング戦略に結びつくことを示している。本節では，世良氏の取り上げた先行研究の中から，Varadarajan and Menon［1998］，Garrison［1990］，Wagner and Thompson［1994］，Caesar［1986］らが取り上げたCRM導入の効果を参照し，世良［1998］，谷本［2004］，コトラー［2007］の見解を基に代表的なものを整理する。これらを整理すると図表13-4になる。

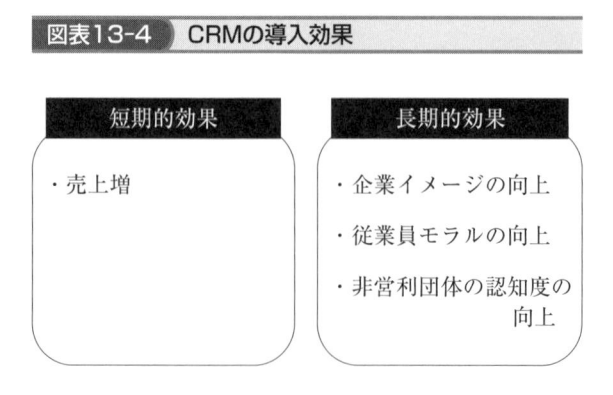

図表13-4　CRMの導入効果

短期的効果	長期的効果
・売上増	・企業イメージの向上 ・従業員モラルの向上 ・非営利団体の認知度の向上

〈CRMのメリット〉

　① 売上増

　企業にとってCRM導入の最大の効果は売上増であり，コトラー氏によってライゾールとキープ・アメリカ・ビューティフルの2003年に行った取組みなど，多くの成功事例が紹介されている。CRMは新規顧客層の開拓にも寄与し，

CRMのキャンペーンを通して，その取組みに興味をもつ消費者や賛同する消費者が，キャンペーンの対象商品を普段から購入しているとは限らず，そのキャンペーンを知り，社会貢献活動を支援するために購入する消費者も多い。また，人口動態的，地理的，他の属性等により，明確化した標的市場にアプローチするための効果的な手段としてCRMを用いる企業が増加傾向にあり，潜在性のある重要な社会貢献活動をピンポイントに狙うニッチ市場の開拓に活用されている。

② 企業イメージの向上

CRMは社会が期待する社会的課題の解決に向けた取組みや支援を行うため，結果として企業イメージやブランドを向上させることになり，ステークホルダーからの評判も高まる。また，この好イメージにより，企業へのボイコット等の企業に対する消費者のネガティブ感情を緩和することがある。これについては，事例を挙げて後述する。

③ 従業員モラルの向上

企業は社会からの期待に応えられるよう努めるため，従業員の仕事に対するモラル，モチベーション，そして誇りが高まる。2008年5月にブックオフコーポレーション株式会社が取り組んだ「BOOKS TO THE PEOPLE」では，従業員のモラルとモチベーションの向上という成果を得ている。このCRMに取り組んだことで，従業員の接客レベルの「実態」と新しい「企業イメージ」との間の乖離が明らかとなり，全店舗におけるレベルの向上にもつながる結果となっている[7]。

④ 非営利団体の認知度の向上

企業がCRMを活用した社会貢献活動を通して，非営利団体，他企業とパートナーシップを構築することで，取組みの知名度，到達度，魅力等を拡大させることができる。また非営利団体も企業とパートナー関係を結び，CRMに取り組むことで，社会への認知度が上がる。

次に，上記の先行研究を基にCRM導入のデメリットを整理する。CRM導入のデメリットの多くが，非営利団体に関する内容であり，主に以下の4つを挙

げることができる。
〈CRMのデメリット〉
　①　フィランソロピー予算削減の可能性
　企業によっては，CRMをフィランソロピーに代替するものとして捉えるため，フィランソロピーの予算を削減する可能性がある。
　②　非営利団体に対する商業主義のイメージ
　非営利団体が特定の企業やその製品と直接的つながりをもつことで，消費者に商業的なイメージをもたれ，非営利団体としての評判を落す可能性がある。
　③　非営利団体の妥協の可能性
　CRMに取り組むことによって，非営利団体が主体性をなくし，本来の活動を妥協してしまう可能性がある。
　④　非営利団体財政の不安定性
　CRMは一般に商品に連動して寄付額が決定されるため，非営利団体がCRMによる寄付金に依存すると，財政上，収入が安定しない。

4．中小企業におけるCRMの取組み事例[*8]

　本節では，産業廃棄物処理業を営む中間処理リサイクル企業である石坂産業株式会社（以下，石坂産業）事例として，企業と地域とのかかわりについてみていく。
　石坂産業は「産廃屋」といわれてきた，これまでのイメージを覆すための一手法としてCRMに取り組んでいる。産業廃棄物処理を生業とする企業としては，国内初のISO6種統合マネジメントを運用しており，徹底した環境および地域への配慮が高く評価されている。また，「おもてなし経営」を信条とし，同業者，市民などの工場見学を常時受け入れている。その実績が評価され，2012年度，経済産業省が実施した「おもてなし経営企業選」に選出されている。同社はリサイクル企業でありながらも，顧客・地域密着型の経営を成功させた企業の1つである。

（1）　会社および事業概要

　同社は，産業廃棄物処理業を営む中間処理リサイクル企業である。1967年に創業し，2002年，代表取締役の石坂典子氏が社長職に就任した。従業員は135人（2014年12月時点）である。事業内容は，①産業廃棄物中間処理業，②収集運搬業・積替保管許可，③再生品販売業（再生砂・砕石・木材チップその他），④建設業（とび・土木工事業），⑤古物商である。「謙虚な心，前向きな姿勢，そして努力と奉仕」という経営理念を掲げ，「技術と企業のレベルアップを図り，必要とされる企業づくり」を経営方針としている。

（2）　CRMに取り組む経緯

　創業以来，事業を順調に拡大してきた同社であるが，1999年に転機が訪れる。それは，1999年2月1日，某報道番組内で，特集「汚染地の苦悩　農作物は安全か？」が放映されたことである。この放映により，一連の産業廃棄物撤退に向けた住民の反対運動である「所沢ダイオキシン騒動」が起こった。この騒動は，同社をはじめとする産業廃棄物処理業者に大きな打撃を与えた。なかでも，焼却炉を三基有する石坂産業への風当たりは強く，2001年には近隣住民が埼玉県に対し，同社の産業廃棄物処理分業許可の取消を求める裁判を起こした。同社は先駆的な取組みとして，1997年にはすでにダイオキシン対策炉を導入しており，業界内では高い評価を受けていた。しかし，地域住民にはその取組みが理解されることはなかった。同社に対する住民運動が一層強まると，取引先の数社からは一方的な取引停止を受けた。

　この逆境の中，石坂氏は「脱・産廃屋」を目標に掲げ，企業改革の基礎となる経営理念を「謙虚な心，前向きな姿勢，そして努力と奉仕」とした。企業改革の一環としてまず取り組んだのは，焼却炉の廃炉と焼却の外部委託である。これにより，地元住民による訴訟は取り下げられ，地元住民による反対運動は沈静化した。さらに，本社ビルの改装と，すべての設備を建屋の中に入れた「全天候型独立総合プラント」を整備することで，それまでの「産廃屋」のイメージを払拭し，外部に悪影響を及ぼさないクリーンな企業であるイメージを打ち出した。

2003年には，業界初となるISO3統合マネジメントシステム（ISO9001・ISO14001・OHSAS18001）を同時取得した。これと同時に「3S（整理・整頓・清掃）」を導入し，両プログラムを通した従業員の動機づけを目的とする社員教育を展開した。始業時間厳守，挨拶，身だしなみなど「当たり前」のことを徹底し，従業員態度ならびに企業風土の改革を目指した。2006年にはISO/IEC27001を取得，2011年にはISO50001を取得し，ISO5統合マネジメントシステムを運用開始した。さらに2013年にはISO22301を取得したことで，ISO6統合マネジメントシステムの運用を開始した。そして，2014年には，ISO29990を追加取得し，ISO7統合マネジメントシステムを運用している。

(3) 石坂産業におけるCRMの取組み内容

同社は2014年までに取引価格の改定を7回行っている。同社は取引価格に，CRMの取組みにかかる費用を上乗せしている。そのため，競合他社に比べて取引価格が割高となる。しかし，取引先はこの取引価格を理解し，同意した上で廃棄物を同社に持ち込んでいる。このCRMに取り組むための価格改定も同社の経営改革の1つである。

同社のCRMの取組み内容は，①工場見学，②社会貢献活動「ゴミゼロ運動／ボランティア」，③エコキャップ推進活動，④くぬぎの森再生プロジェクト，⑤環境教育支援活動「くぬぎの森環境塾」，⑥花木園・ホタルビオトープ，⑦三富今昔村，⑧地域サービス，の8つである。

① **工場見学**：工場見学として，ギャラリー棟，廃コンプラント，建廃プラント，分級分別プラント，チッププラント，有価物プラント，メインイベント会場，アミューズパーク，センターパーク，ビオトープ，本社ビルの11カ所が設けられている。工場見学は，環境学習プログラムとして，工場，花木園・JHEPエリア，三富今昔村（半日），さらにアスレチック遊具体験，みどりの回廊ガイドウォークなどを体験するスタンダードコース（半日・終日コース）と，企業や団体を対象にした共同企画を行うフレキシブルコースがある。見学通路には，同社の再生商品であるインターロッキングブロック，リサイクル焼成舗装平板，循環型敷材などが使用されて

いる。

② **社会貢献活動「ゴミゼロ運動／ボランティア」**：1カ月に1度，社員全員で地域の清掃活動に取り組んでいる。

③ **エコキャップ推進活動**：これはペットボトルのキャップを回収リサイクルすることで世界の子供達にワクチンを届ける活動である。回収方法は，地域住民にキロ単位でまとめて同社備え付けの回収ボックスに入れてもらう。キャップ860個（20円）でポリワクチン1人分に相当し，キャップ430個を焼却すると3.15 kgのCO_2が発生する。2014年9月時点でのエコキャップ推進活動の成果はキャップ1,885,802個，それはワクチン2,159人分に相当し，CO_2に換算すると13,624 kgの削減となる。

④ **くぬぎの森再生プロジェクト**：地域住民の高齢化の進展に伴い，管理が困難となった里山（くぬぎの森）を地主から借り受け，地域独自の社会・文化的側面に配慮しながら「くぬぎ山地区」固有の生態系や種・遺伝子の多様性保全に取り組んでいる。また新たな植栽計画では，外来種を避け固定種を選定するなどの配慮をしている。

⑤ **環境教育支援活動「くぬぎの森環境塾」**：これはリサイクル過程の見学や，講座の受講などを通して，環境型社会を創る未来の大人のエコマインドを育むことを目的とする取組みである。たとえば，①小・中・高校生対象向け環境教育講座として，くぬぎの森の新緑観察会，ネイチャークラフトなどや，②企業・団体・一般対象向け環境教育講座として，廃棄物と3R，エコアクション21などの取得支援を行っている。

⑥ **花木園・ホタルビオトープ**：同社が管理する敷地158,000 m^2のうち約87%を緑地および環境対策施設と位置づけ，継続的な環境保全活動に取り組んでいる。2003年に完成した花木園は，地域住民の不安を解消するべく，環境への影響を調べるための目的をもって造られた。花木園が完成したことで不法投棄が減少するなどの効果も見られた。また同社は環境保全活動の指標となる「JHEP（ハビタット評価認証制度）」の審査を受け，2012年，我が国で2番目のAAAランク取得企業となった。同社が実施している生物多様性保全への取組みは多岐にわたり，花木園の他，くぬぎ山

の管理，フルーツパーク，ホタルビオトープ，養蜂エリアなどを整備している。現在，花木園は社員の福利厚生施設として使用するとともに，地域住民に自由に利用される里山公園となっている。

⑦　**三富今昔村**：これは本業としての環境保全活動と，地域貢献活動としての環境保全活動を結実させた里山アミューズメント型テーマパークである。テーマパークには，三富今昔語りべ館，三富今昔村寄り道の駅，味覚亭（本社ビル内），森のカフェ，くぬぎの森鎮守神，体験農場，フォレストパーク，カフェテリアパーク，フルーツパーク，アミューズパーク，センターパークなどの施設がある。また三富今昔語りべ館とは，三富新田の農家宅を活かし，落ち葉の堆肥づくりの発酵熱で沸かす足湯や伝統的な民具・農具を展示した施設である。ここでは下草刈りや落ち葉掃き，石臼で大豆から作るきなこもち作りなどの体験ができる。三富地域とは，埼玉県の西部地域「上富（三芳町）」，「中富（所沢市）」，「下富（所沢市）」による三地区の総称である。この地域の特徴は，道路に面して屋敷林に覆われた宅地を配置し，その背後に畑地，さらにその後ろに山林を配置したつくりが有名である。川越名物のさつまいもの他，里芋や小松菜などが栽培され，山林は薪などの供給源となるほか，落ち葉を集積させて腐葉土のように培養した肥料をもたらしてくれる「循環型農業」が行われてきた。

⑧　**地域サービス**：これは，工場見学，やまゆり倶楽部，環境セミナー，地域イベントの4つから構成されている。工場見学の内容は上述した通りであり，工場内を公開することで地域住民の理解と共感を得ることができる。やまゆり倶楽部は同社が取り組んでいる廃棄物のリサイクルや生物多様性の保全，くぬぎの森周辺の保全活動に賛同する人びとが入会するサークルである。地域とのコミュニケーションを高めることで，事業活動の適正化および環境保全活動の活性化を目的としている。環境セミナーでは各業界から著名人を招き，セミナーを開催している。地域イベントでは，ホタル観賞会，創業祭，地元農産物を広めるイベント，環境保全の意識を高めるイベントを開催している。

(4) 石坂産業のCRM

　同社はそれまでの「産廃屋」のイメージを払拭すべく，様々な企業改革や社会貢献活動に取り組んできた。同社はステークホルダーとの長期的な信頼関係に基づいた共存共栄を目指している。この徹底した姿勢を貫くことで，同社の取引先は，取引価格に環境保全コストが上乗せされていることを理解・同意する。取引先にとっては，取引価格の低い産業廃棄物処理業者ではなく，あえて同社との取引を社会に明らかにすることで，「環境に配慮している」ことをアピールすることができる。つまり，取引先が同社の社会貢献活動に対して，金銭的援助をしている形式になっている。

　また，新・里山資本主義のもとで運営・管理されている森のカフェ，森の鎮守神，寄り道の駅などで販売された売上の1%を環境団体である「NPOグリーンネット」や「命と緑を守る会」に寄付している。地域住民でも利用できるこれらの施設で，購入した売り上げの一部が環境団体に寄付されるため，同社の取組みは，企業だけでなく，消費者も気軽に社会貢献活動に参加することができる。このような社会貢献活動に対する社会からの評価を受け，数々の賞を受賞してきた（図表13-5）。

　同社におけるCRMの特徴は，事業のすべてが社会貢献活動につながっている。また，従来のCRMにおける成功事例の多くが短期的な取組みであったのに対して，同社はステークホルダーとの長期的な信頼関係に基づいた共存共栄を目指している点が特徴的である。

　地域住民によって一時期は廃業寸前にまでに追い込まれた同社であったが，現在では同社の社会貢献活動が認められ，同社は地域住民にとって必要な存在となっている。このように同社は環境保全を通じた社会貢献活動によって，企業イメージの向上，社員のモチベーションやモラルの向上，取引企業の増加，売上の増加，地域社会との関係構築という成果を得ることができた。

図表13-5　石坂産業における受賞歴

受賞年	受賞一覧	コンテスト名
2008	「さいたま輝き荻野吟子賞」事業所の部受賞	第4回さいたま輝き荻野吟子賞
2012	「おもてなし大賞」受賞	第2回埼玉県おもてなし大賞
2012	「さいたま環境賞」受賞	第13回さいたま環境賞
2013	「体験の機会の場」認定	埼玉県・体験の機会の場
2013	「おもてなし企業選」選定	平成24年度おもてなし企業選
2014	「掃除大賞」「文部科学大臣賞」受賞	掃除大賞2014
2014	「公益社団法人日本アロマ環境協会賞」受賞	第3回いきものにぎわい企業活動コンテスト

出所：インタビュー調査により筆者作成。

5. まとめ

　我が国におけるCSRの特徴は，「環境＋社会貢献＋法令遵守」であり，その中でも環境問題に焦点を当てている企業が多い。CSRに取り組むことの重要性は，大規模企業に関わらず，中小企業においても同じである。CSRは我が国において，これまでコストや義務的なものとして捉えられる傾向が強かった。しかし，今日の企業においては，CSRを将来に向けた投資および収益を生み出すための機会として捉え，長期的な視点で地域社会との共存共栄を目指す取組みへと移行しつつある。このような傾向は中小企業においても，さらに強まるといえよう。

注

- *1 谷本［2004］，ニッセイ基礎研究所［2006］などがある。ただし，「第一次CSRの波」とは表現されておらず，「うねり」などと表現されている。
- *2 経済産業省［2004］。
- *3 Varadarajan and Menon［1988］p. 60.
- *4 Cause Marketing Forum, About Us, 〈http://www.causemarketingforum.com/about.asp〉 2015年7月22日取得。
- *5 世良［2004］94頁。
- *6 Alexander［2005］。
- *7 清水［2012］45-46頁。
- *8 本節で取り上げる事例は，2014年12月5日に経営企画室室長の熊谷豊氏にインタビュー調査を実施したものである。

参考文献

Alexander, Jeffrey［2005］「米国におけるコーズ・リレイテッド・マーケティング（CRM）事情」〈https://www.keieiken.co.jp/pub/infofuture/backnumbers/19/no19_it.pdf〉 2015年7月22日取得。

Caesar, Patricia［1986］"Cause-Related Marketing: New Face of Corporate Philanthropy," *Business & Society Review*, Iss. No. 59 (Fall).

Garrison, John R.［1990］"A New Twist to Cause Marketing," *Fund Rasing Management*, Vol. 20 Iss. 12 (Feb).

Varadarajan, P. Rajan and Anil Menon［1988］"Cause-Related Marketing: A Coalignment of Marketing Strategy and Philanthropy," *Journal of Marketing*, Vol. 52 (July).

Wagner, Lilya and Robert L. Thompson［1994］"Cause-Related Marketing: Fundrasing Tool or Phony Philanthropy?", *Nonprofit World*, Vol. 12 Iss. 6 (Nov/Dec).

公益社団法人経済同友会［2010］「自己評価レポート2010（日本企業のCSR進化の軌跡）」。

経済産業省［2004］「企業の社会的責任（CSR）を取り巻く現状について」〈http://www.meti.go.jp/policy/economic_industrial/gather/downloadfiles/g40428a50j.pdf〉。

コトラー，フィリップ&ナンシー・リー（恩藏直人訳［2007］『社会的責任のマーケティング』東洋経済新報社。）

清水　真［2012］「我が国におけるCause Related Marketingの事例研究」『消費経済研究』第1号，45-46頁。

世良耕一［1998］「コーズ・リレイテッド・マーケティングの概念と日本における必要性―フィランソロピーと併存する「社会貢献を行う際の選択肢」として―」『函大商学論究』函館大学商学部，第31巻第1号。

世良耕一［2004］「日本における「企業の社会的責任（CSR）」と「コーズ・リレイテッド・マーケティング」の関係に関する一考察」『北海学園大学経営論集』北海学園大学経営学会，第1巻第4号。

谷本寛治［2004］「得意領域を活かす新しい社会貢献：コーズ・マーケティングのすすめ」『宣伝会議』第650号。
ニッセイ基礎研究所［2006］『日本におけるCSRの系譜と現状』24-30頁。

結章

中小企業マーケティングの構図

田中　道雄

1. はじめに

　本書では，中小企業マーケティングに関して多面的な角度からその構図を明らかにしようと試みてきた。もとより当初から，いたずらに制約を課さず，自由な視点で問題を捉える設定のため，各章それぞれの視点には違いもあり，未だ中小企業マーケティングに対して統一された像が結ばれたとはいえない。それどころか，本書にも示されたように，中小企業マーケティングをみる視角には誠に多様なものがある。そこで結章では，本書で述べられた内容を4つの部分に分け，枠組み（1～2章），国際適応力（3～4章），マーケティング的展開（5～9章），そしてマーケティングの成果と交流（10～13章）について，それぞれの議論を整理しながら，若干の展望を述べてみたいと思う。

2. 枠組み

　第1～2章において展開された中小企業マーケティングの枠組みは，あくまでも個別論文としてのものであり，その内容が以下の章を規定するものではない。本書の各章は，中小企業マーケティングに対し，いわば同一の時点で，

様々な視点からアプローチしたものであり，一部を除けば基本的に前後関係をもたない。

ただこれら2つの章は，「中小企業マーケティングは伝統的なマーケティングの援用に留まることなく，独自のマーケティング論理によって運用されるべきだ」という点で問題意識を共有し，その意味で中小企業マーケティング特有の論理を確立することが重要なテーマとなる。とりわけ第1章でも指摘したように，中小企業（SME）は，企業者＝オーナー＝意思決定者という特性を有する。そこには，規模性と市場領域等で「中小企業ならではの特質」がみられる。これらを受け第1章では，先行文献を基盤に中小企業マーケティングの一般的なフレームワーク（図表1-1～1-3）を示し，今後の議論のタタキ台を提供している。

こうした点は第2章でも考察された。そこでは，中小企業マーケティングの特質として，実証的な研究を通して3つの要素が上げられている。すなわち，「簡素化」，「多義性」，「市場直結の問題発見力」である。それは第1章でも述べるように，まさに中小企業の規模性から導かれる資金力，人材力，情報力などの様々な制約の結果である。いわば，中小企業は，その制約された諸環境のもとで，否応なく日常の意思決定を行うことを余儀なくされているのである。

しかしそれゆえにこそ，中小企業においては，そうした難関を克服するために企業家精神を発揮しうる土壌が潜在している。確かに，SMEは多様な課題をもち，多くの企業では流れに身をまかす慣性行動に傾斜しがちで，自らをチェックする公式的な組織機能は存在しない。そこでは，経営者個人の克己心に頼るしか方法はない。

だが我が国の特性をみれば明らかなように，百年企業の数は全国で26,000社ともいわれ，いわば世界随一の老舗企業群を擁している。そしてそのほとんどが中小企業なのである。そこには公式の自己チェック機能をもたない中小企業ではあるが，現実にはそれを超克する経営者の企業家精神が脈々と流れていることを示している。

3. 国際適応力

　第3〜4章は，目を海外に向けて中小企業マーケティングの国際適応力を考察している。

　第3章は，中小企業マーケティングとしての市場策定戦略の大切さや国際的市場におけるニッチ戦略が取り上げられた。そこではネットワーキングを活用した国際情報の獲得やニッチ戦略とオープン・イノベーション戦略のクロスオーバー的思考方法の重要性が議論され，中小企業にとって自らのドメインと新たな情報獲得，そしてものづくりの前段階としての価値づくりの大切さが強調される。その行動は世界共通の価値観や認識，あるいは海外のある国や地域でのローカル・ニッチ戦略など，グローバルスタンダードな価値観の保持が求められている。

　中小企業の国際的な進出とその現地適応の問題は，第4章で取り扱われた。外国へ進出した中小企業は，当然様々な資源面で比較劣位に置かれているが，これら中小企業が現地適応するためには，「人的資源のマッチング」，「マネジメントの柔軟性」，「税法上および会計基準への準拠」が必要であり，商品販売においては「政治・法律的」，「経済的」，「地理・歴史・文化的」現地適応化が取り上げられる。そして大企業と差別化できる競争要因として，「地元定着度」，「親しみやすさ」，「融通度」の3つを指摘している。中小企業マーケティングの現地適応化にとって，忘れてはならない重要な点といえる。

　我が国の人口減少による市場の狭隘化とグローバル化の進展により，中小企業は好むと好まざるをえず，海外進出の道を選択することで，新たな課題に直面する。そこでは，市場環境のみならず，労働環境，財務環境，あるいは法的環境など，すべての分野で異質な価値が交錯している。このように中小企業を取り巻く環境が異質であればあるほど，オープンイノベーションに代表される新たな情報や価値の獲得と異質な市場環境への適応としてのマーケティング的思考が，より一層必要となる。

　マーケティングには研究者の数だけ概念があるといわれる。しかし今，マー

ケティングを「市場的環境への創造的で統合的な適応行動」[*1]として捉えるならば，まさに国際市場では，その進出市場の特性を押さえた適応能力がますます重要な要素として浮上するのである。

4. マーケティング的展開

　第5～9章は，中小企業の具体的なマーケティング的展開について考察した。

　「製品開発」に関して，特に市場創造型の試作事業モデルを取り上げ，考察しているのが第5章である。そこでは現代に適合したウェブサイトによる受注システムが，試作品のもつ特質とも合致し，ウォンツ型の技術を探究している顧客の開拓にフィットした。興味深いのは，「時間」と「コスト」を組み合わせた試作品提供のマーケティング展開であり，それはとりわけ医療関連分野で，大きく成果を発揮する。他方オープン・イノベーションとも相似た企業情報の片寄りを防ぐ分散受注や最速受注の効果をみれば，日常活動の中に企業の潜在力向上システムが適切にビルトインされていることを知るのである。

　第6章に示されたのは，ある八百屋の実践から導かれた「価格政策」である。ここでも，マーケティングの仕組みが，日常的で多様な経営活動の中に巧妙に埋め込まれており，それは単なる技術としてではなくシステムとして機能している。そこでのコアコンピタンスは，価格と品揃えのバランスであり，「薄利多売」と「売り切り」の技術である。古くからの「利は元にあり」の格言どおり，仕入れとの信頼関係の構築により，最適な売場を再構成する切れ目のない商品供給を可能にする。まさに中小企業ならではの売場管理がなされているのである。

　個店としての価格政策とは異なり，中小小売業の集団活動によるマーケティングを考察したのが第7章である。その前提として取り上げた個店単独のマーケティングでは，特に経営者の「やる気」，「努力」，「才能」を指摘したが，それだけでは克服できない課題もあらわれる。その時，集団的マーケティングの

必要性があらわれ，その1つとして商店街のマーケティング活動の可能性に言及する。中小小売業では，商品の作品化はもとより，経営者自身が商品の一部を構成するがゆえに，いかにそれをアピールするかが重要となり，その時，集団的活動が有効になる。そしてそれはマーケティング活動のトリガーとしても働く。その意味で，集団的マーケティングは，単独活動の補完，自己成長や地域社会への成果還元の機会をもつという。

中小サービス業における「販売促進活動」を語る第8章は，まさに中小企業らしい強みをもっている。サービスは利用して始めて品質を評価できる経験財であり，また品質評価には利用後の時間がかかる信用財でもある。特に中小サービス業においては，一定の狭い商圏範囲で営業を行うだけに，限られた商圏内では，大企業に遜色のない高い知名度や信用を保持しうる可能性をもつ。その意味で，まさにこの販売促進活動の分野は，中小企業が縦横に活躍しうる範囲として認識される。

第9章では中小企業における「営業」の特性について触れている。それは弱者の営業であるが，決して敗者の営業ではないという。しかしそれは当然，多くの制約の中で進められる営業でもある。そして中小企業の営業力を高めるには，顧客と一緒に考える時間を共有しつつ，専門性で強みを発揮し，自らがキーパーソンになるという立場を確立する必要がある。中小企業営業は，何よりもまず専門性を磨くことで，顧客との信頼関係を構築し，その信頼関係の蓄積のなかで情報力をつけ，最終的に顧客の問題を解決するソリューションを提供することが求められている。

これら5つの章に示すように，中小企業のマーケティング的展開は，どちらかといえば技術としてのマーケティング活動というより，システムとしてのマーケティングであり，まさにそれは日常的な活動の中にうまく組み込まれている。その意味で，マーケティングは中小企業において，決して何か特別なものではなく，あらゆる日常活動をスムーズに進めていくための当たり前の要素の組み合わせとして捉えられよう。

換言すれば，われわれは中小企業マーケティングを単に技術的な取組みとして捉えるのではなく，企業自体の日常の中にビルトインされた基本機能として

考えることが必要なのかもしれない。現実の事例を見れば見るほど，われわれは中小企業マーケティングが，まさに企業の意思決定の基盤にあることに気づく。そこでは中小企業の経営活動の潤滑油としての中小企業マーケティングの姿が浮かび上がる。

5．マーケティングの成果と交流

　第10～13章の内容は，大きく2つに分けられる。1つは中小企業自体のブランド形成と環境としての地域ブランドの有効活用という側面である。1つはベンチャービジネスを育成するベンチャーキャピタルに関する政策的課題と地域社会との関わりを示す環境・CSRの側面である。

　第10章では，中小企業マーケティングの経営成果としてのブランドについて触れる。ブランドはこれまで，まさにマーケティングの結果としての姿であったが，現在では，ブランドアイデンティティという形で，ブランドの起点として戦略的に捉えられるようになった。ここでは中小企業におけるマーケティングの環境と特質について触れながら，ブランドマーケティング戦略の視点から，ブランド価値をwith consumerとして捉え，中小企業を取り巻くアウターと企業のインナーとの関わりについて，詳細に考察している。

　ただ中小企業のブランド形成は，様々な面で一定の制約に直面し，単独ではなかなか思うようにはいかない。となれば中小企業は自らの力を恃むだけでなく，自らを取り巻く経営環境や資源を最大限に活用しなければならない。地域ブランドの活用はまさにそれにあたる。第11章でも述べるように，新潟県燕三条ブランドは，全国的にも知名度が高い。こうした地域ブランドを活用し，その好イメージと自社を結び付けることで，中小企業マーケティングは大きな成果を発揮しうる。もとよりそのためには地域ブランド活用に際しての課題をしっかりと把握しておかねばならない。

　我が国の起業化率の低さが叫ばれだしてから長い。それはリスクに敏感な国民性の経営マインドの弱さとともに起業環境の弱さでもある。いわゆる鶏が先

か卵が先かという議論は延々と続いてきた。第12章は，起業化率の高いアメリカ・シリコンバレー等の事例をひきながら，その優れた起業環境システムや関係者のモチベーション管理の優位性を示し，翻って我が国が抱える問題点を鋭く指摘している。

最後の第13章は，中小企業は規模的には小さいが，地域社会ではまさに擬人的な企業市民として地域と共存していることを示す。そこでは企業の社会的責任（CSR）に関する日米欧の国際的動向を眺め，次いで近年注目されている「社会貢献を通して企業価値向上を目指す」CRMの取組みを通して，地域社会との共存・交流を図ろうとする取組みを詳しく描写する。今や，中小企業もこうした地域との関係を無視し得ない時代を迎えている。

中小企業マーケティングの成果と交流においては，個別中小企業独自のブランディング努力による隆盛という成果もあれば，地域ブランドのもつシンボル性を活かし，それとの交流を通して，企業環境を最大限に活用する場合もある。あるいはグローバル化する世界の中で，一部の企業家は最初からボーングローバルを目指し，海外でのベンチャービジネスを起業するケースも続出しており，それは優れた環境へ自らを投入する意識的な交流を意味している。他方，地域社会への貢献により，ますます地域との交流を盛んにしている場合もみられる。

いずれにしても，こうした中小企業の動きは，その発展が中小企業内部の諸条件のみならず，その置かれた地域社会という経営環境と大きく関わっていることを示唆する。それはCRMの取組み事例でも明確である。われわれは中小企業マーケティングに関し，これまでのように中小企業単体だけで問題を捉えるだけでなく，地域社会との交流の中から「中小企業の存立意義」を再確認し，中小企業マーケティングを捉え直すことが求められていよう。

6. 研究の将来

中小企業マーケティング研究は，様々な先行文献を受けて徐々に蓄積されて

きた。

　しかし現状は，まだまだ明確なコンセンサスを得るまでには至っていない。ここではこれまでの議論を受けて，中小企業マーケティングの今後の研究方向について，簡単に触れておこう。

　中小企業マーケティング研究は，すでに懸田豊氏によって，3つのジャンルにまとめられている[*2]。すなわち，伝統的マーケティングの見直しによる体系化，関係性マーケティングによる再構築，そして独自性研究である。ただ本書はあくまでも執筆者それぞれの自由な視点に立っており，こうした視点が入り混ざっているのが現実である。

　その意味では残念ながら，本書もまた中小企業マーケティング研究を新たな次元にもたらすという領域までには至っていない。ただ，中小企業マーケティングを多様な視点からアプローチすることで，これまで明らかになっていなかった多くの課題を掘り起こすことが可能になった。

　こうした点を考え合わせ，ここでは今後の中小企業マーケティング研究における若干の課題を取り上げてみたい。

　まず第1は，「はじめに」でも取り上げたように，今後は中小企業マーケティングの概念枠を明らかにする努力が必要である。この点は，すでに第1～2章でも若干の提言を行っており，今後ともこうした地道な努力の積み重ねが求められよう。もとより，これらの内容は，その視座の違いにより，結果として異なる可能性は強い。しかし，それらを十分に理解しつつ中小企業マーケティングを論理的に考察していくことが望まれる。

　第2は，中小企業の意思決定過程における，「中小企業ならではの要素」を明確にすべきである。伝統的マーケティングの見直しによる体系化や関係性マーケティングによる再構築あるいは独自性研究のどのような立場にたっても，そこには「中小企業ならではの要素」があり，そしてその要素や制約条件によって現実の意思決定がなされている。こうした点は，量的調査による研究はもとよりのこと，より深化した実証的企業研究が欠かせないことを示唆している。

　第3は，中小企業の規模的格差をどのように捉えるかである。中小企業と

いっても，10〜20人，50〜100人，250人というように，その規模の違いは大きい。こうした規模による中小企業のマーケティング行動の差異は，どのように明らかになるのだろうか。果たしてそれはマーケティング行為の調査を通してクラスター化することは可能なのか。これらの点へより接近することは，今後の中小企業マーケティング研究に大きく貢献するものと思われるだけに，綿密な調査が必要となろう。

競争が激化する現実において，中小企業マーケティング研究の蓄積は，今後の我が国中小企業の発展にとって多大な貢献をなす可能性をもつだけに，多様な視点からの接近によって，より一層の研究進化が望まれる。

注

*1　三浦［1970］。
*2　懸田［2013］。

参考文献

懸田　豊［2013］「中小企業と市場・流通」（財）中小企業総合研究機構編，編集代表三井逸友『日本の中小企業研究2000―2009』同友館。
三浦　信［1970］『マーケティングの構造』ミネルヴァ書房。

事項索引

〔あ 行〕

ISO7統合マネジメントシステム …………… 228
アウトプット管理 ………………………… 147, 154
味と見た目 ……………………………………… 103
アメリカ型CSR ………………………………… 219
アメリカマーケティング協会（AMA）… 16, 17
アメリカン・エキスプレス社 ………… 222, 224
粗利ミックス …………………………………… 106

いいことしか言わない営業マン …………… 158
育成問題 ………………………………………… 158
意思決定過程の流れ …………………………… 46
意思決定は直感的 ……………………………… 20
意思決定プロセス ……………………………… 40
石坂産業 ………………………………………… 226
一連のプロセス ………………………………… 152
5つの新機軸の遂行 …………………………… 205
EDHQ …………………………………………… 100
EDLP ……………………………………… 100, 101, 112
移転コスト ……………………………………… 92
イノベーション …………………………… 19, 92
── 主導型経済 …………………………… 211
医療産業 …………………………………… 79, 80
インキュベーション …………………………… 203
インキュベーター ………………………… 203, 204
インセンティブ ………………………………… 209
インターオーガニゼーショナルマーケティング
  ………………………………………………… 30, 35
インターナルマーケティング ………………… 30, 35
インターネット …………………………………… 6
── 販売 ……………………………………… 115
インタラクティブマーケティング ………… 30, 35
インナーブランディング …………………… 175, 176

VC ……………………………………………… 199
VB ……………………………………………… 199
win win関係 …………………………………… 5
ウェブサイト …………………………………… 86
ウェブ受注 ……………………………………… 86
売り切り ……………………………… 107, 108, 110
売場
  ── の拡張 ………………………………… 110
  ── の再構成 ……………………………… 110
  ── の集約 ………………………………… 111
  ── の増加 ………………………………… 111
売れ残りや欠品リスク ……………………… 110
売れるためのしくみづくり …………………… 49

営業
  ── のサービス化 ………………………… 151
  ── のスタンス …………………………… 150
  ── の特性 ………………………………… 239
  ── の本質 ………………………………… 147
営業成績の評価 ……………………………… 154
営利型インキュベーター …………………… 213
SNS ……………………………………… 135, 150
AMA …………………………………………… 16
エコキャップ推進活動 ……………………… 229
エコノミー便 …………………………………… 89
SME ……………………………… 14, 17, 18, 19, 21, 22, 24
  ── マーケティング …………………… 23, 24
SP ……………………………………………… 138
エリア・マーケティング ……………… 119, 124
延期化 ………………………………………… 110
エンジェル …………………………………… 202
  ── 税制 …………………………………… 202
  ── 投資家 ………………………………… 203

応酬話法 ……………………………………… 159
オーガニックなライフスタイル …………… 191
オーダーメイドによる精密心臓シミュレータ
  ………………………………………………… 90
オープン・イノベーション
  ……………………………… 9, 58, 59, 60, 61, 237, 238
『おもてなし経営企業選』（経済産業省）…… 226
卸売市場流通制度 …………………………… 104
オンリーワン企業 ……………………………… 69

〔か 行〕

カウンターカルチャー ……………………… 208
  ── の影響 ………………………………… 207
価格政策 ………………………………… 100, 101, 238
過剰な期待を抑制 …………………………… 143
寡占的製造業の競争 ………………………… 29
家族従業員制度 ……………………………… 117
家族の一人 …………………………………… 37
価値観を共有 ………………………………… 126

価値共創 …………………………… 167
株式上場準備 ……………………… 202
ガラパゴス化 ………………………… 51
環境＋社会貢献＋法令遵守 ……… 232
環境・CSR …………………… 217, 240
環境学習プログラム ……………… 228
環境教育講座 ……………………… 229
環境の小さなシグナルに対する感受性 …… 33
環境保全活動 ……………………… 230
関係性志向の営業 …………… 155, 156
簡素化 ………………… 40, 41, 42, 171, 236

キーパーソン ………………… 160, 239
企業家 ………………………………… 18
　──精神 …… 15, 17, 19, 22, 118, 121, 236
　──論 ……………………………… 16
企業の社会的責任 ………………… 220
技術デザイン ………………… 92, 93, 96
技術の引き出しを増やすこと ……… 93
機動営業力 ………………………… 148
機能デザイン ………………… 92, 93, 95
規模の違いが経営力の違い ……… 116
QRコード（2次元バーコード）…… 135
競争的優位性 ………………………… 14
競争フロント ………………………… 8
競争優位性の確立 ………………… 120
競争優位性の源泉 ………………… 121
共存共栄の実現 …………………… 123
共同配送 …………………………… 110
業務的マーケティング ……………… 32
強力なリーダーシップ …………… 153
京和傘 ………………………… 50, 53, 58
金属加工の産業集積地 …………… 190
近未来技術の市場化 ……………… 214

クールジャパン ……………… 50, 54
クチコミ ……………………… 134, 135
クラウドファンディング ………… 213
クラスターが形成 ………………… 204
クラン ……………………………… 154
グリーン・コンシュマリズム …… 220
グループシンクの罠 ………… 39, 43
グローバル・ニッチ市場 ………… 53
グローバル化 ………………… 5, 50, 54
グローバル市場 ……………………… 7
グローバルスタンダード ………… 237
グローバルニッチ …………………… 8
　──企業 …………………………… 6
　──戦略 ……………………… 49, 58

グローバルニッチトップ …………… 9
クロスエフェクト …………… 79, 81, 93
クロスオーバー的思考方法 ……… 237

経営現地化 ………………………… 71
経営者自身も差異化の対象 ……… 125
経営者の直感や第六感 …………… 34
経営者のパートナー的存在 ……… 174
経営トップの役割 ………………… 175
経営マインドの弱さ ……………… 240
経験価値の重要性 ………………… 167
経験財 ……………………………… 133
経験財的性格 ……………………… 140
K（勘），K（経験），D（度胸）…… 153
欠品 ………………………………… 108
研究アプローチ ……………… 29, 30
現地適応化 ………… 66, 69, 70, 72, 75, 76, 237

コアコンピタンス …………… 9, 238
合意形成などの仕組みづくり …… 127
公式的な顧客関係 ………………… 36
構想試作 …………………………… 83
高速便 ……………………………… 89
購買前期待 …………………… 140, 141
小売国際化プロセス ……………… 71
小売フォーマット ………………… 68
コールセンター …………………… 158
顧客
　──との信頼関係 ……………… 161
　──との結びつきの強化 ……… 142
　──の思考 ……………………… 160
　──の離脱防止 ………………… 142
顧客維持コスト …………………… 140
顧客獲得コスト …………………… 140
国外市場を意識した取組み ……… 51
国際的サプライチェーン ………… 5, 7
国際マーケティング ……………… 67
国立循環器病研究センター ……… 91
個人的な色彩の影響 ……………… 39
個人的なマーケティング感覚 …… 33
コスト・リーダーシップ ………… 59
　──戦略 ………………………… 53
コスト重視型発注 ………………… 87
コストパフォーマンス …………… 149
コミュニケーション ……………… 157
コモディティ化 …………………… 170
コンピレーション（編纂）…… 156, 157
コンプライアンス …………… 218, 220

索　引　247

〔さ　行〕

サービス（無形財） ……………………… 150
　　──の「不可逆性」 ……………… 139
　　──の有形化 ……………………… 137
サービス業 ………………………………… 131
サービス財 ………………………………… 21
最後の購入者 ……………………………… 36
最速試作 …………………………………… 95
差別化戦略 ……………………………… 53, 59
3S（整理・整頓・清掃） ………………… 228
産業観光 …………………………………… 195
産業財 ……………………………………… 149
産業上の慣習 …………………………… 23, 24
産業廃棄物処理業者 ……………………… 227
産業ピラミッド …………………………… 3, 5
産業マーケティング ……………………… 21
3段階マーケティングモデル …………… 31
産廃屋 ………………………………… 227, 231
産品ブランド ……………………………… 184

CRM …………………………… 221, 222, 241
　　──のキャンペーン ………… 224, 225
　　──の効果 ……………………… 224
　　──のデメリット ……………… 226
シードアクセラレーター ………………… 213
仕入れ価格 ………………………………… 107
仕入れに必要な相場観 …………………… 105
CSR ……………………………… 10, 217, 218
時間稼働率 ………………………………… 88
時間重視型発注 …………………………… 87
識別機能 …………………………………… 165
資金調達プラットホーム ………… 211, 214
資源ベース論 ……………………………… 73
思考の整理 ………………………………… 159
自己成長の機会 …………………………… 129
試作事業 ………………………………… 91, 92
試作市場 …………………………… 82, 91, 93
試作製品 …………………………………… 81
試作の受注 ……………………………… 82, 86
自社ブランドの開発 ……………………… 164
市場細分化戦略 …………………………… 20
市場策定戦略 ……………………………… 237
市場スラック ……………………………… 117
市場創造型の試作事業モデル …………… 238
市場創造機能 ……………………………… 112
市場調査費用 ……………………………… 32
市場認識を「軽視する傾向」 …………… 32
市場プロセス ……………………………… 15

システムとしてのマーケティング ……… 239
下請け ……………………………………… 3, 4
失敗事例 …………………………… 159, 160
品揃え ……………………………… 101, 103
　　──を形成 ……………………… 101
自分ゴト化 ………………………………… 177
資本主義経済の成長エンジン …………… 206
社会貢献活動 ……………………… 217, 231
弱者の営業 ………………………………… 147
集客力 ……………………………………… 107
集団的マーケティング …………… 124, 126
集団でマーケティング活動 ……………… 120
自由の女神修復キャンペーン …………… 223
主観的な顧客のプロフィール …………… 33
受注先企業の分散化 ……………………… 93
受注分野が分散 …………………………… 89
循環型農業 ………………………………… 230
ジョイントベンチャー …………………… 35
商業者自身の才能 ………………………… 121
状況適応的な実践 ………………………… 112
商業統計 …………………………………… 115
商圏範囲 …………………………………… 132
商材 ………………………………………… 148
使用シーンのイメージ …………………… 151
情緒的コミュニケーション … 119, 124, 126, 128
情緒的な色彩を帯びた人間関係 ………… 37
情緒的な資料として作成 ………………… 32
商店街 ……………………………………… 116
　　──活性化 ……………………… 118
　　──組織 ………………………… 123
　　──の顔 ………………………… 99
消費財 ……………………………………… 149
商標 ………………………………………… 165
商品陳列 …………………………………… 111
商品の作品化 ……………………………… 239
情報
　　──の粘着性 ………………… 91, 92, 95
　　──のフィルタリング ………… 43
　　──を発信できる存在 ………… 160
情報開示コンサルティング ……………… 202
情報伝達手段 ……………………………… 133
将来に向けた投資および収益を生み出すため
　の機会 …………………………………… 232
将来の利益を生み出すための投資 ……… 218
職人の街 …………………………………… 190
シリコンバレー ………… 10, 199, 200, 203, 241
真空注型 …………………………………… 85
新興国企業 ………………………………… 6
真実の関与者 ……………………………… 34

心臓シミュレータ……………………91, 95
　　――モデル……………………………80
人的販売（販売員活動）………………138
シンボリックな側面……………………128
信用財………………………………133, 239
信頼関係に基づいた共存共栄…………231
信頼関係の構築……………………104, 155

スイッチング・コスト…………………141
隙間集中戦略………………………………59
スタートアップ…………………………209
　　――カンパニー………………………199
　　――期…………………………………201
　　――投資………………………………213
ステークホルダー…………217, 218, 231
ストックオプション………………209, 210
スピンオフ…………………204, 207, 210
　　――連鎖………………………………211
スマートな適応化戦略……………………73
スモールビジネス・マーケティング…206

青果店………………………………………99
生産者番号単位……………………………103
製造小売業…………………………………125
制約条件……………………………………29
セールス・プロモーション……………138
セクショナリズム………………………153
セグメント…………………………………8
全小売事業所数…………………………117
潜在的な才能……………………………121
鮮度…………………………………………102
専門家集団………………………………152
専門性……………………………………161
戦略キャンバス……………………………74
戦略ストーリー…………………………156
戦略的マーケティング……………………32

想起機能…………………………………165
総合起業活動指数………………………211
相互構成的な関係………………………101
相互の情報蓄積…………………………141
ソーシャルメディア……………………169
組織的な差異………………………………46
ソリューション
　　――営業………………………………148
　　――提案…………………………155, 156
　　――を売る……………………………151

〔た　行〕

大企業との組織化………………………122
対個人サービス……………………131, 132
対事業所サービス………………………131
大衆………………………………………169
対比作用…………………………………141
高い再現精度………………………………90
多義性………………………42, 44, 45, 171, 236
多義的かつ多段階な意思決定…………119
多義的な人材………………………………42
脱コモディティ化………………………170
タテ型の協力企業…………………………38
多売………………………………………102
探索財……………………………………132
断面画像撮影技術…………………………90

地域横断的な相補関係……………………37
地域活性化…………………………185, 187
地域企業…………………………………183
地域経済…………………………………184
地域資源の再認識………………………191
地域そのもののブランド………………184
地域団体商標制度……………186, 187, 188
地域のリーダー…………………………119
地域ブランディング………………183, 195
地域ブランド…183, 184, 185, 188, 193, 240, 241
　　・マネジメント…………………185, 186
　　――戦略…………………………185, 186
　　――という傘…………………………195
チーム型営業…………………152, 153, 154, 161
チームブランディング…………………176
中央卸売市場……………………………102
中小企業……………………………………13, 14
　　――特有のマーケティング的特質…40
　　――と消費者が協同生産………………34
　　――ならではの特質…………………236
　　――ならではの要素…………………242
　　――の規模的の格差…………………242
　　――の規模的な傾向……………………46
　　――の存立意義………………………241
　　――のブランド………………163, 164, 177
中小企業マーケティング
　　…………………3, 4, 8, 41, 45, 207, 235
　　――の概念枠…………………………242
中小小売業………………………………116
　　――の外部要因………………………117
　　――の集団活動………………………115
　　――の組織化…………………………123

──のプロモーション活動……………125
　　──のマーケティング活動……………128
中小小売業者……………………………99
長期的な視点……………………………128
直感的で個人的なマーケティング感覚……43

追加発注が制度化………………………109
燕三条　工場の祭典……………………194
燕三条＝中小企業の街…………………189
燕三条地域………………………………189
燕三条プライドプロジェクト…………192
燕三条ブランド………188, 190, 191, 194, 240
燕三条ブランド推進室…………………191
燕三条ブランドマーク…………………192

提案力……………………………………151
データアナリスト…………………152, 155
適応化された商品（部品）………………66
適度な距離感……………………………105
デザイン試作…………………………83, 84
デザイン商品の開発………………………55
デジタル化された3次元データ…………85
展示会試作…………………………………83
伝統的マーケティング……………………40
「伝統」と「革新」………………………54

統一された像……………………………235
同化作用…………………………………141
同質化競争………………………………170
藤次郎……………………………………194
　　──株式会社…………………………193
　　──ブランド…………………………193
同類補完・異類補完………………………37
独自の価値を生み出す……………………99
独自の品揃え……………………………125
独自のマーケティング論理……………236
所沢ダイオキシン騒動…………………227
特許庁……………………………………187
取引関係の継続…………………………105
トレーニングマニュアル………………159

〔な　行〕

ナード（nerd）…………………………200
仲卸業者……………………103, 104, 105, 109
仲間企業との連携………………………152
ナスダック………………………………200
生業………………………………………118
軟質ウレタン樹脂素材……………………90

21世紀の消費の特徴……………………168
二重構造的特質…………………………207
ニッチ市場…………………………………54
　　──の開拓…………………………225
ニッチ戦略……………………20, 55, 58
日本型CSR………………………………220
日本市場の閉鎖性・特殊性………………70
日本の伝統技術の結晶…………………193

ネットワーク……………………………189
値引き……………………………………108

ノベルティ………………………………138

〔は　行〕

パーソナリティ……………………………24
パーソナルコンピュータ・キット「アルテア
　8800」…………………………………208
ハイテク産業集積………………………204
薄利………………………………………102
バックヤード……………………………157
パフォーマンス契約……………………131
パフォーマンスレベル……………………74
パブリシティ…………………135, 137, 140
浜松ホトニクス社………………………211
払うべきコストや義務…………………218
販売ロット………………………………107
　　──の変更………………………108, 109

BtoC型………………………………………6
BtoB型………………………………………5
PB（プライベートブランド）……………65
ピープル・プロセス・ブランディング……177
B-1グランプリ…………………………186
非営利団体に寄付………………………223
非営利団体の認知度……………………225
光造形エコノミー便………………………87
光造形高速便………………………………87
光造形装置………………………84, 85, 88
非経済的現地適応化………………………73
非公式な情報のネットワーク……………34
百年企業…………………………………236
標準化された商品（部品）………………65
標準化-適応化…………………………67, 68
　　──問題………………………………66
表層サービス……………………………142

フィランソロピー……………219, 222, 226
フィランソロピー×ステークホルダー……219

フォーマルなチェック機能……………22
孵化器………………………………203
不可逆性……………………………134
複合金属加工産地…………………189
複数の受注を組み合わ……………89
ブックオフコーポレーション……225
物財…………………………………21
部門間コンフリクト………………148
プラットフォーム…………………61
プラットフォーム・リーダーシップ……59
フランチャイズチェーン……122, 123
ブランディング（=ブランド化）
　………………………163, 165, 173, 177
ブランド………………………163, 172
　――の可視化……………………173
　――の起点………………………168
　地域そのものの――……………184
ブランド・アイデンティティ……167, 175, 176
ブランド・エクイティ………166, 168, 174
ブランド・マーケティング……172, 173, 177
ブランド・マネジメント…………174
ブランド・リーダーシップ………174
ブランド価値………163, 164, 167, 172, 240
ブランド創出………………………10
ブランド創発型企業………………176
ブランドマネジャー…………174, 175
ブランド力…………………………132
フリークエント・プログラム……140
プル・マーケティング……………49
ブルー・オーシャン………………49
　――戦略…………………………69
プルダウン式……………………86, 87
プレゼンテーション………………149
プロジェクトの相乗効果…………192
プロセス管理…………………147, 154
プロダクト・イノベーション……206
プロトタイプ…………………80, 209
分散受注……………………………95
分衆…………………………………169

平成の大合併………………………190
ベンチャー企業……………………4
ベンチャーキャピタル………199, 201
ベンチャービジネス………10, 199, 200
ベンチャーブーム…………………210
ベンチャー論………………………16

ボーングローバル……………210, 241
　――企業…………………………76

北欧諸国……………………………50
保証…………………………………134
補償…………………………………134
「保証」と「補償」の告知………139
ボランタリー・チェーン…………123
本質サービス………………………142

〔ま　行〕

マーケティング……………………13
　――の結果………………………168
　システムとしての――…………239
マーケティング・プログラム……67
マーケティングミックス…………31
マージン……………………………106
マイオピア…………………………14
マザー工場…………………………7
マスコミ4媒体……………………137
街商人（まちあきんど）…………119
まちづくり会計……………………128
まちづくり活動……………………127

3つのIM……………………30, 35, 41, 171
見本市………………………………150

無意識界のニーズ…………………206
無形のサービス……………………133
無限の可能性をもった存在………118

メセナ………………………………219
メディア……………………………137
メディア・ミックス………………137
メニューを使い分け………………88

網衆…………………………………169
目標純利益額………………………106
モチベーション……………………157
モノ（有形財）……………………150
ものづくり…………………………173
ものづくり日本大賞………………79
ものづくり能力……………………75
ものづくりの街　燕三条…………194
問題発見力……………39, 43, 44, 171, 236

〔や　行〕

焼き印………………………………165

有形・無形の地域資産……………186

容量稼働率…………………………88

ヨーロッパ型CSR……………………218

〔ら 行〕

ライフサイクル上の慣習………………24
ライフサイクル上の問題………………22
ライフスタイル…………………………149

リーダーシップ…………………………40
リーマンショック………………………202
リサイクル企業…………………………226
リストラ……………………………………4
流通系列化………………………………122
利用経験…………………………………134

量産化試作……………………………83, 84
ルーティンワーク………………………120
ルート128ベンチャーグループ………199

ロイヤルティ……………………………122
ローカル・ニッチ………………………61
　　──市場…………………………………53
　　──戦略…………………………………60

〔わ 行〕

和庖丁……………………………………193

人名索引

アーカー（J. A. Aaker）………………166
アリス（M. T. Alice）…………………176
アンダーソン＆オリバー（E. Anderson & R. L. Oliver）…………………………148

カーズナー（I. M. Kirzner）……………15
カーソン（D. Carson）……………17, 18
ガワー＆クスマノ（A. Gawer and M. A. Cusmano）………………………………59
キーガン（W. J. Keegan）…………52, 67
ケラー（K. L. Keller）…………………166

ジョブズ（S. P. Jobs）…………………206
ショー（A. W. Shaw）……………………59
ジャニス（I. Janis）……………………39

シュムペーター（J. A. Schumpeter）………205

竹田正俊……………………………………80
チェスブロー（H. Chesbrough）………58

ヒルズ（G. E. Hills）……………………16
ビル・ゲイツ……………………………208
ブジャーク（B. Bjerke）…………………18
ポーター（M. E. Porter）………………52

マッカーシー（E. J. McCarthy）………52
ミオンヌ（A. Mione）…………………31, 43

ロベルト（M. A. Roberto）………………43

執筆者紹介 (*章編成順，◎は編者) [ ] 内は担当章

◎**田中道雄**（大阪学院大学商学部教授）[序章，第2章，結章]

　1947年生まれ，関西学院大学法学部政治学科卒業，32歳より京都産業大学経済学研究科博士課程に進学，課程年限修了，吉備国際大学助教授，教授を経て，2000年大阪学院大学流通科学部教授，経営学部教授を経て，2014年より現職。まちづくりデザイン研究所代表，地域ブランド研究会会長。著書として，『商店街経営の研究』（単著，中央経済社），『中国の都市流通』（単著，税務経理協会），『まちづくりの構造』（単著，中央経済社），『フランスの流通』（単著，中央経済社），『文化としての流通』（共著，同文舘出版，担当：「第7章　商業文化と都市構造」，「第8章　美としての流通と現象」，「第9章　市の制度に見る文化と社会的要因の影響」），『文化保存型のまちづくり』（単著，創成社），『中小企業マーケティング』（単著，中央経済社）等。

◎**白石善章**（流通科学大学名誉教授）[第1章]

　1934年生まれ。神戸大学経営学研究科博士課程修了。神戸大学博士（商学），1978年福岡大学商学部専任講師を経て助教授，教授，1986年西南学院大学商学部教授，1989年流通科学大学商学部教授，商学部長，流通科学大学院研究科長，流通科学大学副学長，流通科学大学中内記念館館長を歴任，2006年流通科学大学名誉教授。同年熊本学園大学商学部教授，2009年退職。その間，日本商業学会会員，日仏経営学会会員，日本中小企業学会会員（1995年まで），1992〜1996年日本商業学会理事，中小企業大学校客員教授併任。2001〜2015年神戸市大規模小売店舗等立地審議会会長。現在，地域ブランド研究会最高顧問。著書として『流通構造と小売行動』（千倉書房）（1988年日本商業学会の奨励賞），『Dynamic Competition in Marketing Systems』（千倉書房），『市場の制度的進化』（創成社），『流通と経済』（共著，晃洋書房），『現代日本の流通と社会』（共編著，ミネルヴァ書房），『中小企業経営の構図』（共編著，税務経理協会，担当：「第2章　中小企業　経営の基本的論理」），『地域ブラン

ド論』（共編著，同文舘出版，担当：「第1章　地域ブランドの概念的な枠組」），『フランスの流通・都市・文化』（共編著，中央経済社，担当：「第1章　EU諸国におけるフランスの小売商業」），『フランスの流通・政策・企業活動』（共編著，中央経済社，「第1章　フランス的小売業態の開発と展開担当」）等。

平山　弘（阪南大学流通学部教授）［第3章］
　神戸商科大学大学院経営学研究科博士後期課程単位取得退学。兵庫県高等学校教員，阪南大学流通学部専任講師，助教授・准教授を経て，2009年より現職。2013年度から2014年度まで流通学部長並びに学校法人阪南大学理事・評議員。2015年度からは阪南大学大学院企業情報研究科教授を兼任。この間文部科学省教科用図書検定調査審議会専門委員，文部科学省指定／兵庫県教育委員会設置「兵庫県スーパー・プロフェッショナル・ハイスクール運営指導委員会」委員長。兵庫県教育委員会10年経験者研修「教科商業」指導講師，松原市基本計画審議会委員・副会長，松原ブランド研究会世話人等を併任。著書として，『ブランド価値の創造—情報価値と経験価値の観点から—』（単著，晃洋書房）（日本流通学会第12回奨励賞受賞），『地域ブランド論』（共著，同文舘出版，担当：「第9章　地域資源ブランドの価値創造と崩壊からみえてくるもの」）。『流通動態と消費者の時代』（共著，白桃書房，担当：「第4章　携帯電話とライフスタイルの変貌」）等。

柳　　純（下関市立大学経済学部教授）［第4章］
　長崎県立大学経済学部卒業。佐賀大学大学院工学系研究科博士後期課程修了。博士（学術）。福岡女子短期大学秘書科専任講師，同大学ビジネス学科准教授，下関市立大学経済学部准教授を経て，2014年より現職。著書として『地域再生の流通研究』（共著，中央経済社，担当：「第7章　都心商業と郊外商業」），『流通国際化研究の現段階』（共著，同友館，担当：「第9章　台湾小売構造の特質と国際化」），『激変する現代の小売流通』（編著，五絃舎，担当：「序章　激変する製販関係」，「第1章　商業の生成と存立根拠」），『マーケティングの理論と戦略』（共

著，五絃舎，担当：「第14章　自動車産業のマーケティング」）等。

◎**廣田章光**（近畿大学経営学部教授）［第5章］
　神戸大学大学院経営学研究科博士後期課程修了。博士（商学）。日本マーケティング学会理事。（公財）神戸市産業振興財団 理事。スタンフォード大学 客員教授（2013年～2014年）。カリフォルニア大学 客員研究員（2014年）。株式会社アシックス入社後，スポーツ工学研究所，スポーツ・健康分野における新規事業開発，経営企画室を経て，アパレル事業部のマーケティング部門設立責任者およびその運営を担当。2008年から現職。専門は，ユーザー・イノベーション，共創イノベーション，デザイン・シンキング。著書として，『1からのマーケティング』（編著／碩学舎），『1からの商品企画』（編著／碩学舎），『1からのリテールマネジメント』（共著，碩学舎，担当：「顧客起点の小売経営―成城石井―」），『1からのサービス経営』（共著，碩学舎，担当：「顧客ロイヤリティのマネジメント―北海道日本ハムファイターズ―」）等。

松田温郎（山口大学経済学部准教授）［第6章］
　1984年愛媛県生まれ。神戸商科大学商経学部卒業。神戸大学大学院経営学研究科博士課程修了。博士（商学）。大阪経済大学経営学部講師を経て，2015年より現職。著書として，『セールスメーキング』（共著，同文舘出版，担当：「第5章　営業における情報戦」）等。

渡邉孝一郎（九州産業大学商学部講師）［第7章］
　1983年生まれ。岡山大学経済学部卒業，神戸大学大学院経営学研究科博士前期課程修了。修士（商学）。新潟産業大学助教を経て，2014年より現職。論稿として，「社会問題としての中小小売商をどう捉えるか：構築主義アプローチの援用可能性の検討」『商経論叢』55（2），111-121，2014。「商業者によるまちづくり活動の意義に関する実証研究」『新潟産業大学経済学部紀要』（43），17-27，2014等。

◎**南方建明**（大阪商業大学総合経営学部教授）［第8章］
　早稲田大学大学院理工学研究科工業経営学専修修士課程修了。博士（経済学）。東京都労働経済局商工指導所，大阪商業大学総合経営学部助教授を経て，2002年度より現職。2009年度から2014年度まで総合経営学部長，2011年度から副学長。1996年中小企業庁長官賞（優良中小企業診断士）受賞。現在，日本商業施設学会会長・関西部会長，日本消費経済学会関西部会長。著書として，『流通政策と小売業の発展』（単著，中央経済社）（日本経営診断学会優秀賞，日本商業施設学会優秀著作賞受賞），『日本の小売業と流通政策』（単著，中央経済社）（日本経営診断学会研究奨励賞，日本商業施設学会優秀著作賞，商工総合研究所中小企業研究奨励賞経営部門準賞受賞），『小売業の戦略診断』（単著，中央経済社），『サービス産業の構造とマーケティング』（共著，中央経済社，担当：「第1章　サービス経済化の進展」，「第2章　サービス業の分類」，「第4章第2節　サービス生産性の向上」，「第5章第4節　使用権提供サービスのマーケティング」）（日本経営診断学会優秀賞，商工総合研究所中小企業研究奨励賞経営部門本賞受賞）等。

田村直樹（岡山商科大学経営学部准教授）［第9章］
　1968年生まれ。神戸大学大学院経営学研究科修了。博士（商学）。福山平成大学経営学部講師，准教授，関西外国語大学准教授を経て2015年より現職。著書として，『セールスインタラクション』（単著，碩学舎），『経営戦略とマーケティング競争』（単著，現代図書），『セールスメーキング』（編著，同文舘出版，担当：「第1章　顧客から好かれるセールスパーソン」，「第4章　消費者ニーズを導く認知的道具」，「第10章　データーベース営業」，「第12章　テレマーケティングによる営業支援」，「第14章　顧客接点のイノベーション」，「第15章　営業職派遣の世界」）等。

稲田賢次（大阪学院大学経営学部准教授）［第10章］
　龍谷大学大学院経営学研究科修士・博士課程修了。博士（経営学）。大阪学院大学経営学部講師を経て，2013年より現職。地

域ブランド研究会のコーディネーター＆研究員，実践経営学会関西支部事務局長，実践経営学会理事を併任。著書として，『小売業態における概念の問題とシステム的意義』（単著，関西学院大学出版会），『現代の流通と政策』（共著，中央経済社，担当：「第3章　流通チャネルの設計とチャネル関係の変化」，「第4章　大規模小売業の動きとその変化」），『現代のマーケティング』（共著，中央経済社，担当：「第4章　4Pによるマーケティング・ミックスの観点」，「第6章　エコ・マーケティング」），『現代のマーケティングと商業』（共著，五絃舎，担当：「第6章　販売促進戦略」），『地域ブランド論』（共著，同文舘出版，担当：「第2章　ブランド論における地域ブランドの考察と戦略課題」，『セールスメーキング』（共著，同文舘出版，担当：「第6章　顧客ロイヤルティを高める接客販売」），『経営戦略論を学ぶ』（共著，創成社，担当：「第1章　経営戦略の基本」，「第3章　ドメインと事業戦略」，「第5章　市場地位別戦略」），『フランスの流通・政策・企業活動』（共著，中央経済社，担当：「第14章　バカラのブランドマネジメント」）等。

伊部泰弘（新潟経営大学経営情報学部教授）［第11章］
1970年生まれ。龍谷大学経営学部経営学科卒業。龍谷大学大学院経営学研究科経営学専攻博士後期課程修了。博士（経営学）。龍谷大学非常勤講師，敦賀短期大学職員・非常勤講師の後，2007年10月より新潟経営大学経営情報学部准教授を経て，2013年10月より現職。著書として，『日本と中国の現代企業経営』（共著，八千代出版，担当：「第6章　イオンのプライベート・ブランド」），『現代マーケティング—その基礎と展開』（共著，ナカニシヤ出版，担当：「Ⅶ　ブランディング」），『現代のマーケティングと商業』（編著，五絃舎，担当：「第2章　製品戦略」，「第8章　地域マーケティング」），『経営戦略論を学ぶ』（共著，創成社，担当：「第2章　環境分析」，「第4章　競争戦略」，「第6章　成長戦略」，「第10章　PPM（プロダクト・ポートフォリオ・マネジメント）」）等。

田村公一（松山大学経営学部教授）［第12章］
　京都産業大学大学院経済学研究科博士後期課程単位取得。2011年より現職。松山大学大学院経営学研究科教授を兼任。著書として，『流通チャネル・リンケージ論』（単著，中央経済社）。『現代のマーケティング』（編著，中央経済社，担当：「第3章　戦略的対応としてのマーケティング」，「第8章　モバイル・マーケティング」）。『現代の流通と政策』（編著，中央経済社，担当：「第8章　海外ブランドの内外価格差にみるわが国流通の特質」，「第9章　国際化する流通と物流の変化─中国経済を中心として」）。『現代日本の流通と社会』（共著，ミネルヴァ書房，担当：「第8章　商品管理と物流システム」）。『新しい社会へのマーケティング』（共著，嵯峨野書院，担当：「第9章　コミュニケーション戦略」，「第14章　国際マーケティングの展開」）等。

清水　真（国立富山高等専門学校国際ビジネス学科教授）［第13章］
　中京大学大学院商学研究科博士後期課程修了，博士（商学）。国立富山高等専門学校国際ビジネス学科専任講師，准教授を経て，2014年1月より現職。富山県射水市「みなとまちづくり戦略会議」委員。富山県中新川郡立山町「立山町食のモデル推進協議会」委員。日本商業学会中部部会理事。日本産業科学学会中部部会理事。日本企業経営学会理事。日本消費経済学会中部部会評議委員。著書として，『現代のマーケティング』（共著，中央経済社，担当：「第5章　ブランド機能と戦略」）。『マーケティングと消費者』（共著，慶應義塾大学出版会，担当：「第6章　流通チャネル」，「第10章　マーケティングと環境」）。『現代社会の消費とマーケティング』（共著，税務経理協会，担当：「第3章　資源・環境問題と食品リサイクル」）。『マーケティング戦略論』（共著，学文社，担当：「第8章　グリーン・マーケティング」）等。

《検印省略》

平成28年3月1日 初版発行　　略称:中小マーケ

中小企業マーケティングの構図

編著者	Ⓒ	田白南廣	中石方田	道善建章	雄章明光
発行者		中	島	治	久

発行所　同文舘出版株式会社
　　　　東京都千代田区神田神保町1-41 〒101-0051
　　　　電話 営業(03)3294-1801 編集(03)3294-1803
　　　　振替 00100-8-42935
　　　　http://www.dobunkan.co.jp

Printed in Japan 2016　　　印刷:三美印刷
　　　　　　　　　　　　　製本:三美印刷

ISBN 978-4-495-64791-9

JCOPY 〈(社)出版者著作権管理機構 委託出版物〉
本書の無断複写は著作権法上での例外を除き禁じられています。複写される場合は，そのつど事前に，(社)出版者著作権管理機構(電話 03-3513-6969,FAX 03-3513-6979，e-mail: info@jcopy.or.jp)の許諾を得てください。